丛书策划　陈义望　朱宝元

A BRIEF
HISTORY OF
ARGENTINA

阿根廷史

从昔日辉煌到现代迷思

Jonathan C. Brown

[美] 乔纳森·C. 布朗——著

左晓园——译

中国出版集团 东方出版中心

图书在版编目（CIP）数据

阿根廷史: 从昔日辉煌到现代迷思 /（美）乔纳森
·布朗著; 左晓园译. 一上海: 东方出版中心,
2024.7

ISBN 978-7-5473-2251-2

Ⅰ.①阿… Ⅱ.①乔… ②左… Ⅲ.①阿根廷－历史
Ⅳ.①K783

中国国家版本馆CIP数据核字（2024）第101766号

上海市版权局著作权合同登记：图字09-2023-0691号

A Brief History of Argentina by Jonathan C. Brown
Copyright © 2003 by Facts On File, Inc.
arranged with Andrew Nurnberg Associates International Limited.
Simplified Chinese edition copyright © 2022 by
Orient Publishing Centre, China Publishing Group.
All rights reserved.

阿根廷史：从昔日辉煌到现代迷思

著　　者　［美］乔纳森·C.布朗
译　　者　左晓园
丛书策划　陈义望　朱宝元
责任编辑　赵　明　戴浴宇
装帧设计　钟　颖　余佳佳

出 版 人　陈义望
出版发行　东方出版中心
地　　址　上海市仙霞路345号
邮政编码　200336
电　　话　021- 62417400
印 刷 者　上海盛通时代印刷有限公司

开　　本　710mm×1000mm　1/16
印　　张　22.5
字　　数　296千字
版　　次　2024年7月第1版
印　　次　2024年7月第1次印刷
定　　价　98.00元

致　　谢

研究阿根廷历史的英语和西班牙语文献非常丰富,我从中获益匪 vii
浅。阿根廷人形成了拉丁美洲最生动、专业的历史传统,并且有一种天
赋,能够清晰地、充满智慧地认识自我。他们在阿根廷和国外许多一流
的高等教育机构或研究机构从事自己的研究。此外,阿根廷历史学界
一直欢迎外国学者利用其图书馆,阅读阿根廷档案资料,因此有关阿根
廷的英语文献比其他任何一个拉美国家都丰富。

除此之外,我现在的和以前的学生帮助我——实际上,促使我一直
站在最新研究成果之上。他们自身已完成了 5 篇博士论文和 15 个硕
士研究项目,丰富了我对阿根廷这个国家的认识和理解。他们将会从
本书中发现我从他们的研究中汲取的养分。我特别感谢胡安·萨普利
(Juan Supplee)、希尔·拉米雷斯(Gil Ramírez)、里卡多·萨尔瓦多
(Ricardo Salvatore)、鲁克萨纳·卡马巴尔(Rukhsana Qamber)和巴尔
瓦拉·甘森(Barbara Ganson)的博士研究。同时我要感谢凯尔文·凯利
(Kelvin Kelly)、巴尔瓦拉·伯克泽克(Barbara Boczek)、约翰·罗奇福德
(John Rochford)、安德烈亚·斯皮尔斯(Andrea Spears)、利萨·考克斯
(Lisa Cox)、巴尔瓦拉·皮尔斯(Barbara Pierce)、阿尔弗雷多·波恩内
兹(Alfredo Poenitz)、萧耀松(Yao-Sung Hsiao)、马修·法第斯
(Matthew Faddis)、韦恩·芒努森(Wayne Magnusson)、赫尔斯·戈麦

斯(Jesús Gómez)、格雷格·哈蒙德(Greg Hammond)和拜伦·克赖茨(Byron Crites)的出色的硕士论文。我受惠于玛利亚·塞利娜·图奥索(María Celina Tuozzo)对阿根廷劳工史敏锐的洞察力。迈克尔·斯诺德格拉斯(Michael Snodgrass)慷慨地允许我引用他的出色分析，特别是关于胡安·庇隆(Juan Perón)与其工人阶级追随者之间的关系，这部分内容出现在第八章。塞利娜和迈克尔都为《拉美工人的控制能力，1930 — 1979》(*Workers' Control in Latin America , 1930 — 1979* , Chapel Hill：University of North Carolina Press)一书贡献了文章。

在布宜诺斯艾利斯，我受益于阿根廷及美洲"埃米里亚·拉维格纳尼博士"历史研究所(Instituto de Historia Argentina y Americana "Dr. Emilio Ravignani")的丹尼尔·V. 桑蒂利(Daniel V. Santilli)的专业帮助。他从布宜诺斯艾利斯多个不同渠道找到许多插图，给本书增色不少。在 2001 年 10 月的危机中，我与托尔夸托·迪·特利亚(Torcuato Di Tella)、里卡多·萨尔瓦多雷(Ricardo Salvatore)和夸特罗·托尔森(Cuatro Tolson)频繁交流，使我能够跟踪事态的发展。我也受益于路透社发自阿根廷的新闻，这是以前的一个学生布莱恩·温特(Brian Winter)采写的。此外，希尔·拉米雷斯几年来一直把他的笑话和洞见与我分享，拜伦·克赖茨贡献了极其重要的劳工文件，马科斯·托纳图·阿吉拉· M. (Marcos Tonatuh Aguila M.)提供了关于2001 年 10 月政治危机的电子邮件新闻。

viii　多年来，我一直幸运地得到利诺雷·布朗(Lynore Brown)的建议和忠告，她是我的内部编辑和灵感来源。我还必须感谢本书的编辑 E. 珀塞尔(Ed Purcell)。他先是说服我写这本简史，然后在整个写作过程中给予我引导，他在通读这部手稿时，改正了我偶尔出现的用词不当。除非特别指明，本书中出现的翻译均出自本人之手。以上提到的所有人都有助于本书趋于完善，本书的不足之处不能归咎于他们，当由本人负责。

序言：阿根廷之谜

拉美人常常讲一个关于阿根廷人的笑话："你想知道怎样一夜暴富吗？""这很简单。只要按实际价值买一个阿根廷人，再按他自己认为值多少钱的价格卖出去。"

这个在阿根廷人内部也再三讲起的笑话似乎概括了"阿根廷之谜"的一个方面。阿根廷曾经是世界上最有活力的经济体之一。20世纪20年代，与法国相比，阿根廷在经济和个人福利方面都处于优势。在伦敦和巴黎，阿根廷地主阶层的孩子被看作20世纪初最早乘坐喷气式飞机旅行的富人。而现在，阿根廷人自认为他们属于经济不发达国家。欧洲移民的曾孙们也竭力回到他们曾祖父母的故乡。阿根廷面临一系列棘手问题，比如经济停滞、长期失业、政治暴力和尖锐的阶级冲突，等等。这些问题和国家的未来前景存在巨大差距，阿根廷人自己对此深感失望。这就是"阿根廷之谜"。

阿根廷怎么了？在拉丁美洲，阿根廷人跻身教育程度最高、技能最为娴熟的群体之列，他们为世界作出了重要贡献。即便在穷人和工人阶层中也很少文盲，中产阶级数量历来众多且对政治参与感兴趣。温暖潮湿的潘帕斯平原是世界上最肥沃的平原地区之一，有些地方的表层土深达50英尺。潘帕斯平原为牛羊提供丰沛的牧草，出产大量的小麦、玉米和高粱。内陆各省有几百个世界上一流的葡萄园、果园、甘蔗

1

种植园，也有木材加工业，还种植一种著名的巴拉圭茶叶，阿根廷人喜爱用它炮制马黛茶。阿根廷的第二大城市科尔多瓦的冶金业和汽车制造业发展迅速；第三大城市圣菲控制着生机勃勃的河流航运业，它把大西洋贸易和阿根廷七个省、巴拉圭及巴西南部一些地区联系起来。阿根廷与多个邻国合作进行巴拉那河谷(the Paraná River basin)多条河流的水电开发，特别值得注意的是在伊瓜苏瀑布(Iguazú，在巴西称为Iguacu)附近的开发。南部的巴塔哥尼亚(Patagonian)地区吸引了无数旅游者，他们沉迷于安第斯湖的自然美景、丘布特(Chubut)海岸的鲸和海象、乌斯怀亚(Ushuaia)的冰川以及巴里罗切(Bariloche)的滑雪场。沃尔特·迪士尼的电影《小鹿班比》从巴塔哥尼亚的山林中获得灵感，美国总统德怀特·艾森豪威尔在世界著名的纳韦尔瓦皮(Nahuel Huapi)宾馆高尔夫球场流连忘返。

阿根廷的首都布宜诺斯艾利斯依然是美洲最伟大的文化中心之一。舒适的林荫大道贯穿优雅的市中心购物区，两边矗立着气势宏伟的公共建筑，如玫瑰宫(阿根廷国民宫)、现代希腊风格的国会大厦以及科伦大剧院的歌剧大厅。北街区是阿根廷最高档的居住区，该区的一些民宅堪与巴黎圣日尔曼大街和伦敦骑士桥区的豪宅相媲美。

阿根廷的政治影响一直超越国界，这一点在随后的章节中可以读到。阿根廷民族精神中流淌的独立和个人主义天性，大约可以追溯到土著人与西班牙殖民者争夺潘帕斯平原的控制权上。殖民时代后期，阿根廷的财富和实力声名鹊起，那时几乎整个殖民地都参与了白银和皮革出口贸易。阿根廷成为第一个摆脱西班牙帝国殖民束缚的拉美国家，并且把革命的火种传播到邻国。19世纪，在推动农产品出口、技术现代化和欧洲移民过程中，阿根廷经济繁荣起来(有些历史学家声称，20世纪伊始来到阿根廷的第一批意大利移民挣的钱比在美国挣的多)。拉美人一直从阿根廷人身上寻求精神鼓舞和政治偶像，如解放者何塞·圣马丁(José de San Martín)、总统伊波利托·伊里戈延(Hipolito Irigoyen)和胡安·多明戈·庇隆(Juan Domingo Perón)。尽管充满争议，埃薇塔·庇隆(Evita Perón)和切·格瓦拉继续激发人们的灵感。阿根廷也以拥有美洲第一位女性国家首脑为荣。

除了阿根廷丰富的自然资源和城市、政治文化，我们必须认识到阿根廷公民个人所取得的成就。在过去两个世纪里，数以千计的阿根廷歌手和舞者培育和发展了探戈这一阿根廷独特的音乐体裁。20世纪30年代，歌手与演员卡洛斯·加尔德尔（Carlos Gardel）把阿根廷探戈传播到欧洲和其他地区。阿根廷人赢得了5项诺贝尔奖，超过其他任何一个拉美国家。1917年贝尔纳多·奥赛（Bernardo Houssay）获得诺贝尔医学奖，1984年塞萨尔·米尔斯坦（César Milstein）获得同一奖项。1970年，路易斯·费德里科·勒卢瓦尔（Luis Federico Leloir）获得诺贝尔化学奖。1936年，在成功调停玻利维亚和乌拉圭并签署和约，从而结束了血腥的查科战争后，外长卡洛斯·萨维德拉（Carlos Saavedra）赢得了阿根廷的第一个诺贝尔和平奖。1980年，阿道夫·佩雷斯·埃斯基维尔（Adolfo Pérez Esquivel）因其为人权所做出的努力也获得了这一奖项。在文学方面，阿根廷拥有一位世界上最神秘的文学家——豪尔赫·路易斯·博尔赫斯（Jorge Luis Borges）；没有几部叙事诗能够与何塞·埃尔南德斯（José Hernández）所做的《高乔人马丁·菲耶罗》（*El gaucho Martín Fierro*）相媲美；没有几本浪漫小说能与里卡多·圭拉尔德斯（Ricardo Guiraldes）的小说《堂塞贡多·松勃拉》（*Don Segundo Sombra*）相提并论。阿根廷的大学依旧培养出著名的科学家、医生、经济学家、工程师、建筑师和社会科学家。许多人在西班牙、法国、英国、美国和墨西哥执教及执业。

阿根廷在体育方面也不落后。吉列尔莫·维拉斯（Guillermo Vilas）和加夫列拉·萨巴蒂尼（Gabriela Sabatini）在职业网球方面取得了很好的成绩，两人都赢得了美国网球公开赛冠军。阿根廷的足球实力世界闻名。从1978年起，阿根廷国家队获得过两次世界杯冠军，仅次于巴西队和意大利队①。迭戈·马拉多纳因其灵感发挥和诀窍进球被球迷称为"魔术师"，正如在赢得1986年墨西哥城举办的世界杯足球

---

① 原文如此。——译者注

赛上那记"上帝之手"的进球。尽管不那么知名，阿根廷马球运动员主

导着世界马球职业巡回赛，无疑这种马术传统源自著名的潘帕斯草原上的高乔人。世界排名前12位的马球运动员中，有10名在阿根廷出生、成长，阿根廷马场也出产世界上最好的纯种马术小马。每年11月，当阿根廷国内最好的两个队在巴勒莫(Palermo)公园举行阿根廷杯马术决赛对抗时，每个队的四名队员中大多有令人羡慕的、鲜见的10分让球。这8名球员全部是阿根廷本土出生的。许多人认为勇敢的阿道夫·坎比亚索(Adolfo Cambiaso)是马球"魔术师"。

位于最前面的，正在进行左边击球的阿根廷人阿道夫·坎比亚索是世界上顶尖的马球运动员。这张照片摄于2001年阿根廷公开赛。(Alex Photo)

xii　　尽管拥有这些成就，阿根廷人仍然对自己感到失望——20％的失业率、摇摇欲坠的中产阶级、一心想着如何掠夺财富而非如何管理国家的领导人。阿根廷人知道，他们的国家能够做得更好。本书随后将探究阿根廷这个国家在历史形成过程中的成败得失。本书直接引用阿根廷最伟大的政治家、作家以及街头普通民众的评价。本书也将为阿根廷之谜提出一个答案——尽管不是一个治疗方案，这样的方案应该留给阿根廷人自己解决。

　　"阿根廷出了什么问题？"答案在于政治权力和经济特权一致。阿根廷社会充满了偏见，阶级结构僵化。在许多方面，这个南美国家从来没有克服种族主义、社会歧视和政治傲慢这些殖民遗产。19世纪国家独立后，那些掌握国家政权的人继续使用暴力来维持社会秩序和分配财富。在20世纪之初，经济增长和欧洲移民改变了这个国家，然而其

政治文化、社会习俗并没有受到显著影响。移民对传统的阿根廷文化的吸收远远超过了对新的文化的培育。

这种情形一直延续到 20 世纪。伊里戈延和庇隆的民主改革把社会公正引入一个充满歧视的社会，他们未能成功地为反对经常由军方支持的暴力反抗的改革建立坚实的制度基础。因此，歧视和特权的老问题反复出现在以后的每一个经济增长时期。其结果是 20 世纪 70 年代左派游击队的暴力挑战，随后是军政府发动的更加暴力的"肮脏战争"(Dirty War)。1983 年民主选举回归没有给阿根廷人带来宽慰。最近当选的三位总统都是在全国人民的欣喜中走马上任，却在极大的失望中结束任期，其中两位总统未能完成任期。

在这方面，阿根廷宪法的设计师胡安·包蒂斯塔·阿尔韦迪(Juan Bautista Alberdi)对其国人的观察似乎永不过时。"自由在他们心中"，他说，"但是旧的桎梏仍在他们的习惯中延续，而且，他们彼此之间不团结。"(Alberdi 1877, 46 - 47)

目录 *Contents*

插图列表

表格列表

图表列表

第一章　古代阿根廷与欧洲人的相遇

　　如果今天阿根廷人为自己的个性和独立感到自豪,那么他们应当归功于这块土地上的原住民以及第一批西班牙定居者。只有少数原住民曾经屈服于外部权威——位于当今的秘鲁的影响深远的印加帝国。对那些为数极少的屈服者来说,在自主权和财富转让上受到的损失当然比较轻。在现在被称为南锥体的地区———一个尖朝下到南美洲南端的锥形地带,包括今天的阿根廷、智利、巴拉圭和乌拉圭——在前哥伦布时期,这里的人们与著名的秘鲁印加文明和墨西哥阿兹特克文明相比,几乎没有什么财富。这种相对的贫穷保证了他们几千年的独立。

　　今天的阿根廷覆盖了南锥体的一大片地形多样的地区,从南回归线一直延伸到最南端,几乎跨越了南美大陆的一半。其北部和东北部与今天的巴拉圭、巴西和乌拉圭为邻,西部和西北部与智利和玻利维亚接壤。在阿根廷的西部,高耸的安第斯山脉南北延伸,形成了历史上旅行和贸易活动的一个难以克服的障碍。从西到东,地势逐渐从山脉降低到丘陵,最终呈现出一大片平坦、肥沃的平原,即潘帕斯平原。平原的北部是半干旱的大查科(Gran Chaco)地区,其东部和东北部是由几条大河和拉普拉塔河(the Río de la Plata)河口组成的大河流域。在阿根廷的东部,漫长的大西洋海岸线向南延展到巴塔哥尼亚高原地区。

3　　　　　　　　　　　　**1492 年南锥体地区土著人口数量估计**

地　　区	估计人口/人
阿根廷	900 000
巴拉圭—乌拉圭—南部巴西	1 055 000
智　　利	1 000 000
总　　计	2 955 000

资料来源：William D. Denevan(1992, xxvii)

　　今日称为阿根廷的这个地区,其最早的居民或者是不得不靠狩猎和采集补充食物的农耕部落,或者是完全靠狩猎和采集生存的游牧部落。1492 年哥伦布到达加勒比海时,这里的人口可能达到了 100 万。

　　这些早期居民分散在今天承载了 3 700 万人口的阿根廷土地上。为什么居住在这样富饶并且现在已被证实具有农业潜力的土地上,这些土著人却如此贫穷? 今天的人们可能会对此感到奇怪,答案是他们缺乏先进的技术。在欧洲人到来之前,这里的土著居民只使用石器时代的技术。他们凿刻的石头工具和主要农具,木制的挖掘棍,无法割断潘帕斯平原上深深的草根,或者开辟土地种植谷物。他们只是在安第斯高地的松软的河谷地带进行农耕。潘帕斯草原的富饶只是体现在可供狩猎的众多动物和鸟类。古代阿根廷人没有经过冶炼的金属制品、耕畜和车轮。因为这个地区的封闭性,他们没有遭受肆虐欧洲、亚洲和非洲的那些疾病,因此也缺乏对这些疾病的免疫力。

　　这些早期的居民没有形成统一的文化或部族。许多不同的语言分类和几十种不同的文化和部族,加剧了政治权力的分散。在南锥体的不同地区,一种文化或部族可能占主导地位,但是在多数不情愿的情况下,它总是不得不与其他不同文化和部族的小群体分享其领地的边缘地带。他们在村社和氏族层面遵守基本的政治和宗教忠诚。这些印第安人只承认自己本地的首领,为争夺领地和资源甚至与有同样文化和语言的其他部族也发生武装冲突。每个男性猎人和农民都是一名战士。每个妇女都服从于部落生存和照料男性战士的刚性需求。有些部落扩大了领地而另一些则退居到更贫困的地方,在南美洲的南部形成一幅复杂且不断变化的部族和语言多样性的分布图。

南锥体的土著居民在部落自治建设方面取得的成就将决定第一批西班牙人如何建立起对这块土地的控制权。墨西哥和秘鲁在西班牙人到来几年后都陷落了;与之不同的是,欧洲人花了300年殖民时期的多半时间才在阿根廷建立了统治,这是因为,阿根廷不存在一个待征服的帝国,当然也不存在维持大批欧洲人生存的财富。因此,欧洲人不得不对土著居民长期进行小规模的征服,在这个地区建立定居点的同时,也建立了欧洲式的商业和农业基地。他们必须费力地逐一击败各个分散的部落,不存在打败某个氏族部落就能导致其他邻近的氏族部落投降的情况。即便如此,从第一批西班牙人到达后,几个重要的部落仍然继续成功地抵抗了400年。

阿根廷北部的农耕部落

学者们认为,直到太平洋海平面下降,露出了连接亚洲的一个大陆桥即今天阿拉斯加的阿留申群岛所在地之前,美洲大陆无人居住。大约从五万年前开始,几个不同来源、不同部族背景的亚洲部落先后穿过白令海峡,迁徙到美洲。后来,海平面上升,淹没了大陆桥,使得这些迁徙者完全与那些亚洲、欧洲和非洲所谓的旧大陆隔离,走上一条自行发展自己文化和技术的道路。公元前13000年,这些迁徙的狩猎、采集部落已经到了巴拿马的达连(Darién)丛林,在秘鲁海岸和智利建立了营地。分散的部落穿过安第斯山,慢慢占据了亚马孙谷地,然后从那里向北迁移,定居在加勒比群岛。再往南,迁移的部落稀疏地分散在今天阿根廷的潘帕斯平原和巴塔哥尼亚高原。简单概述前哥伦布时期南锥体的部族发展状况,可以解释为什么个人主义和独立思想在阿根廷社会根深蒂固。大约公元前1000年,即与古埃及法老时期同时代,低地墨西哥的中部美洲人(Mesoamericans)①从事玉米种植,发展农业。秘鲁海岸的捕鱼部落学会了种植玉米,随后秘鲁安第斯高地的居民改进了几个品种的土豆的种植方法,这些热情的人还培育了美洲知名家畜——美洲驼和羊驼。这些安第斯人的发展水平有些赶上了居住在智利和阿根廷西北部的部落。同时,今天巴西所在地区土著人的影响已经传播到了今天乌拉圭所在地区,那里的瓜拉尼人(Guaraní)种植木薯作为基本食品。在地势低洼的巴拉那谷地、潘帕斯平原和巴塔哥尼亚高原的其他土著人仍然保持着狩猎、采集水果和浆果的生活方式。

迪亚吉塔人

阿根廷西北部特别是在萨尔塔(Salta)和胡胡伊(Jujuy)地区的印第安人,与秘鲁高地的印加人反映出了共有的安第斯文化。我们对他们的了解源于早期考古遗址的证据和最早的西班牙神父及定居者采集的信息。

迪亚吉塔人是农耕部族,他们使用挖掘棍作为主要生产工具,并且种植玉米、大豆和辣椒。在低纬度地区,土豆生长得不好。此外,他们放牧美洲驼和羊驼,作为蛋白质和做衣服用驼毛的来源。像其他高地印第安人一样,迪亚吉塔人住在石块砌就的房子里。他们简朴的栖身之地,建在小溪旁或有小径的田地旁,大小能够容纳家人。他们没有像许多前哥伦布时期安第斯印第安人那样,建造随处可见的大城市。

阿根廷西北部的早期居民生活在半干旱的土地上,这里主要是适于放牧的高原、适于耕种的河谷和高于雪线的山峰。消融的冰雪是这个地区的灌溉水源。欧洲人后来把这片土地变为放牧牛群、饲养家畜、种植甘蔗和葡萄、开采铜矿之地。土著印第安人编织筐子,用美洲驼毛

---

① 作为一个地理名词或考古学名词,中部美洲(Mesoamerica,又译"中美洲""美索亚美利加"或"美索美洲")是指包括墨西哥、危地马拉、萨尔瓦多、洪都拉斯和伯利兹这些现代国家在内的区域。Mesoamerican：中美洲人。——译者注

织斗篷、裙子,制作陶器,这些陶器上的几何图形与玻利维亚和秘鲁的安第斯邻人的类似。

有些文化群体语言类型相同,但大部分迪亚吉塔人的语言与安第斯高地的艾马拉人(Aymara)和克丘亚人(Quechua)不同。迪亚吉塔人建造小小的石头谷仓。他们在河流和小溪上建水坝,把洪水引向沼泽似的洼地,在周围种植谷物,特别是玉米。他们种植的主要谷物源于今天的墨西哥,在公元前很多年就从秘鲁传到阿根廷西北部。西北部的古阿根廷人也捕猎火鸡和其他小野物,在溪水和河水中捕鱼,采集角豆树豆荚和仙人掌果作为补充食物。

在欧洲人入侵之前,尽管迪亚吉塔人是阿根廷西北部主要的部族,但这里同时共存着丰富多样的文化。许多部族,如阿塔卡梅尼奥人(Atacameño)、乌马瓦卡人(Humahuaca)、奇查人(Chicha)和卢莱人(Lule)共同生活在这块土地上,在印加帝国霸权的压力下,他们与迪亚吉塔人在某种程度上保持着和平共处。

他们咀嚼古柯叶作为一种温和的兴奋剂,也作为一个重要的文化标记。野角豆树的豆子被用来做一种能让人微醉的啤酒,在今天的安第斯地区仍然很流行的玉米奇查酒是这种酒的一个变体(奇查酒是一种安第斯农民喜爱的酒精饮料。传统上,妇女咀嚼角豆树的豆荚或玉米,用产生的唾液混合物发酵制作奇查酒)。

用美洲驼毛织就的长衫是男女的主要服装,不过女人的长衫长达脚踝。冬天,有毛绒披肩用来保暖。人人脚上穿着安第斯风格的拖鞋。尽管是农耕部族,男人们仍然陶醉于战士的身份。他们披着长发,头上装饰着羽毛和头饰带,作为战士身份的标志。他们的主要武器是矛、弓箭、带石头尖的大棒以及平原猎人的特色武器——流星锤(bola)。

在迪亚吉塔人中,似乎没有印加帝国常见的世袭社会等级结构和社会分化,他们几乎没有什么像金银饰品那样的奢侈品。迪亚吉塔家庭组成有共同祖先的氏族部落。重要的部落首领可能有两个妻子(这是他们主要的财富标志),但是大多数男人只有一个妻子。由于没有组织良好的祭司,巫师掌管宗教庆祝活动,并把民间医药一代一代传下去。迪亚吉塔人一直是政治权力比较分散的农耕部族,其中小村社的首领卡西克(cacique)通常行使的政治权力不大,尽管几个卡西克可以联合起来形成非正式的政治和军事联盟。一个西班牙人证实说:"人尽皆知的是,凡是有卡西克的村子,都不会受另一个卡西克或村落的支配。"(Steward 1946, II:683)

大部分首领从他们的父亲或叔叔那里继承领袖身份,并在作战中以自己的勇敢来确认领袖地位,从而树立绝对政治权威。否则,在部族中由老人组成的议事会将分享决定权;如果首领在战斗中表现得怯懦,很快会完全丧失权威。迪亚吉塔人政治权力的分散意味着在任何一个大谷地都有几个部族居住,他们彼此之间关系紧张。他们在重要的山口建造堡垒,争夺有限的资源,这成为以后几千年发展的一个特征。帝国联盟的存在或许还是缓和了迪亚吉塔人不同氏族之间的竞争,尽管阿根廷西北部各河谷间狭窄的通道上到处存在的石墙生动地证实了这些农耕部族间存在薄弱的政治关系。

阿根廷西北部加入印加帝国的时间很晚。这个地区的印第安人归顺了印加国王托帕·印加(Topa Inca, 1471－1493),但是印加的影响并没有穿过科尔多瓦(Córdoba)山脉到达潘帕斯平原或经过大查科到达今天的巴拉圭。有些迪亚吉塔部落的酋长逐渐听得懂印加人的克丘亚语(Quechua),但在这个相对贫穷的农耕部族里,印加帝国的影响力并不大。在安第斯山脉的另一面,这里的迪亚吉塔人居住在今天智利的大部分地区,一直向南到今天的圣地亚哥城所在地。他们也归顺了印加帝国。但是再往南,阿劳坎人(Araucanian)——另一个部族和语言都不同的农耕部族,抵抗古秘鲁人。这些部落——维利切人(Huilliche)、皮昆切人(Picunche),特别是马普切人——以后在阿根廷也变得重要,与其他剩余的印第安部落在潘帕斯平原联手抵御西班牙人。

马普切人

马普切人居住在现今智利的南部。在漫长的由狩猎向农耕转变的过程中,他们受益于迪亚吉塔人在农业上的突破。马普切人逐渐开始种植玉米、马铃薯和辣椒——每种植物都适应了智利南部沿岸温带森林和谷地的气候自然条件。他们捕猎动物和鱼来补充食物,从而能够过上一种相对稳定的村社生活。马普切人的神代表着自然界的力量和丰收,巫师向神供奉食物和家养的美洲驼。戴着面具的舞者避邪驱魔。他们只有石器工具,采伐木材建造房屋、美洲驼及羊驼的畜栏和防护围栏。这些人偶尔会袭击邻近的村落,尽管这些被袭击的对象可能和他们属同一文化和语族。

　　当 15 世纪托帕·印加的征服推进到智利中央河谷一带时,马普切人的堡垒和"为独立而战"对他们帮助很大。外部的危险足以使这些好竞争的智利南部人联合起来,有效地保卫自己的领土。通常首领对附庸(subject)或战士没有多少控制力,这一点与迪亚吉塔人政治权力分散的制度很相像。然而,为了抵挡印加军队,马普切人推选了战时首领,联合组成更大的作战军队,动员广大的战士。就是这些马普切人,后来积极地、有效地维护自治,抵御欧洲人的征服,不屈服于独立的国家智利这个外部的权威,直到 19 世纪 80 年代。在长期的抵抗过程中,马普切人学会了他们的欧洲敌人的作战技巧,甚至越过安第斯山脉,把防卫扩大到巴塔哥尼亚高原和潘帕斯平原,这些内容将在随后的章节中讲述。

瓜拉尼人(Guaraní)

　　在迪亚吉塔人领地的东面,越过大查科,是另一个农耕战士部族——瓜拉尼人的家园。瓜拉尼人因帮助欧洲人而非抵抗他们的侵略而闻名,其起源和生存状况在很大程度上可以解释他们对欧洲人的反应。

　　瓜拉尼人占据着现今乌拉圭、巴西和阿根廷东北部的亚热带森林。他们很可能是在公元前 200 年前后从巴西的亚马孙盆地迁徙而来,驱赶和边缘化了这里的土著居民。森林和河边的瓜拉尼人形成了建立在狩猎、捕鱼和刀耕火种基础上的文明。他们砍伐树木、烧掉草丛,种植、收割谷物几年后,就换一个地方,让森林能休养生息,恢复土壤的肥力。耕种由妇女承担,她们种植玉米、豆类、甘薯、花生、南瓜和木薯。

　　森林生活模式与迪亚吉塔人的安第斯模式不同。瓜拉尼人的大家庭一起生活在很大的长排茅草屋里。在一个重要首领的家里可能生活着多达 50 个家庭成员。他们睡在吊床上，吊床挂在支撑茅屋房顶的木杆上。木头围栏把一个有二三十座长排茅屋的村落围起来，这提醒人们：土著人之间为资源和土地曾经进行过不断的竞争。在冬季，他们用羽毛和兽皮做成的衣服来抵御严寒；在夏季，无论男女习惯全裸着干活。西班牙人后来把这种随意的穿衣风格误认为是淫荡的表现。

　　瓜拉尼人与美洲其他土著人很相像，他们严格遵守性别分工。除了在地里干活，妇女还要准备食物、养育孩子、制作陶器、编织篮筐。瓜拉尼妇女还制作奇查饮料，在煮和发酵以前，她们用自己的唾液浸泡。男人训练作为战士的技能，并从事打猎和捕鱼以补充食物。瓜拉尼男孩从小就佩戴弓箭，把打猎作为提高作战技能的手段。部落首领和有成就的战士实行多妻制，与几个妻子组成庞大的家庭。然而，大多数人只有一个妻子。尽管允许妇女离开虐待和忽略她的丈夫，但如果被发现通奸，妇女就要面临死亡。

　　与他们巴西的表亲一样，瓜拉尼人在宗教信仰上是泛神主义的。他们把自然力，如太阳、天空、雷、闪电和雨看作神，诸神以动物的形象出现，特别是鸟类。这对森林印第安人来说，有神圣的含义。巫师召唤神灵带来爱、胜利和丰收。他们用供奉、祭祀舞蹈、颂歌和符咒来抵御宇宙中的黑暗力量。

　　在政治上，瓜拉尼在自己的土地上保持着分散的政治单位。每个部落住在一个特定的地区内，在这个范围内捕鱼、打猎、进行刀耕火种。各部落之间的争斗并不罕见。偷袭和偷窃是生存的一部分，战士和巫师、首领共享政治权威。他们用弓、蘸了毒液的箭、木棒和矛作为打猎和袭击的武器。瓜拉尼人的首领及其追随者之间的差别不是因为财产的多寡，因为像迪亚吉塔人那里一样，热带农业的收成也很低，剩余产品不多。世袭首领和巫师的确比普通人有一些物质上的优势，但主要差异是他们有几个妻子，每个妻子都代表着田里的劳动力和个人服务。

这些农耕部落或多或少算是长期的定居点,使瓜拉尼人容易成为河岸地区水上生活的部族和大查科地区的游牧部族偷袭和掠夺的目标。这种充满危险的生活解释了为什么在遇到似乎有神奇武器的西班牙战士后,瓜拉尼人选择与他们结盟来抵御传统的对手。

南部的猎人

与瓜拉尼人不同,在从大查科经过科尔多瓦丘陵和潘帕斯平原到巴塔哥尼亚高原的广大地区生活着许多游牧部落和采集部落,他们既不顺从印加人也不顺从入侵的欧洲人。他们彼此之间不是固定的征服目标,对印加军队和西班牙冒险家来说更是如此。

后来,西班牙人把大查科的广大土地看作"一个沙漠",只是为了与更重要的欧洲文明的中心联系才在一些狭长的地带定居。欧洲人对与瓜拉尼人的军事和家族联盟以及剥夺迪亚吉塔人微薄的剩余产品感到惬意;但是对这些被他们看作南部猎人的"贫穷者"来说,西班牙人没有任何用处。好战的游牧部落也不容忍他们反抗了三个多世纪的西班牙殖民者。

阿根廷南部的狩猎部落与北部和西部的农耕部落不同,他们不积累剩余产品。他们以分散的流动部落四处游荡,只有很弱的政治领袖,部族之间不断地因争夺猎场的控制权而战斗,在严酷的自然环境下艰难地生存。由于他们逐猎物和季节而居,这些部落住在狭小的、由八到十个帐篷组成的临时营地,这些帐篷是圆形的,覆盖着兽皮。这些南部的狩猎部落把战争美化为生存的需要,他们喜欢以闪电袭击捕食敌人。部落首领与议事会分享决策的责任,巫师专司供奉和影响各种神灵。巫师懂得使用草药,举行泛神崇拜的仪式并以此解释自然界的反复无常。

在数不清的小狩猎部落中,有几个(并非所有的)在文化和语言上存在相互关联,但是由于缺乏大规模的领土或政治组织,结果没有哪个部落(或外部帝国势力)能够征服其他部落,推行统一的信仰和语言。每个狩猎部落都是独立的,并且与其他的土著狩猎部落相对抗。尽管

12

13

19世纪的一幅绘画，描绘阿根廷大查科地区的一群印第安人。（Leon Pallière, 1858）

部族之间存有敌意和语言差异,可南美洲的狩猎－采集部落之间还是有贸易往来,也相互交流实践知识。他们独立和自治的秘密在于对恶劣的自然环境的适应和政治权力的分散。这些狩猎的印第安人,即使生活贫穷,也要追求生命的辉煌和个人主义。

大查科的印第安人

主要的南部狩猎部落最早居住在大查科地区,即玻利维亚安第斯山、巴西山地、沿上巴拉圭河延伸的岩石山和阿根廷科尔多瓦山脉之间的大片洼地。大查科不是一个有利于耕种的地区。在雨季,无数的沼泽和洪水蔓延到周围的草地,在土地上形成了一层薄薄的盐壳。在其他季节,无情的骄阳晒干了植被,只有大查科东边厚厚的热带林地能够幸免。不计其数的不同文化和语言的部族在这片植被稀疏的土地上争夺生存空间。在欧洲人到来时,查科各部族之间发生了许多变化。

从对印加文化的研究可以得知,来自大查科的部族到这个安第斯帝国的边境村落进行易货贸易,他们用兽皮、鸵鸟毛和白鹭羽毛交换金、银和铜饰品。通过贸易,这些安第斯产品向东、向南进入潘帕斯平原的狩猎部落。大查科地区很少有印第安人种植谷物,但瓜纳人(Guaná)是个例外,因为他们种植根类作物,特别是木薯,还种植烟草。瓜纳人把烟叶晒干、碾碎成粗粉,用管来吸(看起来,查科地区很少有印第安人像他们的安第斯邻居那样咀嚼古柯叶)。被玛雅人征服后,瓜纳人村社必须向他们的征服者进贡烟草。作为回报,他们得到玛雅人的保护以免受其他部落的劫掠。

大查科有七个主要的和无数个小的文化和语言部族,每一个都保持着一些宗教仪式,这些仪式往往表现了他们与宇宙之间的关系。男女青年经过某种成人仪式后就开始完全参与村社事务。像所有其他的土著部族一样,大查科地区的印第安人是多神教的。善恶神灵无处不在,在自然界中,在动物身上,在天空里。因此,为了安抚恶灵并给营地带来好运,巫师不得不反复念咒并带领族人跳舞。在治病过程中,巫师懂得草药知识并且掌握念咒技艺,这确立了男性巫师、有时是女巫师的权威。

14

　　大查科的每个氏族内都有性别分工：男人从事强壮的战士工作，女人扮演操持家务和生殖的角色。女人搭建临时住所、编织篮筐、制作粗陶。大多数男人普遍实行单配偶制，只有首领会有不止一个妻子。战士们通过猎取鹿、西貒、貘、美洲豹、海狸鼠等锻炼自己的作战技艺。男孩习惯于用弓箭捕鱼。除了抽烟草，所有的部落都喝奇查酒。

　　与其他游牧部族一样，典型的 50—100 人组成的查科狩猎部落集体作出重大决定。首领只是执行部落成年男性作出的集体决定。尽管个人试图尽可能地与自然保持一致，但这些游牧部族内部从未和平、和谐。季节的变化会带来猎物的多寡变化，甚至最小的降雨量变化都会使他们面临盛宴或饥荒。这些因素把这些小部落长期置于扩大生存空间、袭击、与邻近部落开战的压力之下。例如，住在巴拉圭河上游的帕亚瓜人（Payaguá）特别善于驾驭独木舟，他们以此捕鱼、打猎、偷袭下游瓜拉尼人的长排屋。

　　最早从事查科地区狩猎部落研究的欧洲人是耶稣会的传教士，他们记录了口述史，讲述部落间武装争斗如何成为日常生活的一部分。当首领召集他的战士为一个死去的亲属复仇时，战士们选出一个年轻的首领领导对邻近营地的偷袭，偷袭的最佳时机是在凌晨。战士们杀死他们的对手，有时割下头颅作为战利品，随后把头盖骨做成酒杯。敌对行动很频繁，但尚未达到一个部落灭绝另一个部落的地步。遇到一些伤亡后，查科的偷袭者通常会撤退，并尽可能地把抓来的妇女和儿童带到自己的部落，不断的偷袭使得这些部落或者攫取对手的土地，或者撤退到边缘地带。这些游牧狩猎部落愿意住在祖先墓地的附近，但是过些时候，他们就被迫迁移，相互调整。资源的贫乏使西班牙人很失望，而与这些狩猎部族的早期冲突遭遇失败后，300 多年里，他们选择避开大查科地区。

查鲁亚人（The Charrúa）

　　另一个早期与欧洲人有敌对关系的南部主要狩猎部族是查鲁亚人。他们由五个不同的部落组成，所有的部落在语言上有相通之处，都居住在今天的乌拉圭、巴西南部和阿根廷东北部。像其他南部狩猎部族一样,查鲁亚人轻视农业,靠狩猎所得的动物、鱼类、野果和根茎维持生计。他们把织的毯子挂在木杆框架之间做成房子。查鲁亚人冬天穿兽皮,夏天围一条皮围裙。男人文身,身体染上颜色,特别是在打仗前。他们也在嘴唇、耳朵和鼻子上打孔,戴上羽毛和贝壳。他们建造大独木船,在河面和拉普拉塔河口捕鱼。据一个早期的欧洲水手所说,查鲁亚人的独木舟"长 10—12 英寻(1 英寻≈1.83 米),宽半英寻,用杉木做成,做工优美。他们划船的桨很长,手柄上装饰着羽饰和羽毛流苏,每条独木舟上有 40 个男人站着划船"。(Steward 1946,I:193)查鲁亚人用弓箭、矛和流星锤(后文将具体描述)打猎。他们也很善于投掷带有尖角的石块打猎物。

16

查鲁亚人(Delaunois,1832)

政治和社会权力分散也是查鲁亚人的常态。这些部落以小规模分散居住在乌拉圭草原上和低洼的巴拉那盆地的河岸上。每个家庭的小屋居住着 8—10 人,一个游牧部落由 8—12 个家庭组成。为了打仗,两个或更多的部落可能会组织在一起,否则他们各行其是。根据最早试图使他们皈依基督教的欧洲传教士所言，在狩猎部落中，个人争端用拳头足以解决，酋长没有很大的权威。在战斗中，战士对敌人毫不留情，把抢来的妇女和儿童并入自己的部落作为奴隶或家人。

潘帕斯和巴塔哥尼亚的印第安人

在组成今天的阿根廷东部和南部省份的广袤大草原上，以小股狩猎—采集的印第安人居多。他们捕猎土生动物，如鹿、野生羊驼、犰狳、草原狗和南美鸵鸟。在巴塔哥尼亚高原的林地，采集种植和猎鹿成了生存的基础。巴塔哥尼亚沿海地区的人们捕猎海豹、用独木舟捕鱼维生。在许多个世纪里，这里的人们的生活几乎没有什么改变。他们小股居住、珍视自己的独立，使最早到来的欧洲人不知所措。

就在欧洲人到来之前，阿根廷的潘帕斯平原和巴塔哥尼亚高原的大块地区居住着规模较大的文化和语言部族，克兰迪人（Querandi）、佩尔切人（Puelche）和特维尔切人（Tehuelche）。这些部族主要通过徒步迁徙，根据季节和狩猎机会扎营。他们很少为物所累。他们的工具很简单，通常是骨制和石制武器及刮削器等这些石器时代传留下来的产物。然而，阿根廷草原上的印第安人因一种特别的武器——流星锤而闻名。流星锤用三个包着兽皮的圆石头连着一个皮绳做成，有技术的猎人扔出去能打倒野生羊驼、鸵鸟和其他大猎物。猎人在自己的头顶飞舞着流星锤，伺机击中猎物的腿，然后走向瘸腿的动物，用矛或大棒杀死它。

佩尔切人（Puelche）妇女的角色（约 1760 年）

一旦接受她的丈夫，女人通常非常忠诚而且勤劳；因为除了照料、养育孩子之外，她们还要承担所有的活。总之，除了打猎和打仗，她们什么都干，有时候甚至也参战。照顾家庭事务的担子全部落在妇女身上：她们取木头，取水，准备食物，制作、修补和打扫帐篷，处理、缝制皮革（其中小块皮革用来做斗篷和 Carapas），纺织，做 Poncha 和 Macun（两种斗篷）。旅行时，妇女收拾所有的东西，甚至是搭帐篷的木杆，她们得自己把木杆竖起来、放倒,情况经常要求她们这样,装、卸、安顿包裹、勒紧马鞍的肚带,把长矛拿到她们丈夫面前。生病或怀孕也不能成为减轻指定工作量的借口:她们如此严格地遵守自己的职责,丈夫在任何情况下都不能帮忙,或者说,妇女在最痛苦的情况下,也要避免丈夫的帮助可能引起的最大的耻辱。地位高的妇女,或者是和卡西克有关系的妇女,允许拥有奴隶,减轻她最繁重部分的工作;但如果她没有奴隶,就得像其他人一样承受繁重的劳作。(Falkner 1935,125)

潘帕斯和巴塔哥尼亚的主要部落都很小,只有几个家庭或家族组成。在这个意义上他们像南部的狩猎部落。他们没有部落联盟或者是战士和世袭首领之间严格的社会等级划分。然而,这些部族的确严格遵守性别区分,女性从属于男性,大多数男性只有一个妻子。女人清洗猎物,做饭,照料、管束孩子,搭帐篷,编制篮筐,制作简单陶器。男人和女人分担采集、准备食物的任务,在男人参加议事会之前可能会在家里谈论基本决定。作为战士和猎人,男人主导正式的决策过程,并负责袭击邻近部落。

总体特征

前述土著人的特征极大地影响了阿根廷以后的历史。即便是有关该地区的最初级的人种志也能够预言未来与西班牙人遭遇的大致轮廓。人口分散、政治权力分散、缺乏剩余财富打破了第一批西班牙冒险家的如意算盘。南锥体无法被迅速征服,即使偶然抓获一个皇帝也不会造成潘帕斯平原的保卫者意见不合、幻想破灭。侵略者无法直接在他们毁掉的土著人定居地上建立小镇和城市。欧洲人无法利用已存的农业和商业网络。在阿根廷,没人能模仿对阿兹特克和印加帝国的迅速征服。

为什么? 因为在前哥伦布时期,这里的人口非常分散,后来的欧洲人定居点要求有长期的支撑,需要对社会和经济关系进行大规模的重组。新来者必须在几个世纪的时间里慢慢地推行殖民,最初他们完全是在荒野上建立城市和农场。南锥体的欧洲人用带来的新农业技术、饲养牲畜经验和作战技能,建立了新的家园。

最终,前哥伦布时期的传统在欧洲人陆续建立的定居点存续下来。语言、两性关系、宗教信仰、以前就存在的对抗、部族的多样性、不同的文化和物质贡献——所有这些都有几千年的历史——保存下来了。南锥体的所有土著部族在抵抗入侵和维护独立的能力上已经积累了丰富的经验。事实上,古代阿根廷人的某些工具、食物、习惯、运输方式、宗教信仰和社会关系影响改变了欧洲入侵者,因为这些根深蒂固的土著传统最适合当地的环境。

对门多萨佩文切人个人主义的描述

这个认为自己独立于任何人的部落(nation),并没有任何严格意义上的联盟;其成员也不屈从自己的首领,除非出于宽容,因此没有人受到责骂。

只有最年长的人或最富有的人被称为卡西克(Cacique)或者吉尔梅内斯(guilmenes)。这个头衔靠一个人的行为获得,如果其祖上也值得称道,对其族众就更有影响。根据这个惯例,如果其行为不配、不能致富、没有取得了不起的功绩,即使身为卡西克的儿子他什么都不是,他被看作一个令人蔑视的庸人。通常,村社中卡西克的权杖就由一个最英俊且善于演说的印第安人继承。

卡西克没有任何奖罚司法权。村社中每个人自己判定自己的事情,而不去理会其他任何人的看法。在这种情况下,如果一个卡西克辱骂一个普通人,而后者更有力气,他会袭击他的首领,用刀刺对方,做任何他能做的事。这个普通人不但不会受到惩罚,反而会因为证明了自己的凶猛而被看作一个强悍的男人。如果这个卡西克的亲属比这个普通人的亲属多,为了以牙还牙,他们会站出来帮助这个卡西克攻击那个普通人。这是对那个普通人的唯一的约束,但无论如何,打伤卡西克的荣誉不能被看作一种损失,即使这个普通人可能失去自己的财产。[Luis de la Cruz, "*Tratado importante para el perfecto conocimiento de los indios peguenches*"(Angelis 1969, 1: 449 − 450)]

阿根廷土著人遭遇欧洲人 20

　　拉普拉塔河(白银河)地区是欧洲人与阿根廷地区的土著人口多次遭遇的焦点地带。事实上,拉普拉塔河根本就不是一条河,而是大巴拉那河(Paraná River)排水系统的一个河口。拉普拉塔河这个名称指的是,从河口向西延展直至安第斯山脉的广大地区。历史上的拉普拉塔地区包括今天的乌拉圭、巴拉圭和阿根廷,在整个欧洲人到来和殖民时期,这三个国家的历史紧密地交织在一起,它们都是相互重叠的实体的一部分。这对理解阿根廷历史有十分重要的意义,在提及和讨论巴拉圭或乌拉圭的情况或发生的事件时是不可避免要提及的。

　　拉普拉塔河一直处于一个帝国的外围。这个地区的大部分都在印加帝国的版图之外,欧洲人对它兴趣也不大。外围地区财富和人力匮乏,西班牙人占领这个地区比占领阿兹特克帝国和印加帝国要慢得多。后者只用了几个月的时间。由于盛产白银、土著劳动力充沛,在以后的几个世纪里,墨西哥和秘鲁成为西班牙人注意的中心。拉普拉塔河地区没有这两种让殖民者垂涎的财富。更确切地说,这个地区的土著人以分散的农耕或游牧部落方式生活着,他们没有贵金属供奉给西班牙人。为了能够完全定居下来并实现统治,殖民者不得不花了几个世纪的时间,费力地一个一个地打败这些印第安部落。希望像大地主一样得到供养的西班牙人无法轻易得到查鲁亚人和克兰迪人的劳动力及服务。

建立亚松森城

　　1492 年,随着加勒比海探险的进行,克里斯托弗·哥伦布开始了一个无与伦比的欧洲扩张和建立帝国时期。哥伦布始终认为他已经到达了日本和中国。其他冒险家很快就认识到他们不是在开拓亚洲,而是两块新大陆。哥伦布死后不久,一个到达巴西海岸的意大利水手回到欧洲,出版了一幅地图,以他自己的名字命名这两块大陆,亚美利加(Amerigo Vespucci)。由此所谓的新世界开始被称为北美洲和南美洲。

21   1516 年,航海家胡安·迪亚斯·德索利斯(Juan Díaz de Solís)发现拉普拉塔河口之后,欧洲地图绘制师首次在他们的航海图上填入南美洲南部的轮廓。早期,这个地区的探险者在河口上岸,随后又进行巴拉那河探险,他们在那里和当地土著交换银器。欧洲人将他们在新大陆碰到的人用一个共同的名词,称为"印第安人"。这一命名源于哥伦布,他最初错误地认为自己到了亚洲,把这个地方称为"印度群岛"。这个奇怪、错误的命名从那时起就由欧洲人和他们的后裔永久地保持了下来。

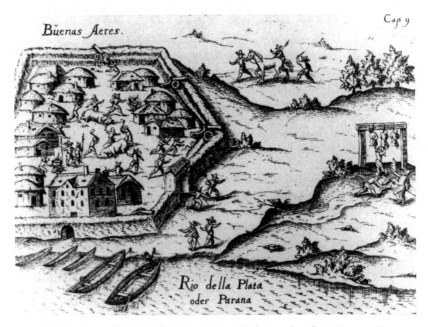

这幅图描绘了 1536 年前后布宜诺斯艾利斯第一个难以驾驭的、混乱的西班牙人定居点。图上一些殖民者在进行日常活动,如屠宰和烹饪牲畜,另一些人明显在不安地疾奔。注意在定居点的外围正在进行的处决和肢解场面令人毛骨悚然。(Ulrich Schmidel,1891,courtesy Emece Editores)

拉普拉塔河的探险者很快就得知这些贵金属制品来自西面的印加帝国。自此,这个河口和整个地区得到了同样错误的命名"银河"。1520 年,费迪南德·麦哲伦(Ferdinand Magellan)在他首次环球航行中经过阿根廷沿海,绕过南美洲的最南端到达亚洲。他以自己的名字命

22

名了这条位于南锥体尖上的海峡,如今轮船仍然穿过这条海峡在大西洋和太平洋之间航行。

　　为了宣布对其希望得到的财富的所有权,也为了避免在巴西的葡萄牙人到拉普拉塔河地区定居,西班牙王室下令进行一次殖民探险。这是为数不多的一支直接来自西班牙的探险队伍。佩德罗·德·门多萨(Petro de Mendoza),一个以前没有任何印度群岛经历的西班牙贵族率领这支 1 600 人、16 艘船的船队。他们在阿根廷潘帕斯平原的边缘建立了一个小定居点,叫做布宜诺斯艾利斯,意思是"新鲜的空气",或者是"顺风"。由于克兰迪人和查鲁亚人拒绝给他们提供食物,也没有黄金可得,毫无准备的殖民者越来越饥饿和急躁。他们不得不打算放弃布宜诺斯艾利斯。他们已经从布宜诺斯艾利斯派出一支探险小队向上游进发,寻找印加帝国,而对印加帝国此时已被弗朗西斯科·皮萨罗(Francisco Pizarro)带领的一小群西班牙人占领这件事毫不知情。170 多人沿巴拉那河和巴拉圭河上溯,试图穿过大查科地区到达秘鲁,结果帕亚瓜人(Payaguá)把他们全部杀死了。只有一个处于困境的印第安部落发现帮助西班牙人对自己有利。

1536 年欧洲人和拉普拉塔河地区印第安人的首次战争

　　这些(克兰迪)人每天把他们的鱼和肉送到我们营地(在布宜诺斯艾利斯),这样做了两个星期,有一次他们没送。我们的头领(佩德罗·德·门多萨)派了一个名叫胡安·帕冯(Juan Pavón)的法官带领两个步兵去克兰迪人那里,因为他们的营地离我们有四英里。当他们靠近克兰迪人时,三人被打得浑身青一块紫一块,后来被送回我们的营地。(佩德罗·德·门多萨)从法官的报告中得知此事后,派他的兄弟迭戈(Diego)率领 300 名步兵和 30 名装备精良的骑兵攻打克兰迪人,我就是骑兵中的一员,直接命令我们杀死这些印第安人,带回俘虏,占领他们的营地。但当我们逼近时,他们已经召集了 4 000 多人。当我们准备发起攻击时,他们如此勇猛地保卫自己,以至于那一整天我们都腾不出手。他们杀死了我们的指挥官迭戈·门多萨和 6 个贵族，我们的步兵和骑兵死了 20 多个，他们的身边大约有 1 000 具尸体。他们就是如此英勇地抵抗来保卫自己，事实上，我们也感觉到了。(Schmidl 1891, 7－8)

23   在与另一股从布宜诺斯艾利斯来的西班牙人的战斗中失利后，农耕的瓜拉尼人即今天的巴拉圭人，认为西班牙人是了不起的战士，愿意和他们结盟与周围的部落打仗。1537 年，瓜拉尼人帮助门多萨探险队的西班牙人建立了亚松森。由于在 4 年时间里剩下的 350 名布宜诺斯艾利斯的定居者放弃了那里的定居点，迁移到亚松森，这里就成为西班牙人在拉普拉塔河地区的第一个永久定居点。由于在亚松森只有 4 名西班牙妇女，西班牙男人效法土著首领，把瓜拉尼妇女当作情妇、仆人和供应食物的人。瓜拉尼酋长成功地把他们的女儿送给西班牙人以换得军事结盟，共同打击土著敌人。

由于发现不了黄金，西班牙人入乡随俗，把获得土著妇女的劳动作为财富的标志。一个西班牙人观察到："是女人播种和收割庄稼。"(Service 1954, 35)他们的孩子是混血人种(祖上是美洲土著人和西班牙人的混合)，长大后说瓜拉尼语而非西班牙语；然而这些第一代混血人种把自己看作欧洲人，保持着对西班牙国王的忠诚。最终，第一代和第二代混血人种成为巴拉圭的乡绅和重要的公民，在放弃布宜诺斯艾利斯几十年后，他们带领队伍对周边的印第安部落进行了无数次的军事征服，随着在战斗中获得的印第安奴隶数目的增多，他们获得了更多的财富和更高的地位。

殖民者的政治和社会

佩德罗·德·门多萨死于返回西班牙的途中，国王派阿尔瓦尔·努涅斯·卡维斯·德巴卡(Alvar Nuñez Cabeza de Vaca)代替他管理巴拉圭这个狭小的内陆殖民地(巴拉圭最初指亚松森周围西班牙人占领的地区。在以后几个世纪里，这个名称扩展到包括其北部的土地，许多时候包括超过今天巴拉圭疆域的地区)。卡维斯·德巴卡因其早期的探险经历,即作为胡安·庞赛·德莱昂(Juan Ponce de León)领导的佛罗里达和密西西比河征服队伍中幸存的三人中的一个而著名;当失事船只在墨西哥湾搁浅后,卡维斯·德巴卡步行穿过得克萨斯和墨西哥一直到了墨西哥城。

24

卡维斯·德巴卡带来了更多的欧洲殖民者,全部是男性。西班牙人和瓜拉尼战士一道打败了周围地区的敌对部落,但在穿越大查科地区的尝试中,卡维斯·德巴卡几乎耗尽了亚松森的资源。同时殖民者刚刚得知皮萨罗已早于他们宣布对印加财富的所有权。随后,由于没有黄金,巴拉圭失去了对阿根廷移民的吸引力,很少有另外的欧洲人到这里挑战早先定居者的影响。然而,西班牙人中发生纠纷,很多人不喜欢卡维斯·德巴卡省长(Governor)。

问题出在分配数目不断减少的瓜拉尼人上。欧洲人到来后不久,以前美洲土著人所不知道的疾病使土著人口锐减。混血人种从他们的父亲那里遗传了对欧洲疾病的免疫力,因此他们在巴拉圭的人口增长,而瓜拉尼妇女和仆人数目骤降。在巴拉圭的亚热带环境下,仅仅10年间,死于天花、流感和其他传染病的土著人上升了40%。正是由于这个原因,他们不断发动征服战争,来为西班牙人后来是混血乡绅补充土著仆人和情妇。

瓜拉尼人人口减少引发的经济危机和卡维斯·德巴卡省长的不得人心引起了一部分西班牙殖民者发动了拉普拉塔河地区的第一次政变。胜利的一方把卡维斯·德巴卡戴上锁链送回西班牙。原门多萨探险队的一个老兵——多明戈·德伊拉拉/伊拉拉(Domingo de Irala)成为省长。疾病肆虐、西班牙人对印第安仆人、女性劳力和食品的过度需求,也使瓜拉尼人对自己的情况很绝望。1545年,一些瓜拉尼人起来反抗西班牙人,但殖民者在"忠实的"印第安人的帮助下镇压了这次起义。

在相对贫穷的巴拉圭,殖民者从西班牙那里获得政治自治,自由建立起他们喜欢的社会制度。伊拉拉省长把瓜拉尼人分配到西班牙殖民者的领地上(即授予殖民者以印第安劳动力和贡物)。这种委托监护制

25

(encomienda)成为西班牙殖民者统治土著人民的一种长期的农奴制度①。亚松森的西班牙人把这些授予传给他们的混血儿子。随后的几代混血人迁离亚松森，在巴拉圭边疆地区又建立一些城镇和领地。然而，瓜拉尼人人口的减少，缩小了原先领地的面积。1600 年，亚松森只剩下 3 000 个印第安人。因此，领地往往更多地依靠印第安人劳动而非贡物，巴拉圭的殖民者却留下了懒惰的名声。"因为有许多的美味佳肴"，一个观察者有些夸张地说，"他们让自己过得轻松、闲适，不怎么费力气去进行贸易"。(du Biscay 1968, 11)

重返布宜诺斯艾利斯

尽管如此，巴拉圭殖民者渴望象征他们等级的欧洲货物，寻求重新建立通向拉普拉塔河口的河道。1573 年，亚松森的混血居民承担了这项任务，建立了圣菲(Santa Fe)河港，1580 年，他们又向下游挺进到拉普拉塔河口。在第二个永久定居点布宜诺斯艾利斯的 75 名建设者中，巴拉圭社会地位相对较高的混血人的数目令人瞩目。他们由胡安·德加拉伊(Juan de Garay)领导，此人是 44 年前一个门多萨远征队成员的巴拉圭后裔。

欧洲人在这一地区的殖民地使巴拉那河成为从巴拉圭到西班牙以及美洲其他地区的生命线。由于大查科地区独立的印第安居民阻挡了巴拉圭和秘鲁间的直接贸易，布宜诺斯艾利斯很快取代了亚松森。作为西班牙在拉普拉塔河地区的主要港口，布宜诺斯艾利斯的经济增长，

---

① 委托监护制(encomienda)，又称监护征赋制、大授地制、托管制或"恩康米恩达"制等，是指西班牙王室把从印第安人手中夺取的大片土地委托给王室亲信及开拓或征服有功者，作为其功绩的酬谢，使之代行统治殖民地。在这种制度之下，土地所有权属于西班牙国王。监护主并不享有所有权，只对受委托监护范围内的土地和印第安人有"监护"、使用和管辖之权。印第安人名义上是"自由人"，并可分到一小块土地，但不能任意离开自己的居留地，必须为监护主交纳一定的贡赋并服劳役。简言之，委托监护制是西班牙殖民者将印第安人土地置于殖民地托管之下并要求贡物的制度，是其役使西属美洲印第安人的早期剥削制度。委托监护制于 1720 年被正式废除。在矿区，西班牙殖民者实行强迫劳役制，即米达制(mita)。——译者注

使得巴拉圭也被纳入其商业圈。实际上,在以后两个多世纪的殖民时期,布宜诺斯艾利斯几乎成了所有南美国家的大西洋入口。正如历史学家胡安·阿古斯丁·加西亚(Juan Agustín García)所述,"从一开始,布宜诺斯艾利斯就是以商业为中心的"。(García 1955,104)

1580年,这个小港口在拉普拉塔河河口的重建结束了欧洲在美洲扩张的一个重要阶段。从1492年到1580年布宜诺斯艾利斯第二次建立,几乎今天拉美的所有大城市都已经建立起来。因此,西班牙美洲的征服时期结束于布宜诺斯艾利斯,从哥伦布最初的接触起用了88年时间,跨越4 000英里。然而,这仅仅是不屈不挠的土著人与欧洲入侵者历时300年的阿根廷争夺史的开端。

26

第二章 殖民时期的拉普拉塔河地区

许多阿根廷人一直忽略他们的殖民历史。原因相当明显：后来的经济现代化和移民从根本上改变了这个国家的外貌，在布宜诺斯艾利斯，殖民历史不像其他拉美国家的首都，如利马和墨西哥城那样随处可见。然而，殖民时期确立的阿根廷人生活和社会中最根本的要素可能远远多于现代阿根廷人所愿意承认的。

当然，人们能在拉普拉塔河地区（包括今天的巴拉圭、乌拉圭和阿根廷）的殖民遗产中发现官员腐败以及土著人与欧洲殖民者之间的敌意和战争的大量证据。这种冲突持续了三个多世纪，找不到解决的办法。也有例子表明西班牙殖民者内部也存在政治冲突。殖民时期是社会不平等的形成时期。西班牙人将非白人劳动力边缘化，为了发展经济对他们进行剥削。非洲奴隶的输入有力地支撑了一个根本不公平的社会秩序大厦。

然而，一个历史学家如果不谈殖民时期阿根廷引人注目的成功和活力，就是疏忽大意。这个地区没有得天独厚的可随意利用的资源，如银矿矿脉和大量定居的土著农耕人口，这些特征使墨西哥和秘鲁成为西班牙帝国的中心。阿根廷是个边缘地区。它依赖于别处的殖民活动，特别是位于今天玻利维亚的银矿开采地区。然而，尽管有很多障碍，殖民者成功地把阿根廷发展成为一个繁荣多产的殖民地。当长期的殖民统治走向尾声时,阿根廷已经成为西班牙帝国的一颗宝石。

波多西与白银小道 28

17世纪和18世纪,玻利维亚的波多西城是世界银都。波多西拥有令人难以置信的高等级银矿山,因此很快吸引了大批采矿人,人口一度达到10万。波多西很容易地成了西半球人口最多的地方。这里的居民中人口最多的是土著秘鲁劳力,他们在被称作"米塔"(Mita)制的强制劳役制度下被带到这里。然而直到1700年,采矿在很大程度上都由一支或多或少长期的劳动力大军支撑,由梅斯蒂索人、非洲奴隶以及巴斯克人、热那亚人和葡萄牙人的劳工组成。大多数工人的营地在波多西城的郊外,而西班牙官员、商人和教士,占总人口的四分之一到三分之一,住在市中心的永久建筑里。帝国城市波多西拥有约4 000座石砌建筑,有几处是两层建筑。天主教人士住在精美的修道院、女修道院,墙上装饰着与世界上最富裕的矿区相称的银盘和挂毯。

然而,如果没有银矿,就没人会在这块安第斯的荒地上建起一个大都会。矿区位于海拔12 000英尺至17 000英尺的地方。几乎没有树

这幅图描绘了穿越玻利维亚山脉的一支骡队正在休息。骡队在布宜诺斯艾利斯港口和安第斯银矿之间从事运输。这条道路漫长而艰险,要求数万头骡子和成千上万个赶骡人艰难跋涉。(Leon Pallière,1858)

29 和草,更不用说庄稼能够在方圆 22 英里(1 英里≈1.61 千米)的地方生长。人口所需的食物、西班牙银矿所需的供应不得不从高地地区运来。其结果是,水银、骡子、食品和各种消费品贸易要求和秘鲁、智利及拉普拉塔河地区有广泛的贸易接触。一个 17 世纪的旅行者解释说,在波多西,似乎每个人,不管是绅士、官员或教士都从事贸易活动。

这个城市在大约 260 年的时间里铸造了世界上很大一部分银币,支持了当地的大量贸易。通往波多西的道路每天都塞满了骡队、羊驼、印第安挑夫、羊群和牛群。高额的运输成本提高了波多西食品的价格,比拉帕拉塔河地区任何地方的食品供应价格都贵两倍。由于受到地形限制,带轮的交通工具无法通行。骡子用来运输白银、加工矿石用的水银以及食品。每年有超过 26 000 头骡子被赶到波多西。

波多西市场供养了拉普拉塔河地区最初的殖民定居点,支持了一些西班牙殖民者群体,他们打算建立通往殖民地玻利维亚银城的商业生命线。1553 年,来自秘鲁的欧洲人首先下行到拉普拉塔河地区,在圣地亚哥·德尔埃斯特罗(Santiago del Estero)建立了定居点。在离波多西约 140 英里左右的地方,12 年后建立起了图库曼(Tucumán)。1573 年,科尔多瓦建立,把这条陆路延伸到潘帕斯平原的边缘。1583 年,离高地市场更近的萨尔塔和胡胡伊建立,获取了通往波多西的道路。

与此同时,连接拉普拉塔河地区和位于今天智利、巴拉圭的西班牙人定居点之间的商路也形成了。1561 年,西班牙人从太平洋沿岸穿越安第斯山脉,建立了门多萨(Mendoza)和圣胡安(San Juan)。同样,来自亚松森的巴拉圭人定居点的西班牙人沿巴拉那河下行,1558 年获得科连特斯(Corrientes),15 年后获得圣菲,最后于 1580 年获得布宜诺斯艾利斯。(参见正文第 2 页地图)。

萨尔塔的骡子集市

作为通往秘鲁高地的门户,萨尔塔和胡胡伊成为殖民时期最重要的商业城市。萨尔塔的主要商业吸引力在于每年 2 月和 3 月在莱尔马谷地(Lerma Vally)边上的牧场上举办的骡子集市。这个集市每年吸引成百上千个来自秘鲁的买家,以及同样数量的卖骡子、玉米、牛、葡萄酒、牛肉干、兽脂和小麦的人。商人的帐篷和野营床在泥泞中铺展开,附近的牲畜栏里关着他们讨价还价的几千头牲畜。很明显,主要商品是骡子;每年这种负重牲口的销售量从 11 000 头到 46 000 头不等。

1773 年关于骡子生意风险的叙述

30

在潘帕斯购买的那些(骡子),从一岁和一岁半到两岁大,每头花了 12 到 16 雷亚尔(最多两比索)。(在波多西,骡子每头卖 9 比索)……从布宜诺斯艾利斯的地里赶去的骡子群只有 600 到 700 头骡子……

那些打算让马(在科尔多瓦)过冬的买主可能也会付费把它们交给大牧场主。但我认为这样做不明智。因为那些驱拢和看护骡子的人为了自己或他们主人的目的让马致残,他们干起这个毫无顾忌。由 600 到 700 头骡子组成的骡群需要 12 个赶骡人驱赶,他们要挣,确切地说,要付给他们 12 到 16 个银比索……除此之外,要给他们吃肉吃到满意,还要给他们提供巴拉圭配偶。

现在我们可以进行下一段旅程,到萨尔塔的骡群,骡马交易在那里举行,4 月末离开科尔多瓦,这样可以在 6 月初到达萨尔塔,留出偶尔、通常也是必需的停留时间,让牲口在水草丰美的地方歇歇。在这个第二段旅程,骡群通常由 1 300 到 1 400 头骡子组成……

这些骡群通常在萨尔塔的草场上休息 8 个月左右,在选择这个地点时,得按我开头说的……尽管通常情况下牧场主是值得尊重的人,他们会进行各种欺诈,说骡子死了、被盗了或逃跑了,骡群中许多最好的骡子被他们用不能适应秘鲁的艰难旅途的当地骡子替换掉。

每个骡群需要两群马,一群用于分开、驱拢骡子,必须按每个赶骡人每天 4 雷亚尔的价格付给牧场主,即使每人驾驭 20 匹马,把它们弄瘸了、弄死了……每个骡群离开萨尔塔时有 1 700 到 1 800 头骡子。(Concolorcorvo 1965,112－115)

萨尔塔和胡胡伊的乡下布满了放牧牛和骡子的牧场,支持着这个一年一度的商业活动。最大的庄园会有葡萄压榨机、白兰地蒸馏室、磨坊、做肥皂的设备、卖葡萄酒和面粉的商店。当地居民擅长牲畜贸易到如此程度,以至于很少种植足够的蔬菜来补充他们的牛肉饮食。一个旅行者这样记录:萨尔塔的贸易维持着一个有 400 座房子、6 个教堂、300 个西班牙人以及三倍于此的穆拉托人①和黑人的镇子的人的生存。

胡胡伊也依靠骡子贸易。胡胡伊位于萨尔塔和高地谷地之间的路上,成为从布宜诺斯艾利斯和科尔多瓦来的陆路大车路线的终点。驾车的人必须在这里把货物转移到骡子背上,以便跋涉在通往玻利维亚高地的崎岖山路上。

所有这些商业的发展改变了迪亚吉塔农耕人口的旧家园。尽管他们的反抗被西班牙人轻易地击败,但迪亚吉塔人并没有消失。的确,欧洲人的疾病使他们的人口减少到与欧洲人遭遇前的 15％,但是,迪亚吉塔人仍然是阿根廷西北部新的西班牙社会的一部分。他们保留足够的土地维持微薄的生活,被西班牙修道士引导皈依天主教,在有影响的西班牙人手下当劳力。有些妇女,当然并非情愿,为形成阿根廷的梅斯蒂索劳工阶级作出了贡献。这些土著妇女和西班牙人的后裔成为挑夫、驾车的人、牛仔和农业工人。他们保证了萨尔塔和胡胡伊的富裕。尽管迪亚吉塔人幸存了下来,但在新西班牙商业企业的发展中他们被剥夺了机会。

科尔多瓦的养牛人

萨尔塔的商业依靠通过科尔多瓦的贸易和在科尔多瓦的生产。三条低矮的山脉形成的包围圈由北向南穿过今天的科尔多瓦省和圣路易斯省。它们既形成了雄伟的安第斯山脉最东端的边缘,也成了阿根廷西部半干旱高地和东部潮湿的潘帕斯平原的分界线。消费品从这些地方通过由小船、牛车和骡队组成的一条商业渠道流向市场,这条商业渠

---

① 欧洲人和非洲黑人的混血。——译者注

道的特点是有无数的关税收取点,没有一点走私品。在经济上,延伸的陆路通道把位于安第斯山脚下的门多萨这样遥远的城市和大西洋港口布宜诺斯艾利斯连接起来。

在殖民时期的大部分时间里,科尔多瓦是拉普拉塔河地区的政治、经济中心。它是这一地区人口最多的地方,其居民最终超过 4 万人。作为西班牙人的政治和宗教中心,科尔多瓦有典雅的政府建筑、教堂、女修道院和修道院。省长(governor)和主教都住在这里,殖民地大学和耶稣会学院的总部也设在科尔多瓦。出产的牛和骡子支持着科尔多瓦城的声望和重要性。西班牙人(和葡萄牙人)居住在城市以东的潘帕斯平原上繁育牛和骡子的庄园里。科尔多瓦的耶稣会学院经营着几个牧场,每年出产大约 1 000 头骡子。

科尔多瓦的商业社团庞大。1600 年,商人为波多西市场进口奴隶,用出口的硬币和面粉支付。这些商人后来每年经营多达 3 万头骡子和价值 60 万比索的贸易。来自科尔多瓦的商家代理到布宜诺斯艾利斯,以每头 3 比索的价格从当地养殖者那里收购骡子。给骡子打上他们各自特别的烙印标志后,在来年集市交易开始之前,代理派人把它们沿陆路赶到图库曼和萨尔塔过冬。在波多西,这些同样的骡子卖到每头 9 比索。牛也以大体相似的方式被聚拢、驱赶。

西班牙人在科尔多瓦的商业发展使这个地区原来的土著人,被称作"大胡子"的科梅钦贡人(Comechingón)边缘化。早期的西班牙人一直解释不了当地人面部的毛发——因为土著人没有胡子,或者他们特殊的名字"吃臭鼬的人"的来历。科梅钦贡人没有轻易地把自己的家园拱手交给西班牙人,他们也没有打算像农耕的迪亚吉塔人那样,把自己置身于西班牙美洲社会的底层。相反,他们的反抗特别猛烈。他们以每队多达 500 人的队伍进行战斗,只在夜间进行,并且"他们携带弓、箭和矛"。(Steward 1946,II:683－684)

科尔多瓦山区和圣路易斯地区的小规模文化群落,如萨纳维龙人(Sanaviron)和因达马人(Indama)散落在占统治地位的科梅钦贡文化中。西班牙人可以指望这些独立的、相互敌对的部族保持无组织、不抵

32

抗状态；因此，西班牙人依靠钢铁武器、火药、战马的技术优势和与印第安人的联合，有力地战胜了科梅钦贡人。但是西班牙人也没有完全消灭这些所谓的"大胡子印第安人"。那些在战争和 16 世纪的疾病中幸存下来的科梅钦贡人在南美大草原的边疆地区找到了避难之地。

33　　　一个西班牙人描述的与科尔多瓦地区土著人的战争

（我们）去科梅钦贡人的省份（科尔多瓦），他们是长胡子的、非常有敌意的印第安人；门多萨（佩德罗）上尉（Captain）带着一半的人去前面提到过的亚马孙河（Amasona，原文如此），我驻留在位于科梅钦贡人省份的营地，在 20 天内，这些印第安人袭击了我们 4 次，杀了我们 20 匹马。我们 70 个人留在那里的营地，每个星期一半的人要出去寻找食物，并且，一看到我们分开了，他们就袭击营地；但是运气不好，他们会在晚上袭击我们，因为他们总是在晚上用火袭击。当他们发动袭击的时候，我[佩德罗·冈萨雷斯·德普拉达（Pedro González de Prado）]和弗朗西斯科·加列戈（Francisco Gallego）在警戒，看到这些科梅钦贡人闯入营地时，我和上述的弗朗西斯科·加列戈独自向他们发起进攻，由于我们只有两个人，而这个分队有超过 500 名印第安人，他们按严格的军事秩序布阵，这个分队包围上来，拿着弓、箭和半矛，当我向这个队伍发起攻击时，我的马的头部遭到重击，马被打昏了，带着我跌倒在敌人的队伍中。如果不是我穿的盔甲好，印第安人的箭早就把我射死了。他们活捉了我，把我吊在半空中，杀了我的马，这是一匹好马，身上中了 5 箭。应该问问他们，他们是否知道，如果我和那个弗朗西斯科·加列戈没有向他们发起袭击，他们早就把镇子烧了，可能会杀死很多人；而在他们忙于与我们打斗时，我们的其他同伴来得及现身，因此印第安人被击退，他们中的很多人被杀。

……我仍然和尼古拉斯·德埃尔迪亚上尉（Captain Nicolás de Heredia）待在一起，我们在那里和印第安人进行过多次战斗，他们杀了很多马。我们设法用原木和树枝建造了一个堡垒，在门口保持警戒。看到我们因其他同伴去寻找食物而分开，一天晚上，这些长胡子的印第安人来袭击我们，他们从一些关闭的大门进来，我是第一批冲到那些大门口与他们搏斗的人之一。我们 30 个西班牙人打败了他们，杀死了他们很多人。
["Capítulos de una información de servicios prestados por Pedro González de
Prado, que entró en las provincias del Tucumán y Rio de la Plata "(Parry and
Keith 1984, V: 426－427)]

市镇与贸易

波多西市场的刺激为形成绵延数千英里、穿越山区和平原的贸易
路线提供了商业基础。圣地亚哥·德埃斯特罗、图库曼、圣菲和门多萨
的经济福祉归功于运往高地的货物和牲畜以及从高地运出途经这里的
白银。延伸的货运道路沿线有一些小村庄、农场和驿站，为赶车人、赶
骡人和骡子以及赶牛人和牛群服务。

西班牙人占领西北部后，与印第安人的战争并没有消失。西班牙
省长总是认可或加强一些印第安首领的传统权力，把这些首领称为卡
西克[caciques，一个欧洲人从加勒比的泰诺人(Taino)那里得来的名
词]。但是偶尔有叛离的西班牙人为了自己的利益动员印第安人造反。
例如，佩德罗·德博奥克斯(Pedro de Bohórquez)自称"印加"，于 1657
年组织起 117 个土著卡西克，他们的追随者随后在图库曼地区拿起武
器反对西班牙人。

双方的战斗人员试图摧毁对方的财产。就在收割前，印第安战士
烧毁西班牙人的麦田；后者放火点燃土著人的玉米地。双方的俘虏遭
受了长时间的严酷折磨，其间印第安战士演奏本土乐器，如苇箫和木
号，直至囚犯死去。

为了一劳永逸地解决印第安人的抵抗，图库曼的西班牙人采用了
印加体制的社会控制方法：把难以驯服的部族驱逐到遥远的聚居地。
一个来自拉里奥哈(La Rioja)的部族从他们在波多西的流放地走回来
继续斗争，但是西班牙人成功地把另一个部族基尔梅人(Quilmes)重
新安置到布宜诺斯艾利斯以南的一个地方。基尔梅斯现在是首都一个
郊区的名字，也是一个重要的当地啤酒的名字。

　　图库曼和圣地亚哥·德埃斯特罗都位于经济与行政中心科尔多瓦和萨尔塔骡子集市之间，是殖民时期重要的贸易中转站。圣地亚哥成为一个重要的交易中心要早一些，有大约 40 个广场用于贸易。根据 1677 年的一份贸易总结，途经圣地亚哥运往波多西的货物包括 4 万头牛、3 万头骡子、227 吨巴拉圭茶叶[①]（用于做受欢迎的马黛茶）。

圣地亚哥—德埃斯特罗的妇女正在从事传统的劳动。17 世纪晚期圣地亚哥—德埃斯特罗成为一个重要的商业中心。这个城镇位于科尔多瓦和萨尔塔之间的战略位置上，成为货物、骡子和劳动力的交易场所。(Leon Pallière,1858)

　　图库曼最终取代圣地亚哥，成为一个更重要的贸易区。早先，西班牙商人组织土著农耕人口生产"印第安服"运往波多西销售，但是 17 世纪中期欧洲的传染病使印第安定居人口减少。图库曼城的商人开始转向骡子贸易，在科尔多瓦买进骡子，然后在萨尔塔的集市上卖掉。很快，主要的经济关注点转向做牛车。这个地区的牧场专门为在胡胡伊和布宜诺斯艾利斯港口之间行走的大牛车队繁育和驯化牛。图库曼人用当地的木材和皮革造出了西班牙风格的牛车，车轮直径约 20 英尺（1 英尺≈0.30 米）（能更好地经过泥泞的道路），载重量超过一吨。

_____

　　① 也译作马黛茶叶。——译者注

从波多西南部到科尔多瓦向东与巴拉那河在圣菲港连接的商路形成一个弓形。这个沿河城镇成为通向巴拉圭生产的茶叶和烟草的纽带。由于大查科荒野中的游牧部族阻挡了与玻利维亚的接触，巴拉圭人把他们的商品用独木舟、筏子、小船和树皮帆船向下游运输。河运主要集中在 2 月至 8 月间，这时春雨涨满了河道。其他巴拉圭产品以同样的方式向下游运输，远至布宜诺斯艾利斯。牛车队从圣菲出发，驮着巴拉圭茶叶和其他产品到科尔多瓦，进一步销售到西部的门多萨和智利或北部的波多西。

门多萨的农民

36

门多萨是拉普拉塔河地区和智利的圣地亚哥二级市场之间的商业纽带。充足的阳光和来自安第斯山融雪的稳定水源对灌溉庄稼非常理想。门多萨人把栽培葡萄和种植小麦作为辅助性经济活动，而贸易仍

　　门多萨的主广场。门多萨的地理位置和气候俱佳，因此在 17 世纪末和 18 世纪成为一个繁荣的地方。门多萨周围土地肥沃，出产葡萄和小麦，也是去往安第斯地区的货物从牛车换到骡背上，离开安第斯的货物从骡背换到牛车上的地点。（Edmond B. de La Touanne，1826，courtesy of Emece Editores）

然是最主要的。巴拉圭的马黛茶和来自布宜诺斯艾利斯的进口商品途经门多萨运往智利。在门多萨，货物从牛车上转移到骡群背上，这些骡群要在夏天的运输季节穿过安第斯山口。为期一周的旅程从门多萨到智利的圣地亚哥行程 160 英里。智利人把他们的产品经过门多萨运至玻利维亚。当地农民把他们的小麦和葡萄酒添加到运输货物里。尽管葡萄制品，如被恰当地称为"火水"或"aguardiente"的葡萄白兰地，甚至在布宜诺斯艾利斯也能找到低端市场，但是安第斯山麓的葡萄酒仅仅是补充了他们与欧洲贸易中市场缺乏的部分。

沿着大市场和生产地区之间的广泛贸易通道，旅行者发现了辅助性的经济服务——路边旅馆、配备新马、饲料和乡村小店。沿途农民卖给赶车人羊肉、鸡蛋、南瓜和西瓜。人们甚至能够以摆渡货物为生。他们提供牛皮桶和用马游泳把行李和人运过河。这些服务完善了殖民时期这一地区的贸易体系，但并未给工人带来大量财富，这就是为什么西班牙商人和地主把这些服务行业主要留在梅斯蒂索人和穆拉托人手中的原因。

巴拉圭的采茶人

这个商业网络影响深远，巴拉那河上游地区是其另一个生产中心。尽管离波多西陆路只有 620 英里，但由于大查科地区土著人的敌意，巴拉圭人无法和玻利维亚交往，因此巴拉圭处于西班牙美洲行政和经济的边缘。然而，波多西的白银吸引了拉普拉塔河地区每个殖民群体的商业兴趣。亚松森的乡绅从巴拉圭雨林中的茶叶找到了拯救商业的办法。巴拉圭茶被用来做一种名叫马黛茶的特殊茶，这种茶很快在秘鲁、智利和阿根廷居民中赢得喜爱（许多南锥体的人现在仍然每天都饮用马黛茶）。人们可以用银吸管从银杯子里小口喝这种饮品，或者用木吸管从葫芦瓢里喝，这取决于社会地位。最初，巴拉圭茶的运输大多是通过亚松森向下游到圣菲，然后上岸到智利或秘鲁的市场。在整个殖民时期，巴拉圭茶一直是巴拉圭最主要的出口商品。它带来的收入是第二重要出口商品——烟草的 6 倍。

整个南锥体对马黛茶叶的需求带来了巴拉圭马黛茶生产方式的转变。17 世纪早期,最早的出口商只是组织瓜拉尼工人进入森林采摘,然后用野生的巴拉圭茶树烤这些叶子。后来,耶稣会的传教士开始把这种树作为种植园的作物来种植。最后,耶稣会和他们教区的印第安人生产的茶叶几乎取代了商人低效率的森林采集得到的茶叶。传教士的商业优势激起了亚松森乡绅的嫉妒,造成了在巴拉圭的西班牙人之间的关系长期恶化。

耶稣会

17 世纪 20 年代,耶稣会已经在今天巴西的亚松森东部地区的瓜拉尼人印第安人中建立了教区。当然,这些教区一直是传教士们与殖民者争夺对印第安人控制权的一个焦点。由于瓜拉尼人有优秀农业工人的名声,在圣保罗的葡萄牙人已经开始习惯于奴役他们。最早的耶稣会教区把几个部落的印第安人组织起来形成大定居点,因此巴西猎奴者喜欢去攻击瓜拉尼人教区,抓走几百个奴隶。作为回应,耶稣会成功地从西班牙王室获得许可,武装瓜拉尼印第安人。在瓜拉尼人中重新建立前哥伦布时代的军事威力传统是个重要的决定。1641 年,来自圣保罗的 300 名殖民者和 600 名土著联合向教区发起进攻。巴西人的进攻遭到决定性的失败。但是,耶稣会武装瓜拉尼人也惹恼了亚松森的殖民者,因为这切断了他们的土著工人来源。

17 世纪,许多传教士已经在美洲接受培训和任命。这些土生的神父和修女全部是克里奥尔人,他们的父母是欧洲人,自己出生在美洲。混血人种、黑人和印第安人不能当神父。新神父学习的地方最后变成了美洲最早的一批大学,其中包括建于 1613 年的科尔多瓦大学,这些大学后来向不打算做神父但有志于从事法律和官僚工作的克里奥尔青年开放。

对这些学校和劝诱改宗支持的资金有多个来源。为了支持他们的工作,西班牙王室定期赋予他们拥有土地和印第安劳力的权利。耶稣会作为最有悟性的宗教商人尤其广为人知。位于科尔多瓦的耶稣会总

39 部监督着一个几乎自给自足的经济体系,包括小麦庄园、种植粮食作物的农场、饲养牛羊的牧场、种植糖和可可的种植园、用于出口白银、进口葡萄酒和奴隶的仓库、羊毛编织作坊、运输用骡群以及在农村和城市地区出租的地产。作为重要的经济实体,这些宗教产业也拥有非洲奴隶:耶稣会是阿根廷最大的蓄奴者。

因此,拉丁美洲的传教士团体得到很大支持,行使相当大的现世和宗教权力,引起的嫉妒也不小。教会的经济财产令许多商人和地主不安,他们不得不与传教士们竞争市场和劳动力,或者彼此之间为教会很少的资金而竞争。亚松森城的商人对自己运输马黛茶叶要交税,而耶稣会教区可以免税将一捆捆马黛茶叶沿巴拉那河运到圣菲和布宜诺斯艾利斯非常反感。

从理论上讲,政府官员们希望基督教能把一个分裂的、异质的殖民社会凝聚起来,为统治者和被统治者、特权阶层和被压迫阶层、富人和穷人提供一种共同的东西。当然,耶稣会了解如何对其属民使用权力。他们在村庄修建教堂,指导印第安人干活,努力把其他西班牙人排除在外。为了在土著人中布道,他们学习土著语言。但是这些修士从不接受印第安人作为神父进入修士阶层,认为印第安人不能和他们平起平坐。相反,他们宣扬这样的教义,印第安人长期的苦难以后会在天堂得到回报。因此,天主教正教是一种社会控制机制,宗教教化的目的是让印第安人和穷人永久接受他们在殖民社会中的从属地位。

奴隶制

殖民时期阿根廷的奴隶制与拉美其他地方,如对非洲奴隶劳工有巨大需求的巴西和加勒比群岛,有所不同。例如,殖民时期巴西进口的多达 250 万非洲人在种植园恶劣的条件下砍甘蔗,以及 18 世纪淘金热时比这个数目还多数千个的非洲奴隶当矿工。18 世纪末加勒比地区的糖业繁荣导致那里对非洲奴隶的需求迅速增长:例如,古巴的奴隶人口在 1790 年至 1820 年间增长了 4 倍。其结果是,在拉美的几个殖民地,非洲黑人和本地出生的非洲人后裔的人数超过白人,特别是在蔗糖和金矿开采经济体。相反,拉普拉塔河地区殖民时期的奴隶主使用奴隶只是为了补充印第安人和梅斯蒂索人劳动力的不足。殖民时期阿根廷的奴隶制与不完善的自由劳工制并行。

17世纪和18世纪,大约有10万非洲奴隶到达布宜诺斯艾利斯港,与西班牙白人移民的总数大体相当。从布宜诺斯艾利斯出发,国内贸易把奴隶带到上游的巴拉圭上岸,然后到智利、玻利维亚和阿根廷内陆诸省。图库曼的地主生产蔗糖,更多情况下是在压榨过程使用非洲奴隶,在地里砍甘蔗的艰苦劳动多由流动的印第安人和梅斯蒂索人从事。门多萨的庄园主在家里、菜园、葡萄园和小麦地里使用奴隶。在科尔多瓦和布宜诺斯艾利斯繁育牛和骡子的庄园里,非洲奴隶一年到头照料牲畜、收割小麦、从事其他维护庄园的劳动。

与巴西和加勒比的种植园相比,阿根廷农庄对地里干活的奴隶不那么严苛。例如,阿根廷的畜牧业主允许奴隶相对的行动自由。刚开始,地主通常晚上把新来的非洲奴隶锁起来,白天严加看管。但是一旦适应了新环境,奴隶们的权利和责任也不断增加。掌握西班牙语的非洲奴隶可能帮他们的主人监督流动雇工种植、收割小麦,或者给牛打烙印、屠宰牛。许多农村地主信任为他们干活多年的奴隶,给他们额外的配给、烟草、衣物和马具,奴隶主甚至从女奴或自由女人中为他们喜爱的男性奴隶寻找合适的妻子。的确有逃跑的奴隶,但是由于独特的体貌特征和非洲口音会暴露他们的逃奴身份,他们很难混迹于土著人和梅斯蒂索人中。与巴西和古巴不同,阿根廷的非洲人没有建立逃奴群体。

在阿根廷,城市奴隶制比农村奴隶制,或许更重要、更集中、更清楚易见。殖民政策规定,除非在特殊情况下,禁止奴役土著人。因此,有钱的西班牙人家庭通常购买非洲奴隶从事家务劳动,特别是购买女奴做饭、照顾小孩、打扫房间、洗衣服。西班牙人购买男性奴隶做家仆或照顾家族的城里买卖。商人和工匠购买数目不多的男性奴隶经营买卖、烤面包、学习初级工艺。布宜诺斯艾利斯和科尔多瓦的城市奴隶相对有更大的自由行走在街上,在多种不同的语言和起源基础上他们形

40

成一些团体。星期天,城市奴隶参加他们自己的天主教会礼拜,他们用歌声和非洲的舞蹈使这些宗教活动充满活力。

41 　　像美洲其他地方一样,阿根廷奴隶的繁衍量小,因此需要继续进口非洲人才能维持一支奴隶劳动大军。在非洲奴隶贸易中,男人数目通常超过女人,比例为 3∶1。新近进口的奴隶在到达奴隶市场时,是男女分开的。购买男性奴隶主要用做农村劳动力,女奴主要用于城市家务劳动。西班牙主人对外面的男性奴隶抱有怀疑,把年轻的女奴关在家里,不让她们到大街上去,尽管年老的、受到信任的女奴走在街上替她们的主人卖蜜饯、沿街叫卖东西。从事家务的女奴更容易成为西班牙男人的性猎物,而不是让她们在屋外的非洲男性中自由选择伴侣。另一方面,在农村庄园劳动的男性黑奴与土著妇女和混血妇女的联系相对自由。

　　这些条件促进了阿根廷的种族融合,最终产生了一个混合了西班牙、非洲和印第安传统的自由工人阶级。父亲是奴隶,母亲是土著人或梅斯蒂索人的孩子被认为是自由人。母亲是黑奴的混血孩子是奴隶,但是由于熟悉西班牙风俗和西班牙语,他们有更大的机会获得自由或逃跑后藏匿在城市混血自由人中。"一个叫弗朗西斯科·安东尼奥的穆拉托奴隶这个月逃跑了",1799 年一个管家报告说,"尽管我已经给东岸省几个区的市政长官写了信,但还没有他的消息"(Salvador and Brown 1989,744)。因此,一代又一代新到的非洲奴隶为阿根廷工人阶级的种族融合进程作出了贡献。

42 　　**腐败与逃税**

　　可以肯定,高昂的运费抑制了拉普拉塔河地区各省之间的贸易。大车队穿越布宜诺斯艾利斯到胡胡伊之间 1 450 英里的路程需要约 3 个月的时间。巴拉那河上的船体很小,不得不费力地向上游划,而且只有在雨季才能双向通航。运费因此很高昂,而且不可避免。商人们把这部分成本转嫁到消费者身上。即使普通人能够逃避一点他们很少能逃脱的税收,节省几个雷阿尔(一种普通硬币,等于八分之一个银比索),但腐败和大规模的逃税是有钱有势的人的特权。

逃税的传统在殖民地时期就牢固地树立起来,出于两个原因。首先,西班牙国王规定欧洲和拉普拉塔河地区之间的直接贸易为非法。第二,国王在拉普拉塔河地区的官员,更别提他的属民,只有忽略这些贸易限制才能够谋生。

16世纪,王室断定白银不仅是来自美洲最贵重的进口商品,而且是西班牙在欧洲权力的基础。此外,白银贸易在开矿许可、铸币收费、销售税和港口税方面为王室带来了大量税收。因此,西班牙试图保护白银运输不受外国人染指,认为布宜诺斯艾利斯港在来自附近巴西的葡萄牙人和荷兰、英国的海上力量面前太脆弱。王室规定玻利维亚的白银不从布宜诺斯艾利斯港,而从利马出口。这使得南美的官方贸易路线很低效、不直接、不合逻辑、昂贵、充满了腐败,并且这样持续了200年。

16世纪中叶,王室裁定所有的南美贸易用大帆船舰队运送。骡队从波多西翻越安第斯山脉把银块运到利马,然后用船运到巴拿马城上岸,通过巴拿马地峡丛林送到停在加勒比海的商船上。这种不合逻辑并未就此终止。所有的西班牙商船每年一次在哈瓦那港汇合,由一队军舰护航穿过大西洋回到西班牙。美洲殖民者珍视的欧洲商品也要用舰队的形式,按同样的路线返回,一年一次。

此外,国王在拉普拉塔河地区的忠实臣民和西班牙之间的进出口贸易只能通过利马,从布宜诺斯艾利斯出发的大西洋直接贸易不被允许。因此,如果科尔多瓦的省长想为一个晚宴购买最好的西班牙葡萄酒,他必须支付运费和从利马过来的陆上关税。如果为了参加省长的晚宴,一个经营骡子的商人想用欧洲最新时尚装扮他的妻子,他必须从利马的进口仓库穿越安第斯山把衣服运过来。大西洋港口布宜诺斯艾利斯的官员和商人也得这样做。

布宜诺斯艾利斯的非法贸易

如果依靠西班牙的政策,布宜诺斯艾利斯就不可能从一个小村子发展成为西班牙在南美洲最大的港口。商船体制没有像王室官员希望

43

的那样有效;商品匮乏和高昂的价格导致很多地区走私盛行。持续了整个殖民时期的抱怨自 17 世纪早期开始出现:拉普拉塔河地区的商人和牧牛人应该被允许和西班牙及欧洲进行自由和直接的贸易。

王室的管理机构不情愿地对此做出回应,允许一小部分船只进入布宜诺斯艾利斯港口。最终他们为阿根廷和巴西之间的贸易发放了许可证——但不能进行银锭贸易。外国船只进入拉普拉塔河口只能进行修理,不能从事贸易。后来,王室允许向布宜诺斯艾利斯进口非洲奴隶,仍然是在昂贵的官方许可下。每次小小的让步都被放大许多倍地滥用。最终,西班牙官员对终止走私无能为力,遏制走私被证明是不可能的。因此,薪水微薄的西班牙地方官员做出了合理的选择:他们也从事非法贸易。港口人(porteño 源自港口一词,是布宜诺斯艾利斯对自己的称呼)的省长们随意批准外国船只和没有许可的船只停泊在布宜诺斯艾利斯港,并且买卖商品,用他们的政治地位逃避正常缴纳的关税。在富人中,参与走私贸易遍及各个层面。当地商人少报货物、收买海关官员让他们装作没看见。据说,布宜诺斯艾利斯的耶稣会学院是非法出口银币的最大钱庄之一。

几乎从一开始,外国人就在布宜诺斯艾利斯的贸易发展中起了重要作用。葡萄牙人是第一批,他们喜欢从事非洲奴隶贸易。西班牙王室把对奴隶贸易的垄断权扩展到一家葡萄牙商行这件事,只是鼓励了非法贸易。发放给葡萄牙人的奴隶贸易许可证是用奴隶交换西班牙

1672 年国王卡洛斯二世痛斥布宜诺斯艾利斯公共官员的腐败

1660 年,我的前任国王发布四道敕令,事关从英国和荷兰传来的消息,关于那些国家的船只如何猖獗地从事同西印度各港口的贸易,特别是布宜诺斯艾利斯港、关于他们从贸易中得到大笔白银以及由于省长的宽容,他们的利润在不断增加。这种违规行为每天都在扩大。陛下命令他的顾问调查此事,找到补救的办法,并且发布以上敕令[与国家委员会(Junta of State)的磋商结果一致],这些在布宜诺斯艾利斯使用警戒时会派上用场,并且明确指示抓捕仍然从事这种贸易的所有国家的船只。

在这种情况下,人们认识到违规最猖獗的是布宜诺斯艾利斯,当时佩德罗·德拜戈利(Pedro de Baygorri)管理着这座城市;许多英国、法国和荷兰的大船被允许进入布宜诺斯艾利斯,带给西班牙人货物,带走波多西开采的大量白银……削弱了西班牙的实力,增长了敌人的实力……超过1 200万比索的商品进口到这里,几乎没有向王室国库纳税,而是假借允许船只修理为名,送给省长们大量钱财,所有这些行为都是恶意的……造成了主教和省长之间的不合,后者偏向耶稣会的商业经营活动。(Carlos II c.1672,1－2)

美洲的产品——如皮革、(质量粗劣的)葡萄酒和小麦,但不包括银锭。然而,葡萄牙人花了很大力气进行白银走私。17世纪早期,葡萄牙人在布宜诺斯艾利斯的贸易如此频繁,以至于有些人在这里购买住宅,与当地白人乡绅家庭通婚。

　　布宜诺斯艾利斯的西班牙官员愿意与葡萄牙人勾结起来组织非法　　45
的贸易。当局定期没收没有许可证的进口商品和奴隶,只是为了在虚假的拍卖会上把它们卖给原货主。这种欺骗手段使进口商获得正规的文件把非法的货物运送到内陆地区。在1605—1625年,每年大约有450名奴隶经过布宜诺斯艾利斯港,尽管其中90%都没有正规王室许可。作为交换,葡萄牙人的大船运走了玻利维亚的银锭。

　　1640年,葡萄牙商人开始失去他们在布宜诺斯艾利斯的主导地位,他们被荷兰人所代替。在布宜诺斯艾利斯港任何时候都可能停泊着多达22艘荷兰船,并得到当地西班牙官员的全面合作,甚至是耶稣会在与阿姆斯特丹的新教船主交易时也没有什么不安。西班牙王室当然听说了在布宜诺斯艾利斯港进行的非法贸易,强烈谴责港口人的腐败和消费者对欧洲进口商品的品位。尽管王室对此非常不满,直到18世纪英国人到来时,布宜诺斯艾利斯的走私活动仍经久不衰。

　　1713年,英国南海公司从西班牙王室那里获得了进口奴隶到西班牙领地的专营权。该公司在布宜诺斯艾利斯建造了一个仓库,在接下来的27年里进口了18 000多名非洲人。其垄断合同规定,英国人只能用奴隶换取当地产品，但是不能换取商品或白银。南海公司并未遵守规定，通过和当地官员分享不法利润，英国商人获许非法输入商品和运出银锭。

在萨尔塔、科尔多瓦和布宜诺斯艾利斯这样完全不同的城市，拥有非洲仆人成为一种社会地位的象征。手工艺匠人和小农场主一样也拥有奴隶。经济收入微薄的寡妇和老处女甚至把奴隶作为一种社会保障的形式：她们派奴隶到市场上当小贩、卖蜜饯、当妓女。奴隶把经营所得交给女主人。非洲奴隶和黑人仆人与他们的雇主，大部分是白人，住在一起。由于需求总是超过供给，整个殖民时期，拉普拉塔河地区的奴隶进口数量在上升。

在拉普拉塔河地区，所有这些非法贸易满足了如此多的有权有势的人，以至于根本无法抑制。在与那些被要求关在帝国门外的外国人进行交易中，西班牙官员和商人变得富有了。同样，当地养牛人的干牛皮有了销路。图库曼的赶车人和门多萨的赶骡人从运输奴隶和白银中赚得利润，而科尔多瓦和萨尔塔的政府官员从拉普拉塔河地区主要商路上的货物流通中收取了更多的税款，巴拉圭人从那些以贸易为生的人身上找到了马黛茶叶和烟草的更大市场。但是没有哪个地方像布宜诺斯艾利斯港一样靠非法贸易变得如此繁荣。根据估算，在 1615 年至 1770 年，布宜诺斯艾利斯的人口成倍增长。

1615—1770 年布宜诺斯艾利斯的人口估计

年　份	1615	1674	1720	1770
人口数	1 000	4 607	8 908	22 551

资料来源：Jonathan C. Brown（1979，22）

1776 年，布宜诺斯艾利斯已经成为南美洲南部最重要的港口。由于经济而非政治的许可，国际贸易在河口地区发展起来。葡萄牙人在河口对面的巴西南部和乌拉圭的存在威胁了已经形成的（尽管是非法的）通往银矿的贸易路线。因此西班牙人必须加强自己在美洲帝国被忽视的边缘地带的势力。

1740 年英国人在奴隶贸易和走私中的作用

布宜诺斯艾利斯的贸易非常广泛。事实上，西班牙的西印度港口中没有哪个能有如此大的贸易量……布宜诺斯艾利斯和欧洲间的贸易本来只应由登记在册的西班牙大船来运输，但是除此之外，还有运到英国和西班牙的走私贸易。另外还有和掌握着拉普拉塔河对岸的葡萄牙人进行的走私活动，用小船运送，打着运送自己货的幌子，但实际上却是欧洲货。

除了上面提到的各种贸易分支，还有另外一种值得考虑的商品，即进口黑奴，其他国家用以下方式进行奴隶贸易。

最早的奴隶贸易特权（assiento——原文如此）是 1702 年西班牙国王和法国几内亚公司（French Guinea）就向西班牙在南美的领地提供黑奴订立的一个条约或合同。借此，在西班牙王位继承战持续期间，每年将补充黑奴 3 800 个，在和平时期，达到 4 800 个；关税定为每个黑奴 $33\frac{1}{3}$ 皮拉斯特（pilaster），或 5：19：5 $\frac{1}{4}$ 英镑（原文如此——译者注），但是根据《乌得勒支条约》（Treaty of Utrecht），法国人把这个奴隶贸易特许权条约转让给英国人，英国人和西班牙人签订了提供奴隶的条约。这个条约从 1713 年 5 月 1 日起生效，直至 1743 年 5 月结束。英国南海公司接手每年向西班牙美洲人提供 4 800 个黑奴，他们为此所付的关税将和法国人谈妥的一样。这个条约的第 42 条是所有条款中最后一条也是相当重要的一条，没有包括在和法国人的条约里。因为这一条规定，在条约存续期内，允许英国有奴隶贸易特许权的公司每年把一艘 500 吨（tuns——原文如此）的船派到西班牙美洲的港口，船上满载着的商品与西班牙人通常运送来的商品一样，有同样的销售许可，和西班牙人运来的商品一道在贝卢港（Porto-Bello）和韦拉克鲁斯的集市上出售。这个妥协与通常引起对西班牙人的美洲贸易嫉妒的老政策截然相反。

秘鲁和智利出产的相当大的一部分金银从布宜诺斯艾利斯港出口到

47

欧洲；还有大量的皮革和兽脂，以及美洲这个地区出口的其他商品，因为布宜诺斯艾利斯的重要性主要在于方便的贸易条件；借此西班牙帝国最遥远行省的最贵重的商品运到这里交换欧洲商品。（Campbell 1762，330－333）

48　　在整个殖民时代早期，养牛并非布宜诺斯艾利斯南部大草原上殖民者常见的职业。牛皮可以进入外国商船的货舱，但对这种商品的并不稳定的需求，可以通过猎牛行动来满足。一个重要的布宜诺斯艾利斯市民愿意组织起一支由高乔骑手和牛车组成的探险队，向南深入大群野牛和野马繁殖的边疆地区。猎手最想要的是交易用的牛皮，供应当地肉品市场的舌头，制作蜡烛和烹饪用的牛脂。一个大型的猎牛行动可能持续两到三个星期，获取几千张牛皮。这种粗放型的生产无法满足需求的增长，因此 18 世纪晚期，它在很大程度上被潘帕斯平原上著名的大牧场里更理性的养牛技术所替代。

1760 年潘帕斯平原上的猎牛行动（Vaquería）

当发现迄今为止对他们而言，皮革贸易的利润最丰厚，西班牙人在杀死他们能得手的每一头野牛时都怀有莫名的愤怒。每一个雇佣的骑手都各司其职。有的骑着快马袭击牛群，他们用带着尖锐镰刀头的长矛砍老公牛后蹄上的神经使其动弹不得，其他人在牛摇摇欲坠之时扔（套索），另一些人随后把捕捉到的牛击倒杀死。剩下的雇工剥牛皮，把牛送到约定地点，用桩钉在地上，取走舌头、牛脂和肥肉。剩下足以供养无数欧洲军人的牛肉，丢在平原上被老虎、野狗和乌鸦吃掉；实际上人们可能会担心这么多的尸体会污染空气。（Dobritzhoffer 1822，1：221）

49　　## 南部猎人重组

如果没有拉普拉塔河地区土著人的挑战，穿越拉普拉塔河地区的白银小道就不会形成，也不会起作用。图库曼和科尔多瓦像欧洲人的两个楔子插在土著人敌对的两个地区，向北扩展到大查科，那里是骄傲的土著人的家园,那里的土著部落既没有被西班牙人征服也没有被同化。半游牧部落为被迫离开门多萨和科尔多瓦古老的狩猎地而进行反抗,他们周期性地突袭西班牙牛车队与骡队和边远的养牛庄园。尽管疾病使土著人人口锐减,然而他们重新组织起来,在整个殖民时期,独立于西班牙人的统治之外。

潘帕斯的土著人特别善于在西班牙人面前维护自己的独立和自治。住在拉普拉塔河口南岸的克兰迪人曾经在 1536 年包围了佩德罗·德门多萨探险队的余部。此外,克兰迪人和其他潘帕斯猎人没有被西班牙人的战马吓住。作为猎人,潘帕斯的印第安人习惯于用矛、箭和流星锤捕猎大野物,包括从最早的西班牙人定居点逃跑到潘帕斯草原上繁衍生息的马和牛。土著人的饮食习惯也得以改变,除了传统的鱼和野物,马肉和牛肉不断增加。因此,当 1580 年胡安·德加拉伊(Juan de Garay)回来重建布宜诺斯艾利斯时,潘帕斯的猎人们已经把马吸纳进自己的文化(1583 年一支克兰迪人伏击并杀死了加拉伊)。

马使土著人得以扩展自己的游牧生活,深入人迹罕至的大草原驰骋狩猎。他们放弃了弓箭,改用更容易在马背上使用的矛和流星锤。他们发起大型狩猎活动,突袭其他印第安部族和欧洲人定居点。他们的饮食中动物蛋白含量增多,并把兽皮和皮革变为房屋和器具。男人们饲养牛或者为得到牛发动袭击,在图库曼和巴拉圭出售,或卖给智利的阿劳坎人。印第安商人建立了跨越安第斯山脉运牛小道的大系统,包括兽栏和供应智利市场的牛的山间育肥牧场。妇女更严格地降为手工劳动力,把男人解放出来去打猎。她们用潘帕斯的野生动物制作羽毛制品、毛皮和马具等手工艺品。这些特产"手工艺品"是土著人和定居者之间贸易交换的项目,印第安人之间以及与欧洲人进行马黛茶叶、烟草、白兰地、武器、金属工具、糖和欧洲衣物的交换。

波多西到布宜诺斯艾利斯之间的商路两旁的定居点周期性地遭到印第安人的袭击。在整个殖民时期,西班牙人无法在布宜诺斯艾利斯以南 60 英里界限以外的富饶的潘帕斯大草原上建立庄园。在这个界

50

一个印第安人营地。马的重要性以及用牛皮做帐篷显示了与西班牙人的接触给印第安人带来的影响。（Carlos Enrique Pellegrini, 1830, courtesy Emece Editores）

限以外的地区, 南部猎人依靠平原上徜徉的野牛为生。

　　随着时间的流逝, 南部平原上的印第安社会发生了变化, 也更加复杂。反对西班牙人的战争加强了武士的地位, 最出色的战争首领的家人成为一系列部落领袖。部族和部落大会没有屈服于专制的国王, 但重要的战争领袖和那些有口才的人巩固了对越来越大的印第安部落联合的统治。成功的武士和家族也开始以马匹、牛群和大量个人追随者及俘虏的形式积聚财富。在潘帕斯和巴塔哥尼亚的南部狩猎部落中, 一个重要的首领能有多达 7 个妻子, 每个妻子都把他和其他武士家族在政治联盟上联系起来。狩猎队着重抓捕女人和孩子, 特别是从定居者社区, 把他们抓来用作奴隶、情妇和出售。

51　　同样, 大查科地区的土著部族很快受到亚松森城欧洲人的影响。他们通过贸易获得了自己想要的新商品, 如纺织品、铁制武器、厨房用具和酒精饮料。他们的饮食增加了猪肉和牛肉, 学会了用羊毛纺织布, 放弃了兽皮服装。他们物质文化中的这些重要变化包括更多地使用马黛茶和马。17 世纪耶稣会传教士的到来无疑使巫师感到沮丧,也惹恼了有多个妻子的首领(这种恼怒使许多传教士殉难)。但是,查科的猎人们也学会了种植谷物,驯养家畜,因此有了更富保障的食物供应。

　　然而,马是欧洲人最重要的一个贡献。一经采用,就改变了查科印第安人的生活。有了马,打猎容易多了。印第安人部落可以超越过去的活动范围。以前游牧的部落变成真正的流浪汉,马使更具侵略性的狩猎部落得以兼并(甚至奴役)边缘部落。尽管耶稣会的告诫与之相反,巴拉圭河南岸的阿维波人(Abipón)开始进行远距离突袭。17 世纪中叶,他们联合其他土著部落袭击圣地亚哥一德尔埃斯特罗的殖民者。

　　部落间的竞争也趋于激烈,由于受到疾病肆虐的削弱,一些小的狩猎文化消失了,或者被侵略他们的部落合并。例如,在阿维波人突袭了自己昔日的印第安盟友后,1751 年这些专业的骑手抢劫了圣菲镇。"阿维波人模仿下棋",一个传教士这样记录,"在屠杀了南部殖民地的西班牙人后,他们远远地向北撤退,在亚松森城进行杀戮与劫掠,然后又匆匆南行"。(Dobritzhoffer 1822:II:4)在某种程度上,阿维波人用马避免了部落灭绝,因为 17 世纪开始肆虐的疾病,使他们的人口从 5 000 人减少到 2 000 人。

　　殖民者和土著人之间的战争刺激了拉普拉塔河地区两种文化持续军事化。战争是残酷无情的。然而,共存出现了。殖民者留在他们的城镇里和城镇近旁的土地上,以及重要的牛车道边沿。这个弧形定居点的南北两侧仍然是南部猎人的世界。在两种文化结合的地方,贸易与战争沿着边界线交替发生。殖民时期被证明是南部猎人虚假的兴旺时期。他们的暴力抵抗注定要使这些狩猎部族失去自己的文化和语言存在。

52

第三章　帝国改革与拉普拉塔河冲突

　　一直处于西班牙南美殖民地边缘的拉普拉塔河地区在 18 世纪成为西班牙帝国最具活力的商业区域之一。布宜诺斯艾利斯港贸易繁荣,此时波多西出产的大部分白银通过玻利维亚的骡、牛车小道到达大西洋沿岸的这个河口。在出口的刺激下,这个地区成为从事外国货运者的一个重要市场。水银运到这里,经陆上长途跋涉到达玻利维亚的银矿;运到这里的奴隶也不断增加。贸易的扩大促使潘帕斯平原上的养牛人采取更高效的饲养方法。整个拉普拉塔河地区人口激增,在不断扩张的布宜诺斯艾利斯省更是如此。

　　然而,伴随着 18 世纪的经济扩张,西班牙王室觉得必须解决面临的一些问题。西班牙裔人口的增长侵占了过去土著人居住的边疆地区,而土著人也经历了一个政治组织和人口的恢复期,边疆地带暴力活动加剧。贸易的发展也带来了拉普拉塔河讲西班牙语的殖民者与巴西的葡萄牙人之间不断上升的冲突。这些国际冲突涉及巴拉圭的耶稣会教区及其瓜拉那信徒,他们为占据河畔(riverine)诸省与巴拉圭展开了激烈争夺。最终,由于宗主国并未从拉普拉塔河的商业扩张中获得更多的税收,而西班牙国王一直认为美洲帝国是国家收入的专有来源,王室也不得不面对走私问题。

54

一幅18世纪末布宜诺斯艾利斯空中轮廓线和拉普拉塔河河口的景色,在这里货船停泊卸货,货物改用小船装运。布宜诺斯艾利斯城是西班牙殖民帝国在南锥体主要的大西洋港口。

　　在社会不平等方面,商业发展未能带来经济机会均等和社会秩序的民主化,西班牙文化和土著文化的对立仍然严重。在这种情况下,白人乡绅既不尊重贫苦的非白人,也不给他们机会。西班牙裔社会中规模不断扩大的奴隶阶层也强化了社会歧视。有土著人和非洲人血统的梅斯蒂索人和穆拉托人苦难深重,即使在白人特权阶层内部也有歧视。新来的商人和官吏利用他们出生在欧洲以及与欧洲的联系,歧视出生在美洲的克里奥尔乡绅。

　　最终,西班牙王室政府开始了一系列的行政变革,称为波旁改革(Bourbon Reform),旨在解决殖民地的防务和逃税问题,社会不平等问题则未被触及。改革使布宜诺斯艾利斯贸易合法化并扩大。事实上,王室在拉普拉塔河地区建立了一个新的总督府,布宜诺斯艾利斯港成为这个新兴地区的行政中心。出于害怕教会在殖民地的实力,政府驱逐了有影响的耶稣会并没收了其大量财产。我们将看到,这些改革起到了加剧现有政治、经济问题的作用,也同样忽略了社会的不公正。

55

潘帕斯平原的阿劳坎化

尽管尚未被欧洲殖民者征服,居住在南潘帕斯草原、丘陵地带和巴塔哥尼亚的自治的印第安部族却经历了重要变化。为了抵御欧洲人人口扩大带来的压力,他们改变了以往的生活方式。土著人吸取了殖民者的一些生活方式,如 18 世纪初期,印第安部落之间贸易活跃,主要贸易商品是欧洲的马和牛。他们也开始聚集成为更大更复杂的部落,部落内部分化为富裕的首领和贫困的随从。男性猎手——武士社会地位升高,而女性和老人的社会地位则相应地降低了。

西班牙人和高乔人都注意到了发生在潘帕斯印第安部族的政治、社会变化,他们将这一过程称为“潘帕斯的阿劳坎化”。这里的阿劳坎人是指智利南部的马普切人,他们的抵抗继续阻碍着那里的西班牙人口向南蔓延。到 18 世纪,智利和巴塔哥尼亚的印第安部族穿越安第斯南部山口进行往来贸易已经至少有一个世纪了。后来,马普切人和巴塔哥尼亚及安第斯丘陵地区的印度安部族混合、通婚。阿劳坎人的社会习俗和仪式被阿根廷本土的印第安人所接受,如武士社会和更紧密的政治联盟。这个进程首先发生在上巴塔哥尼亚地区的佩文切人(Pehuenche)中。

一到阿根廷,智利的马普切人就完全放弃了他们的园艺,成为牧人,放牧家畜、马和牛。他们甚至吸收了阿根廷的一些文化习俗,穿马皮做成的靴子、把滚烫的石头放在动物胴体中烤肉、喜欢喝角豆果实做成的奇查酒,住在兽皮覆盖的圆锥形帐篷(toledo)中,用马血洗脸和洗头发。他们甚至开始抽烟来获得一种陶醉感,还养成了对马肉的爱好。这些部族仍然以小单位活动,他们典型的营地由 10 个大帐篷组成,可容纳多至 30 个武士。

56　　阿根廷原有的土著人非常崇拜阿劳坎人的作战技术。从很早时候起,智利人已经开始采取欧洲人的战术,掌握了马背作战的本领。这些专业骑手学会了使用长矛,矛头上装有从殖民者那里缴获的金属做成的矛尖。对马普切人来说,矛甚至成为一种宗教圣物。

　　马普切人最初对阿根廷的兴趣是把它当作一个马匹的来源地。1708年,第一批马普切人来到潘帕斯,参加基多河(Quito River)沿岸军事首领的一个会议。他们与西班牙人作战的威名给在场的所有首领留下了深刻印象。一群群的智利商人和武士留在潘帕斯平原,作为武士、丈夫和父亲加入已有的氏族部落。他们先渗透到佩文切人中,使这个部族向北扩张到门多萨中部。1725年,因为阿劳坎武士开始袭击偏僻的西班牙人庄园并且偷他们的牛,所以布宜诺斯艾利斯的西班牙官员开始注意他们。在随后的几十年里,门多萨的佩尔切人成为讲马普切语的人。1750年,佩文切人中已经没有人能记得他们过去的语言。18世纪70年代,马普切语已成为潘帕斯地区所有印第安人的通用语。

在18世纪,来自智利南部讲马普切语的人,被称为阿劳坎人,迁徙到阿根廷的潘帕斯,他们的文化改变了当地部落的行为和习惯——这个过程称作潘帕斯平原的阿劳坎化。最明显的变化是广泛采用进攻性的骑兵作战,像这些骑兵一样。(Leon Pallière,1858)

　　阿劳坎化后,潘帕斯平原上首次出现了强有力的世袭首领。他们领导部落联盟的骑马武士突袭西班牙人定居点,夺取战利品和俘虏。在长达两个世纪的边疆战争中犯下的常见暴行——西班牙人袭击一个

57

主要是土著妇女和儿童的和平村庄,由此引发了一次突袭:卡卡波尔(Cacapol)和他的儿子康加波尔(Cangapol)挺身而出,领导特维尔切人(Tehuelche)发动了袭击。这个部落沿巴塔哥尼亚北部的内格罗河和科罗拉多河徜徉,活动范围远达潘帕斯南部的坦迪尔山区(Tandil Hills)。这两个首领在 1740 年的大起义中联合了许多其他部落,1 000 多名骑在马上的武士横扫北部,劫掠牛、马和俘虏。根据一个耶稣会传教士的报告,特维尔切人抓获了 2 万头牛以及许多妇女和儿童。这次袭击是对西班牙人扩张到科尔多瓦和布宜诺斯艾利斯南部边疆地区的回应。似乎已经被安抚和改变了信仰的印第安人也起来反抗,他们于1753 年在潘帕斯发动了反对耶稣会布道团的运动。

一个传教士对 1753 年潘帕斯起义的叙述

除了做好准备突袭教区村庄外,这些异教徒没什么其他事情可做。他们制定了第二天即 1753 年 1 月 13 日早晨的攻打计划。敌人在凌晨两点逼近村庄,他们将路上碰到的两个哨兵砍了头。为了令教区村庄里的印第安人感到恐怖,他们把哨兵的头挑在矛尖上,进村时大声喊叫着。他们在街上跑过,取了 8 个瓜拉尼印第安士兵的性命,这些瓜拉尼士兵和 12 名西班牙士兵是被校官留在这里的。对发生的事情不满的潘帕斯印第安人,除了一些躲藏起来的,都加入了异教徒的行动。袭击者是由费利佩·亚阿蒂(Felipe Yahati)率领的,他是死去的卡西克何塞·亚阿蒂(José Yahati)的兄弟。

58　　　早晨 7 点,这些野蛮人与他们的同谋已经疲惫不堪,对自己完成计划的能力失去信心。他们决定放弃战场,从教区村庄撤退。他们向庄园或牧场前进,在那里只有 3 个瓜拉尼牧羊人用箭保护自己逃入这个牧场的边界——萨尔多河岸边的树林。异教徒聚拢了马、母驴、骡子和 6 000 头牛。他们满载而归回到自己的土地上,但没能享受到自己的战利品。

情况是这样的,著名的(印第安)卡西克布拉沃(Bravo)遇到了这支窃贼队伍。布拉沃是费利佩·亚阿蒂(Felipe Yahati)不共戴天的敌人,羡慕其携带的战利品,布拉沃和他的族人出其不意地冲上去,杀了许多人,夺取了他们偷来的所有东西。他以这种方式,让冷酷无情的费利佩·亚阿蒂为自己的罪恶和对基督教的仇恨付出死亡的代价。卡西克布拉沃的手下抓到了受伤的亚阿蒂(Yahati),这个野蛮人(布拉沃)喜欢对手的鲜血,命令武士用长矛一点点地刺他,让他慢慢惨痛地死去。["Testinony of Padre Sánchez Labrador on the abandonment of three Jesuit mission south of the Salado River"(Furlong 1938,204 — 205)]

18世纪70年代,当政府最后沿边境线建立起许多要塞时,印第安人和西班牙人之间形成了紧张的对峙局面。这些要塞有几个功能,作为防务线,它们阻挡印第安武士袭击西班牙地主和养牛人的领地;要塞同时也成为两种文化的贸易中心。政府官员甚至制定有效措施,给印第安部落马和牛,给他们"礼物"以保障和平。然而,这种冲突在19世纪初期加剧,也是对在智利和阿根廷的西班牙裔世界发生的重要事件的回应。后来,甚至有更多好战的、强有力的首领步卡卡波尔(Cacapol)的后尘。

耶稣会问题

在整个17世纪,由于地处偏僻,亚松森的经济毫无生气。很少有西班牙移民进入这个地区,自称为"西班牙人"的梅斯蒂索人建立起常见的社会等级制度,富裕一些的地主和商人处于顶层,土著劳工位于底层。这些梅斯蒂索人讲瓜拉尼语,但这并不阻碍他们把印第安人当作劳动力和情妇。由于没有西班牙妇女,性放纵在这个孤立的地方根深蒂固。在这里,梅斯蒂索精英小心守护着对印第安人的支配权,几乎不受殖民当局的任何干涉,这足以说明耶稣会为什么会在乌拉圭受到憎恨。

耶稣会的传教士于16世纪末到达这里,他们接受了把"文明"带给印第安人的"英雄"使命。然而,亚松森城不希望他们管理该城附近的瓜拉尼人村庄。于是耶稣会传教士来到巴拉圭河和乌拉圭河上游的荒野地区,这些地区组成了今天阿根廷和巴西的一部分。在17、18世纪,

60

59

　　在被阿劳坎文化同化后,被西班牙人称为卡西克的首领获得了世袭的权力,在潘帕斯的印第安人部落中作用更加突出。这幅19世纪早期的场景表现了一个首领带领着装备齐全的骑马随从的情形。(Augustus Earle,1820,courtesy of Emece Editores)

他们把瓜拉尼人带到教区村庄,教给他们关于西方文明和宗教的基础要义。不少传教士为传教捐躯。

　　大多数情况下,森林里的土著部族适应了新制度。他们修建村庄、教堂,种植木薯和玉米,学习养殖牛、马和猪。他们还以极大的热情用自己的语言学习《教理问答》。瓜拉尼酋长不那么热切实行一夫一妻制,但在教区的印第安人看来,这个协议的条件并非完全是消极的。耶稣会没有把他们降为奴隶,也没有把妇女变为情妇。此外,他们给印第安人带来了农作物和家畜,如鸡、牛,丰富了印第安人的食物。对教区印第安人征收的税率一直很低,耶稣会为他们提供保护,免受其他印第安部落以及巴拉圭和巴西猎奴者的威胁。

　　耶稣会主要的定居点位于亚松森南部、巴拉那河与乌拉圭河之间,但是在今天巴西的圣卡塔琳娜州(Santa Catarina)和南里奥格兰德州(Rio Grande do Sul)也建立了七个教区,在大草原上养了许多牛群。主要是为了保护西班牙在拉普拉塔河地区的利益免受巴西的葡萄牙人染指,传教士们把教区的印第安人变成强大的武装力量。然而,武装教区的印第安人是亚松森世俗居民所不能接受的。瓜拉尼人口复兴也是他们不能接受的。18 世纪伊始,教区的印第安人口数量达到最低点,此时土著人已经有了对欧洲疾病的免疫力。1710 年,大约有 10 万印第安人居住在 30 个耶稣会教区,到 18 世纪中期,上升到 13 万。大约在同一时期,在亚松森为巴拉圭人服务的印第安人数只有 12 000 人。(尽管巴拉圭有半自治的省长,但在整个 18 世纪的大部分时间里,该地区与拉普拉塔河地区在经济、社会和防务方面联系密切。)

　　耶稣会帮助巴拉圭和阿根廷的经济与拉美殖民地的其他地区连为一体。除了把边疆地区的瓜拉尼人和其他印第安部族聚居在教区定居点,耶稣会还监督种植马黛茶树。但是,到 17 世纪末,耶稣会修士的经营活动使许多居住在亚松森的世俗商人非常恼火,以至于神父被命令遵守他们经营活动的最高标准。

1738 年对耶稣会教区商业活动的指示

　　为了消除耶稣会已经开始的混乱和对其的诋毁(以及以后可能有的更严重情况),忍受着不可饶恕的罪过带来的痛苦,我以神的旨意命令负责管理的神父或是任何居于教区管理位置上的人,不得以出售为目的进行购买,或其他任何商业活动,即使涉及商品属于印第安人、信徒或教士。

只有那些涉及商品是耶稣会所有的，只有符合该省的共同规则和涉及那些专门给予教区办公室的商品的活动才是合法和允许的。

我以神的旨意命令这些教区长官、其代理者以及耶稣会学院和圣母贝伦(our lady of Belén)医院的所有成员，金银(无论铸造与否)不属于耶稣会或其教区，尽管上面标着或有写给我们任何人的信，也不应该承认是属于我们的，而应该标明其另有其主。这样做的效果将会澄清这样一个观点：我们和印第安人很富裕，大量财富从我们手头经过。

这两条规定将包括在其他省的规定中，每年一次读给教众。布宜诺斯艾利斯，1738 年 8 月 24 日，海梅·阿吉拉(Jaime Aguilar)。[*Archivo General de la Natión*, *Buenos Aires*, *Compañia Ⅸ*, 6 − 9 − 7(Cushner 1983,177 − 178)]

对于大多数殖民地税收，耶稣会享受宗教免税，并且控制着许多现有的印第安劳工。除此之外，耶稣会传教士还享受与整个南美洲其他耶稣会机构的商业联系的权利——庄园、小教堂、学校和称作学院的城市总部。耶稣会的财政资金与欧洲、美洲的纺织品、铁器和葡萄酒一道来自学院。科尔多瓦的耶稣会牧场提供骡子和牛。这些教区直接向远至厄瓜多尔的耶稣会机构出口马黛茶和一些手工艺品。18 世纪伊始，耶稣会已经比它们在亚松森的世俗竞争者拥有更大的优势。

62

1748 年科尔多瓦耶稣会牧场的奴隶和牲畜数量

	奴隶数量	牲畜数量
圣卡塔利娜	317	7 400
阿尔塔格拉西亚 * ①	175	9 200
坎德拉里亚	98	26 000
合　计	590	42 600

说明：* 阿尔塔格拉西亚的数据是基于上一年和下一年的统计数据推算出来的估计数。
资料来源：Nicholas P. Cushner (1983, 54 − 56)

① 原文是阿尔塔格拉西亚(Altagracia)，此处地名似应为阿根廷的上格拉西亚(Alta Gracia)。——译者注

因此,由于出口和人口的强劲增长,南美洲内部市场扩大,巴拉圭的商业也随之获得发展。西班牙耶稣会在一个广阔的弧形地带扩展他们的教区,从今天巴西的米纳斯吉拉斯州(Minas Gerais)穿过巴拉圭,沿巴拉那河向下进入乌拉圭的东岸省(Banda Oriental)。在乌拉圭河南岸的教会大庄园出产牛和骡子,这些牛和骡子取道萨尔塔被赶到上秘鲁的采矿营地(今天的玻利维亚)。沿巴拉那河对岸的耶稣会庄园生产的兽皮用于布宜诺斯艾利斯的国际贸易,小麦和其他食品供应不断增长的本地市场。耶稣会的庄园从巴拉圭引进瓜拉尼工人,在布宜诺斯艾利斯买非洲奴隶来配备劳力。凭借着企业家的天赋和慷慨的免税,耶稣会成为 18 世纪殖民地最成功的经济机构之一。

但随着拉普拉塔河地区经济越来越变成复合型,耶稣会的商业帝国树敌越多。亚松森穷困的殖民地官员嫉妒耶稣会享受免税,小商人反感其商业优势,小牧场主憎恨其对印第安人的控制。耶稣会小心翼翼地避免用"不公正"的贸易活动激起竞争者的敌意;然而,当地政治上的反对还是在增长。1721 年,亚松森爆发了所谓的居民起义,反对被视为完全受耶稣会支配的西班牙省长。这次起义由梅斯蒂索小牧场主、小农场主和商人带领,他们起来反对省长。省长被杀,他的位置被本地出生的市民取代。实际上,在这次起义中,梅斯蒂索小农场主中最穷的一部分人对参与本地政治如此有兴趣,以至于本地精英改变主意。一直到 15 年后的 1735 年,王室官员才在亚松森重建权威。

这些起义居民并非瓜拉尼人。印第安人对他们家长式的恩人——耶稣会保持忠诚;事实上,教区的瓜拉尼人武装对在亚松森重建西班牙权威起了帮助作用,这毫无疑问增加了巴拉圭梅斯蒂索人的屈辱。随后,教区印第安人帮助建造蒙得维的亚(在乌拉圭)和布宜诺斯艾利斯的防御工事。1742 年瓜拉尼民兵把葡萄牙人赶出了萨克拉门托移民镇(Colonia do Sacramento),这是后者在拉普拉塔河口建立的一个港口。

尽管瓜拉尼人忠诚于西班牙王室,但当他们自己的上司耶稣会命

63

令他们撤到巴拉圭时,居住在乌拉圭河东部七个教区镇的 3 万印第安人变得非常愤怒。1750 年,西班牙和葡萄牙签订了《马德里条约》。条约承认葡萄牙提出的对南里奥格兰德和圣卡塔琳娜的所有权,作为交换,葡萄牙放弃对乌拉圭的所有企图。瓜拉尼人申明对天主教会和西班牙国王的忠诚,但反抗自己的神父。瓜拉尼人的反抗从 1754 年持续到 1756 年。印第安卡西克命令烧毁马车,向试图把他们从镇子迁走的西班牙人放箭。他们把宗教热情转向反抗那些恰恰是当初把天主教强加给他们的西班牙当局。瓜拉尼人宣称,上帝赋予他们这块土地,不相信他们敬爱的基督教国王会让他们放弃自己的教堂,转给不信神的巴西人。"如果葡萄牙人想要我们的镇子和土地",他们告诉自己的神父,"那么他们需要用自己的血来偿还"(Ganson 1994,235)。

64 　　　　直到西班牙人和葡萄牙人组织了一次联合军事远征反对瓜拉尼人的叛乱,这场发生在这个地区的第二次骚乱才平息下去。即使这样,由于葡萄牙没有完全放弃科洛尼亚(Colonia),西班牙后来拒绝履行条约。18 世纪 60 年代,尽管光辉的岁月已经结束,一些瓜拉尼人回到了他们的老教区。到那时,西班牙和葡萄牙王室都憎恨耶稣会,为了控制印第安人,耶稣会曾被授予很大的临时权力。早些时候的巴拉圭居民叛乱以及随后的瓜拉尼人叛乱似乎表明,耶稣会不是南美社会动荡的解决办法,而是产生这个问题的原因。

与葡萄牙人占领的巴西的冲突

从 16 世纪中叶玻利维亚矿业繁荣伊始,西班牙王室就一直对在巴西的葡萄牙人很警惕。但是,在葡萄牙人的沿海殖民地萨尔瓦多－达巴伊亚(Salvador da Bahia)和里约热内卢之间有很大的边界缓冲区,一些葡萄牙船只在拉普拉塔河口似乎算不上太凶险。然而,随着西班牙人和葡萄牙人的殖民,边疆地区逐渐减少,广阔的缓冲地区开始收缩。如前所述,西班牙的耶稣会把他们的教区向北、向东扩展,进入葡萄牙人声称的领土。同样,18 世纪早期,圣保罗的猎奴人被寻找金子的矿工所代替。突然之间,葡萄牙人对他们边疆的领土关注起来。这两个殖民国家将因巴拉圭和乌拉圭发生冲突。

葡萄牙人和大不列颠有联盟关系,而西班牙王朝与法国的波旁王朝维持着一个"家庭契约"。18世纪最初的一些战争不断地把美洲卷入欧洲国家之间的不和中,最终似乎大不列颠从这些冲突中受益最多。通过1700年到1713年的西班牙王位继承战,法国的路易十四得以使一个波旁家族成员戴上西班牙王冠,这场争夺战导致作出一项妥协:英国商人获得令人垂涎的垄断权,合法地把奴隶进口到西班牙美洲殖民地。萨克拉门托移民镇,这个从布宜诺斯艾利斯穿过拉普拉塔河河口进行走私的乌拉圭港口落入英国的盟国——葡萄牙手中。

接下来发生了所谓的詹金斯耳朵之战(War of Jenkins' Ear, 1739—1748),如此命名是因为一个英国海员在西班牙人的刀下失去了耳朵。英国人放弃了对奴隶贸易的垄断,葡萄牙人还回了萨克拉门托移民镇。正是在这场冲突结束之时,耶稣会不得不把他们的瓜拉尼人教区从巴西南部撤回。在这场战争和随后的"七年战争"(1756—1763)中,欧洲各国继续把美洲的土著人卷入他们的争端中。西班牙人动员耶稣会教区的瓜拉尼民兵保卫布宜诺斯艾利斯。1762年,西班牙人突袭科洛尼亚(Colonia),使正在那里进行非法西班牙白银交易的英国商船措手不及。但是,不管怎样,结束这场战争的和约把萨克拉门托移民镇又还给了葡萄牙。

然而,在英属北美殖民地的独立战争(1775—1783)中,西班牙和法国遭到了一些报复。法国和西班牙军队都帮助美洲殖民地居民从英国那里争取自由的斗争,尽管具有讽刺意味的是西班牙和法国仍然保留着它们自己在美洲的殖民帝国。西班牙也重新夺回了科洛尼亚(Colonia)。这些不断上升的国际争夺越来越把南美洲卷入欧洲国家之间的冲突中。出于这些原因,西班牙国王感到必须对越来越宝贵的南锥体收紧控制,但是问题产生了。拉普拉塔河地区的殖民地属民已经习惯了独立和自治。因此,帝国的每一项改革在他们看来似乎都是对他们的忠诚和特权的一次攻击。

65

波旁改革

西班牙的国王们决定通过一系列行政和经济改革使他们的帝国强大。在西班牙美洲，这些改革被称为波旁改革，以西班牙王室的名字命名。这些改革措施是渐进的，一次一项、支离破碎的，有时与先前的改革矛盾，或取消以前的改革。

这些改革的基本长期目标分为几类。首先，波旁家族寻求加强对其殖民地财产的管理，然后寻求控制贸易和商业。这些经济和行政改革部分地涉及征税合理化和填补税收漏洞。此外，王室想让其美洲殖民地属民通过把领地扩张到边疆地区以及在殖民地民兵中服役，更多地参与帝国防务。最后，这些改革打击了殖民地社会自治。宗主国制订计划来遏制本地精英的权力并且更有效地消除可能会毁掉整个殖民地动荡的社会怨恨。由于那么多伊比利亚士兵和官员被派去加强王室的权威，波旁改革一直被称为"对美洲的再征服"。

拉普拉塔河总督府

殖民地行政制度的改革影响深远。改革打破了过去把西班牙美洲分为新西班牙总督府和秘鲁总督府的旧格局。特别是在南美洲，建立起许多新的行政机构。1739 年，新格拉纳达总督府建立，首府在波哥大，管辖厄瓜多尔、委内瑞拉和哥伦比亚。后来，王室又把地域辽阔的拉普拉塔河地区分离出来，成立了南美的第三个总督府，首府在布宜诺斯艾利斯。布宜诺斯艾利斯市民——港口人沉浸在新地位的喜悦中。

这种行政改革似乎证实了走私的逻辑，布宜诺斯艾利斯控制了所有与之进行贸易长达一个世纪的内陆腹地，这些贸易多半是非法的。乌拉圭、巴拉圭和玻利维亚都成为拉普拉塔河总督府的一部分，这场重要的行政改革取消了利马对波多西银矿的控制。王室的确从这种威望中索取了高价。新总督府政府的最高职位都配置了西班牙人。美洲土生白人——克里奥尔人只能在市政议会（cabildos）分享权力，即使那样他们的地位也低于西班牙出生的富裕商人。

自由贸易

西班牙愚蠢的贸易规则不能适应 18 世纪的经济扩张,因此必须变革贸易关系。船队体制处于混乱中,18 世纪 40 年代贸易部因此放松了控制,允许单个船只在布宜诺斯艾利斯进行贸易。更灵活的运输、终止许多贸易限制和降低在拉丁美洲的关税使西班牙能够应对来自英国的商业压力。许多这样的贸易改革以及其他变革都是在查尔斯三世(Charles Ⅲ)的漫长统治(1759—1788)中开始的。

1783 年对布宜诺斯艾利斯人的描述

根据各种报告,我胡安·弗朗西斯科·德阿吉雷(Juan Francisco de Aguirre)获悉布宜诺斯艾利斯的人口在 3 万到 4 万之间。其中白人或西班牙人比例相当大,不到总人口的一半,剩下的一半包括黑人、穆拉托人和一些外来的印第安人。西班牙人分为两个阶层:欧洲出生的和美洲出生的,他们从事商业、手工业和农业,有色人种只用于服务业。

布宜诺斯艾利斯最重要的商人来自贵族和外国人家庭;大多数商人,即有 31 个属于这种情况。通过他们在西班牙的关系,主要是在加的斯港(the Port of Cádiz),他们提供资金,商铺利用这些资金在整个总督区发送货物,为这个城市提供食品和必需品。

……在布宜诺斯艾利斯……可以见到西班牙的服装风格,特别是(西班牙)安达卢西亚省的风格,其后裔似乎在这个港口从事很多事情。布宜诺斯艾利斯这个城市似乎证明了这样的叠句"父亲是商人、儿子是绅士、孙子是乞丐"。然而,既没有过度富裕,也没有衣衫褴褛、痛苦不堪的贫穷。贵妇和普通妇女的服饰首饰包括黄玉,由于这里钻石稀缺,有玩笑说,妇女的主要装饰物是焦糖(黄玉的颜色)。男人是西班牙赋予美洲的一个物种,他们移居这里经商来改变自己的命运;他们之中有一些出身高贵,但更多的人出身低贱,随着商业利润的增加,这个国家的住房和家庭也增多了,这里最富有的人(而非出身高贵的人)被认为是最上层的。["Diario de don Juan Francisco de Aguirre"(Luna 1995, III: 264, 308)]

69   西班牙改革者所称的"自由贸易"终于在 1778 年推行。从此以后，商人和货主能够使用西班牙的 10 个港口（而非只能用加的斯）和布宜诺斯艾利斯与西班牙美洲其他所有主要港口进行直接贸易。终于，拉普拉塔河地区所有贸易必须经过利马的这一官方规定——一项从未被遵守过的规定走到了尽头。白银生产税也从 20％降低到 10％，其他税率也下降了，因此税收漏洞被堵住了。

    所谓的自由贸易改革的经济结果引人注目。西班牙与其美洲殖民地的贸易上升了 300％。贸易增加首先是外部需求扩大的结果，其次才是经济改革的结果。18 世纪，欧洲经济繁荣，人口不断增长，对拉丁美洲初级产品需求的市场也随之扩大。对拉普拉塔河地区而言，初级产品指的是白银、兽皮和牛肉干；因此，经济扩张依靠初级产品出口，发展制造部门居于次要位置。贸易改革代表了西班牙姗姗来迟的努力，试图重新得到对殖民地商业的控制权，但是它做不到这一点。殖民地扩大了的贸易所使用的大部分运输船只不是西班牙船只。商人和船主甚至忽略仍然生效的限制，继续进行非法贸易。

1812 年门多萨人口的种族构成

人　　种		城市/人	乡村/人	总计/人	占总数的百分比/％
白人	西班牙人	190	46	236	
	外国人	11	8	19	44
	克里奥尔人	2 629	3 054	5 683	
美洲土著人		548	2 327	2 875	22
奴隶和自由黑人		2 100	2 356	4 456	33
神职人员		109	40	149	1

资料来源：José Luis Masini (1965,11)

    波旁国王也取消了对奴隶贸易的长期垄断，允许在整个帝国范围内开放非洲奴隶贸易。这项贸易改革及 18 世纪末的经济繁荣导致通过布宜诺斯艾利斯的奴隶贸易到达顶峰。在该地区人口的种族组成中非洲人所占的份额增加了。有些观察家说,一半的布宜诺斯艾利斯居民是非洲人或穆拉托人。甚至在内陆,非白人居民的数目也增加了。1810 年,白人在拉普拉塔河地区人口中占少数。

殖民地民兵

帝国防务仍然是西班牙的主要关注点。国王打算既增加殖民地的军事力量,同时又把防务花费转嫁给殖民地。1760 年以后,在整个西班牙美洲,创建了由市民兼任的新民兵组织,由殖民地居民自己提供人力物力。10 年之内,布宜诺斯艾利斯组织了 4 600 个民兵。为了招募民兵,当局不得不给穆拉托人和梅斯蒂索人新的法律权利,因为白人殖民者只被军官的职位所吸引。普通市民对民兵成员提起的诉讼现在只能在军事法庭进行,穆拉托人和梅斯蒂索人第一次能够携带武器和穿制服。白人精英对此颇为不悦,因为他们憎恨那些在他们看来种族低于自己的人得到与他们一样的特权。此外,阿根廷出生的白人民兵军官无法升至最高军衔;西班牙人把上校和将军的军衔只留给自己。因此,波旁王朝的军事改革似乎是另一项长期打击白人殖民者特权和阶层的改革。以后,当帝国进入危机时,阿根廷军官将把命运掌握在自己手中。

征税

防务和许多其他改革有赖于扩大税基、增加帝国财政收入。许多大众日用品都实行王室专卖,这是一个似乎与贸易改革不相符的旧办法。烟草、烈性酒和其他酒类、火药、盐等物品变为垄断商品,其生产、销售都由西班牙行政官控制。生产这些产品的自由工人和小生产者或者被并入王室产业组织,或者面临被禁止的命运。只在垄断商店销售的烟草和酒类的利润现在进了王室金库。有了对这些大众消费品的垄断控制,国家必须提高价格以获取更多的销售收入。因此,拉普拉塔河地区冒出新形式的走私:巴拉圭和巴西烟草的非法交易一点也不奇怪。

71　　　不仅税率上升,而且收税也变得合理化。以前,所谓的税款包收人(与政府有私下合同的中间人)承担收税的责任。这些人通常是当地商人,他们从店主和生产者那里收取税款,同时得到占总税款一定比例的回报。这种分散体制造成大量逃税和优惠待遇,因此波旁改革的一个重要组成部分是税收集中化。

现在,与行政监督体制联系在一起的一个职业官僚新群体从税款包收人那里接过了收税的责任。西班牙人又一次获益,监督官是西班牙人,而许多从前的税款包收人是当地商人。此外,每个新税官都有自己的护卫队。1782 年,八个监督官被派到拉普拉塔河总督区的主要城市。从此以后,这种监督扩展到其他西班牙美洲殖民地。

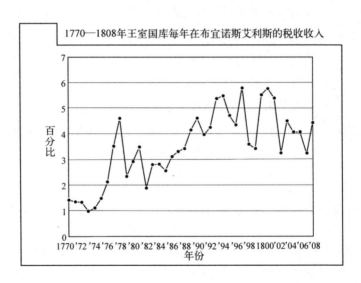

1770—1808年王室国库每年在布宜诺斯艾利斯的税收收入

72　　　整个拉普拉塔河地区的税收收入增加了(见上图)。这更多是收税效率提高而非经济增长带来的结果,而且毫无疑问,每个人的税负加重了。由于这些原因,走私和违禁品从未消失过。

政教关系

随着世俗权威的扩大,国王也试图通过减少教士在殖民地的世俗权力来实施自己对天主教会的恩惠。耶稣会成为这项政策的第一个受害者。耶稣会教士在殖民地的居民中引起反感，不仅因为他们成功地控制了印第安劳力、他们教区庄园的产品交易免税，而且他们已经卷入了伊比利亚政治。人们认为耶稣会对罗马教皇比对国王更忠诚，在国王的恩典下耶稣会财富增长。1767年耶稣会最终被驱逐出西班牙帝国。

在拉普拉塔河地区，耶稣会将在主要城市留下他们的学院，放弃牧场，离开科尔多瓦大学。同样，传教士将放弃他们在查科和潘帕斯印第安人中的传教活动。在巴拉圭执行该命令是特别敏感的事情。那里的耶稣会教区容纳了几乎10万瓜拉尼印第安人，他们保留着自己的武装民兵。国王的特使在骑兵部队的陪伴下，把密令带到亚松森。他们逮捕了耶稣会神父——有些是在夜深人静时——迅速把他们塞上去往布宜诺斯艾利斯的小船，流放到意大利。在耶稣会已经离开之前，几乎没人听说过国王命令的事。

当国王下决心把耶稣会从西班牙帝国驱逐出去时，重组民兵给王室官员带来了丰厚的好处。负责执行驱逐令的公共官员认为，赶走耶稣会可能会激起他们所控制的印第安人和奴隶的反抗，但是流放耶稣会没有带来太多的暴力活动。当局没收了教区和庄园，把它们分给其他教会修道会或者是商业兄弟会。

在耶稣会离开后，巴拉圭的大教区体制退化了很多。而巴拉圭在耶稣会之后很容易生存下来。巴拉圭经济及其主要出口产品——马黛茶持续发展。私人企业家从事马黛茶叶的种植和收获，并且与不断扩张的布宜诺斯艾利斯的商人建立了商业联系。现在瓜拉尼人已经熟知西班牙风俗，他们从受教会保护的人转变为巴拉圭农场主的苦力。其中许多人在巴拉圭南部和东部充裕的土地上占地安顿下来。

耶稣会的许多农庄、学校和其他产业都很大，有几百名非洲奴隶和印第安劳工，现在成为当地官员的资源，出租给乡绅。有些庄园维护得很好，有些却非如此。耶稣会在乌拉圭最大的庄园——母牛庄园(the Estancias de las Vacas)，被一个布宜诺斯艾利斯富裕的西班牙商人组成的世俗兄弟会接管，宗教兄弟会派出专业管理者和临时工人到这个

73

庄园。牛群迅速扩大，牛皮出口外销，小麦和干肉被带到布宜诺斯艾利斯销售，赚的钱用来支持同为兄弟会管理的孤儿院和女子学校。同时，国王派来的官员收取租金。

当地商人群体对贬抑强大的耶稣会"国中之国"大为欢迎，当然并非殖民地的所有白人都欢迎这个决定。18 世纪，实际上大多数耶稣会教士出生于美洲，来自有影响的家庭；此外，当地许多富裕家庭的子弟在坐落于每一个城市附近的耶稣会学校接受教育。

布宜诺斯艾利斯的成长

波旁改革的另一个结果是有实力的西班牙商人群体在布宜诺斯艾利斯崛起。走私品贸易并没有像国王希望的那样终止，但是合法的、西班牙人控制的商品交换在这个港口蓬勃发展。加的斯、塞维利亚和其他西班牙港口大贸易公司的代理人来到布宜诺斯艾利斯，建立本地的贸易公司。这些商人利用与西班牙都市商业和政治利益的强有力的联系，深入腹地收购来自玻利维亚的白银用于出口。他们也进口水银和非洲奴隶。五金器具和纺织品源源不断地从北欧过来，但现在是经过西班牙仓库，数量也更大。同样，这些批发商收集、储藏港口主要的出口产品——白银、兽皮、干肉和具有异国风情的商品如河鼠皮和鸵鸟毛，供应欧洲的时尚沙龙。

布宜诺斯艾利斯大商人家族的成长与其在墨西哥城和利马的同行的成长很相似。特别是从西班牙北部巴斯克省移民来的年轻的西班牙男人开始工作时是做学徒。一旦成功，他们随后就娶出生在美洲的、老西班牙商人的女儿为妻。他们投资零售商店和运输设施，在内陆城市安置自己的亲属，加入与身份相符的世俗兄弟会，向教会捐款，竞争政治荣誉和职位。他们的克里奥尔儿子注定会担任圣职、开商店、当低层官员和军官。他们有嫁妆的女儿嫁给其他西班牙商人，没有嫁妆的嫁到正派的克里奥尔家庭、去当修女或一直独身。布宜诺斯艾利斯的商人在很多方面都与墨西哥城和利马的商人一样傲慢，有同样的商业行为，除了有一点特殊：他们不投资庄园。因为土地太容易获得也太便

74

宜,无法带来很大的投资回报——至少在当时是这样——长途贩运白银、水银、奴隶和货物的收益太丰厚了。

在这个西班牙人商界显要阶层之下,有一个庞大的货栈主和零售商组成的网络。布宜诺斯艾利斯大约有600个从事衣服和进口商品的零售商,有700个客栈和杂货店出售葡萄酒、烈酒、蜡烛、盐、面包、火柴和其他消费品。这些零售商与和他们竞争的街头小贩经常从富裕商人那里赊购货物。西班牙移民集中于工匠行列,特别为奢侈品市场服务,制作银制品、时装和欧洲风格的家具。穆拉托自由人、西班牙出生的工匠、所有的非洲奴隶多从事烘焙、石匠、木匠、裁缝和鞋匠等行业。许多自由劳动力,包括制革工、烧石灰的、卖引火柴的也在这个港口兜售自己的生意。港口人特别容易看出来,他们在街上跑来跑去,从马车上卸货。

西班牙商人在布宜诺斯艾利斯总督区的崛起

本图拉·米格尔·马科·德庞特(Ventura Miguel Marcó del Pont)是把西班牙和遥远的帝国城市连接起来的西班牙商人之一。1762年马科出生于西班牙西北部加利西亚的一个港口城市——维哥(Vigo),他作为父亲的西班牙商行的贸易代表迁到布宜诺斯艾利斯。利用家族纽带和加利西亚出生的影响力,马科积极引导了一个商业网络,在西部包括利马、智利的圣地亚哥、门多萨和科尔多瓦,西北部有波多西,还包括蒙得维的亚、科洛尼亚和巴拉圭河盆地的小河港,以及西班牙的维哥和马拉加(Málaca)。在这些生意中,马科和其他出生于西班牙的商人没有什么不同,他们维护建立在亲属关系和信贷基础上的商业联系。

家族纽带和西班牙出身保证了西班牙美洲帝国的政治经济统一。马科接收从他父亲在维哥的商行发运来的欧洲货物,通过和家族有联系的西班牙船长把货物和信发送到欧洲。马科·德庞特也促进了他与住在科尔多瓦、门多萨、圣地亚哥、利马和波多西的亲属的联系。所有这些西班牙出生的、有商业关系的人相互帮助,在整个南美洲范围内进行货物交换。

尽管这种商业体系很发达,但即使是在最好的时候,也容易受到距离和竞争的影响。马科的成功要归因于西班牙对其殖民地贸易的控制。欧洲战争造成削弱这种控制的威胁，允许克里奥尔商人和英国托运人侵占像马科·德庞特这样的西班牙人的贸易垄断。19 世纪头 10 年，欧洲战争激烈，西班牙人开始失去他们在南美洲贸易中的优势。1807 年，一个利马的商业关系人向马科·德庞特报告说，"奸诈的英国敌人有时候带来走私品，有时进行得到许可的贸易，使这里的销售受到重大打击，因此我不会忽视他们奸诈地寻求毁灭我们的诸多方式"。(Papeles Ventura Miguel Marcódel Pont 1807, file 6)

合法贸易增多和放松贸易限制并没有消除引起走私的所有市场条件。由于波旁王朝没能取消高关税和某些垄断，不允许外国船只在拉普拉塔河地区自由通行，秘密贸易在小范围内仍然继续。在其他方面受人尊重的西班牙商人中，走私是一种受欢迎的恶行。偶尔进行一点走私品交易，可使他们的投资取得更大的收益。布宜诺斯艾利斯市民经常直接与在河口的外国船只进行交易，他们把货带到岸上，在夜幕掩盖下送到自己的仓库。但是，暗中进行的走私交易从来没有完全逃过总督当局的注意。实际上，没有他们的同意，走私绝不会如此猖狂。那些负责打击走私的机构——海关官员、海岸警卫队官员和总督本人对走私活动睁一只眼闭一只眼，从中收钱获利。

由于人口增长、行政上的重要性和商业繁荣，布宜诺斯艾利斯很快成为整个地区最大、最重要的内部市场。图库曼和圣地亚哥－德尔埃斯特罗的斗篷(Poncho)以及廉价印第安织物，用载有每捆 50 个斗篷的牛车运到这里，在这个港口城市找到最大的市场。科尔多瓦皮革行业给布宜诺斯艾利斯和其他省提供羚羊皮和小山羊皮。巴拉圭也在布宜诺斯艾利斯找到更大的市场，销售麻、水果、蔬菜、原棉和本土产的纺织品。

运输业直接从港口的贸易发展获利，在整个拉普拉塔河地区繁荣起来。布宜诺斯艾利斯和波多西之间的合法贸易显著扩大。1800 年，波多西从布宜诺斯艾利斯购买了价值 60 万比索的货物，而从秘鲁购买商品的价值大约只有这个数目的一半。这种贸易有助于拉普拉塔经济带两大贸易中心的繁荣。18 世纪 70 年代早期,就已经有由 20 多辆大车组成的大篷车队带着果干、葡萄酒、白兰地、面粉、桃干和旅客从门多萨和圣胡安等省到达布宜诺斯艾利斯。与智利的贸易以前通过利马,现在从布宜诺斯艾利斯经陆路到门多萨,越过安第斯山到达智利的圣地亚哥。图库曼和其他贸易城镇那些赶车队的人,从胡胡伊运送白银和羊驼毛到布宜诺斯艾利斯出口海外,参与布宜诺斯艾利斯的出口市场。兽皮和国内产品的河运贸易不断增加,使造船不仅在布宜诺斯艾利斯而且在靠近森林的河边市镇如科连特斯(Corrientes)和亚松森发展起来。18 世纪后半期,在阿根廷内陆,这种贸易额很可能增长了 20 多倍。

1777—1809 年殖民地时期阿根廷的人口增长

监督管辖区		年　　份	
		1777—1778 年	1809 年
布宜诺斯艾利斯		37 130	92 000
科尔多瓦	科尔多瓦	40 203	60 000
	门多萨	8 765	21 492
	圣路易斯	6 956	16 242
	圣胡安	7 690	22 220
	拉里奥哈	9 723	12 619
	合计	73 337	132 573
萨尔塔—德尔图库曼	胡胡伊	13 619	12 278
	萨尔塔	11 565	26 270
	图库曼	20 104	35 900
	圣地亚哥—德尔埃斯特罗	15 456	40 500
	卡塔马卡	13 315	24 300
	合计	74 059	139 248

　　说　　明:本图表数据不包括总督辖区的其他三个监督管辖区——巴拉圭省、东岸省和丘基萨卡省(玻利维亚)。
　　资料来源:Jorge Comandrán Ruiz (1969, 80－115)

东岸省(The Banda Oriental, 今天的乌拉圭)也成为布宜诺斯艾利斯产量特别高的供应商。18世纪的最后15年，大小地主都往布宜诺斯艾利斯送兽皮、肉干和小麦。该地区第一个宰牛厂就位于东岸省。这些屠宰腌制厂进行工厂式生产，生产用于出口的腌肉和兽皮。这是取消在庄园上费时费力自己宰牛的第一步。但是，牛产业的密集专业化生产在当时仍未实现。随着拉普拉塔河河口贸易的增长，蒙得维的亚(1726年建立)成为外国船只，特别是装运当地农产品和与巴西进行贸易的外国船只的一个补充停靠港。许多布宜诺斯艾利斯的商行也在蒙得维的亚设有分公司和仓库。1776年从葡萄牙人手中夺回的科洛尼亚港服务于当地船运，从东岸省把牧场的产品沿乌拉圭河运到布宜诺斯艾利斯。

人口增长率表明，整个总督区受益于18世纪末的经济增长。但是，布宜诺斯艾利斯省比其他省的人口都增长得快。更值得注意的是，农村人口的增长速度比这个港口城市快。

78 ## 殖民潘帕斯

在布宜诺斯艾利斯以南，经营殖民牧场仍然是适合有一定商业关系的克里奥尔、有移民或种族混血背景的小农场主进行尝试的行业。畜牧业正在取代猎牛成为农村主要的牲畜生产方式。这些牧场主驯养牛群，在牧场屠宰牛群后，提供了出口的牛皮。有些牛活着卖掉，为城市供应牛肉。这些地主也生产小麦，装在皮袋子里用牛车送到布宜诺斯艾利斯。大一些的牧场家族倾向于互相通婚，模仿他们更富裕的西班牙亲戚的商人行为，不过他们仍朴实得多。牧场主和他的儿子们与雇用的牧工一起给牛打烙印、宰牛，妇女把小麦碾成面粉、搅制黄油、料理果园和菜园。在靠近城市的地方，小农场主从商品菜园收获蔬菜，用小群的产乳动物的奶生产奶和奶酪。

在驯养畜群的过程中，潘帕斯的牧场主依靠两种西班牙常用的办法：围场和打烙印。对于市民中那些有可能成为农场主的人，市政议会发给土地和烙铁。殖民时期的养牛牧场都归于庄园这个通用名称之下,但在 19 世纪,人们称其为牧场(estancias)。在庄园里,牧场工人把牛聚拢赶到指定的牧草地,称作围场(rodeo),使它们适应驯化。一个庄园可能由周边的几个围场组成,每个围场由一两个牧牛工照料,他们的主要职责是在围场范围内骑马把牛群赶拢。迄今为止,潘帕斯草原没有围栏。如果有几头牛走失了,庄园主可以在打烙印时节当周围的牧牛人把他们的牛群赶拢时找回自己的牛。大部分农业和产牛位于萨拉多河(the Salado River)以北,以南则是土著人的地盘。

此时,劳动力成为一个重要的考虑,因为牛的主人需要牧工长年看管他们的牛群。巡回牧人——瓜拉尼印第安人、自由黑人和穆拉托人、梅斯蒂索人从内陆省份来到布宜诺斯艾利斯。他们的工作包括聚拢走失的牲畜、给牲畜打烙印、屠宰牲畜、驯马、维护畜栏。他们精通套索、骑术、使用刀子和流星锤。庄园主和巡回牛仔一起生产的牛皮不断进入对外贸易领域。尽管需要他们的劳动,但布宜诺斯艾利斯的西班牙人和克里奥尔人并不尊重这些农业工人。

1790 年一个西班牙人对卑微的乡下人的看法

这些牧民,荒凉之地的仆人,几乎没有什么交流,不知道什么是友谊,因此倾向于互不信任和欺骗。他们热衷于玩牌。当他们玩牌时,通常坐在脚后跟上,马缰拴在脚尖上,这样马不会乱跑;通常他们旁边的地上插着一个刀片或一把刀,如果他们发现任何和他们赌博的人有小小的作弊,就倾向于杀了他,因为他们对作弊懂得很多,在玩牌时并非忠实和诚实的典范。当钱输光后,如果物有所值,他们就赌衬衫,如果一钱不值,赢家通常把衬衫还给输家,因为他们没人有两件衬衫。当他们去结婚时,准丈夫去借白衣服,一离开教堂,就把衣服脱下来还给借给他们的人,他们会睡在一张牛皮上,因为他们通常没有房子和家具……

这些人几乎都是窃贼,他们甚至偷女人。他们把偷来的女人带到没人去的树林深处,在那里搭起像查鲁亚人那样的小窝棚,吃从附近找到的野牛肉。当两人彻底没有衣服,或者有其他紧急的事情,男人就独自离开,到西班牙人的农场偷马;然后把偷来的马在巴西卖掉,带着生活必需品回来。我（费利克斯·德阿萨拉，Félix de Azara）已经发现和抓获了许多这种贼，也发现了他们偷的女人。其中有一个西班牙女人，年轻漂亮，当她和这帮人一起生活时才 10 岁。她不想和家人回去，得知我想把她送回她父母家时很激动。她说，她被一个叫昆卡（Cuenca）的人掠来，另一个人杀了他，杀他的人又被另一个人杀死，第三个人又被第四个杀掉，她最后一个丈夫也遭此厄运。每次提起昆卡的名字她都会痛哭不已，都要告诉我，他是世上第一个男人，因为他如此独特，母亲为生他付出了生命的代价。[Viajes por la América meridional entre 1781 hasta 1801 (Luna 1995，III：46 – 47)]

80   归根到底，波旁改革加剧了已经存在的问题。改革总是带着额外的限制，如禁止与非西班牙货主进行直接贸易，这只不过是鼓励了法律框架外的贸易继续存在。税收改革惹恼了特权白人殖民者，他们不习惯缴纳他们应交的税额。如此多的经济收益似乎为了西班牙的利益运出去，而不是留在殖民地。除此之外，西班牙出生的商人和官僚的到来对殖民地白人乡绅以前享有的自治形成挑战。甚至可以得出这样一个结论：波旁改革破坏的恰恰是其意欲实现的目标，即西班牙对拉普拉塔河地区的控制。

尽管波旁改革的确加剧了拉普拉塔河地区的社会紧张状况，它们还不足以引发独立运动。受到波旁改革最大影响的社会阶层是克里奥尔人，他们事实上是最保守的。尽管他们在缴纳税款上蒙受侮辱，工作被西班牙人抢去，也许失去了对非白人工人的控制，但克里奥尔人仍然保持着特权，也仍然心存恐惧。他们担心出现大规模的社会动乱，也清楚地知道宗主国西班牙保护着他们并非虚幻的社会特权和财富。波旁改革只不过是助燃反抗的干柴，点燃熊熊大火的火花来自别处。

第四章　殖民秩序的危机与革命

　　点燃阿根廷革命的星星之火来自欧洲,来自战争。作为欧洲主要强国的殖民领地意味着拉普拉塔河地区与其他美洲殖民地成为欧洲军事行动的场所,尤其是大西洋战争的受害者。18世纪英国和法国崛起,成为主要的军事强国,西班牙和葡萄牙则在列强竞争中衰落了。西班牙的波旁王朝加入了其法国亲戚的"家族盟约",葡萄牙与大不列颠结盟。所有这四个欧洲国家在美洲都有殖民地。自然,南北美洲成为它们打打停停的争斗的另一个战场。

　　西班牙在南美的主要港口——布宜诺斯艾利斯情况更是如此。18世纪最后10年和19世纪最初10年,欧洲战争使布宜诺斯艾利斯的贸易中断,暴露出西班牙在拉普拉塔河总督区的腐败,显露了波旁改革未能克服的宗主国的弱点,使得克里奥尔人的力量得以复兴。殖民军队为拉普拉塔河地区的地产和战略地位而战,这里葡萄牙人控制着巴西,西班牙人控制着巴拉圭和阿根廷。后来,法国大革命加剧了大西洋上的所有军事竞争,质疑"帝国"的基础。法国大革命攻击君主制——帝国的基础,对人权的提倡破坏了奴隶制的基础,法国革命思想质疑一个公民将自己置于他人之上的权利。与法国大革命相关的两次军事行动使南美洲开始进入一个新的轨迹:英国侵略布宜诺斯艾利斯和拿破仑侵略伊比利亚半岛,这两个事件开启了拉普拉塔河总督区的内战和独立进程。

独立会带来什么结果？不是克里奥尔领袖曾经想象的共和制天堂，而是政治混乱和分裂。在这种混乱和分裂中，几个殖民时期的社会弊病得以存续下来。克里奥尔领袖耳濡目染了殖民地社会的种族歧视、社会暴力和政治腐败，因此保留了自西班牙殖民以来许多困扰阿根廷社会的做法。

法国革命

1789 年法国革命改变了作为以前欧洲战争的标志的权力平衡。1795 年被共和制的法国击败后，西班牙与这个更强大的国家保留了脆弱的伙伴关系，而大不列颠海军仍然是葡萄牙独立的担保人。因此，无论什么时候法国和英国进入敌对状态，在法国大革命后两国经常如此，葡萄牙特别是西班牙都被牵扯其中。对西班牙而言，这些冲突代价太大，其帝国横卧在敌对的英国舰队控制的大洋上。在 1797—1802 年和 1805—1808 年的战争中，英国船封锁了西班牙港口，就在西班牙殖民地商业达到其 200 年来最高水平之时，其与布宜诺斯艾利斯的贸易被切断了。

当西班牙与英国处于战争状态时，布宜诺斯艾利斯和整个拉普拉塔河地区的西班牙商人尤其处于守势，因为他们的优势一直在于与西班牙港口大商行的垄断性联系。殖民地对西班牙水银的进口下降了，结果造成白银产量下降和税收暴跌。西班牙不得不允许更多的外国船只进入其殖民地港口。英国和德国船只开始频繁出没，几乎没有什么保留地和渴望经营走私物品的克里奥尔商人进行贸易。西班牙商人现在不得不在没有宗主国帮助的情况下与克里奥尔人竞争。本地出生的布宜诺斯艾利斯商人形成了对真正自由贸易的喜爱，他们要求即使在和平时期商业也扩展到非西班牙船只。但是，他们的要求被拒绝了。

由于法国大革命之后的战争暴露了西班牙帝国的弱点，其中最明显的是西班牙完全依赖其殖民地的财政资源，西班牙官员对纳税的殖民者提出了额外的要求。到处寻找财政来源的西班牙大臣们选择掠夺美洲最富裕的机构——天主教会。三个世纪以来，各个教会在殖民地的资本积累来源于捐赠的钱和不动产。教会当局出租庄园、城镇房屋，把他们积累的流动资本借给土地所有者，抵押贷款年利率为5％。这些大量抵押财产成为绝望的西班牙的战时财富。1804年，国王命令教会收回他们的贷款，把收益送到西班牙。在1808年这个命令最终取消之前，几乎所有的殖民地都遭受了宗主国的这种榨取式掠夺。殖民地因此事而群情激愤。

在拉普拉塔河地区，收缴教会财产充分展示了许多有影响的西班牙人所享有的官僚—商业体制的好处。他们认为担任公职和获取私人利润并不相互排斥。例如，西班牙出生的商人本图拉·米格尔·马科·德庞特通过在王室的关系得到了宗主国的授权，从智利、玻利维亚和门多萨教会拥有的抵押贷款征收战时特别税。他将把收益寄到西班牙。由于从总收益中扣除其费用，这个税收授权使马科·德庞特个人从收取和转运公款中获益。在殖民地经济衰退之时，西班牙当局征收不得人心的税款，引起殖民地人更强烈的憎恨。

税款收缴得很成功，马科·德庞特很快就有了10.1万比索的现金和用兽皮支付的2万比索。然而，战时的事件很快就会增加他的利润，此时拉普拉塔河地区的英国战舰和军队阻止了马科把税收收入寄回西班牙。

英国入侵

西班牙帝国的另一个弱点很快就在拉普拉塔河地区暴露。1806年，英军侵略布宜诺斯艾利斯时，殖民地防务脆弱，军官无能。

当拿破仑·波拿巴的军队关闭了一个又一个的英国贸易市场，大不列颠也和西班牙帝国一样遭受了贸易中断，卖不掉的商品在利物浦的仓库里堆积如山。中断西班牙与其海外殖民地的贸易也影响了大不列颠，因为英国船只从加的斯和其他西班牙港口运载了很多的货物到南美洲。在经历了10年的商业挫折后，英军入侵布宜诺斯艾利斯给利物浦和伦敦的商人带来了经济复苏的希望。

然而，海军准将霍姆·里格斯·波帕姆爵士（Sir Home Riggs Popham）的军事征服让英国政府吃了一惊，这场侵略是波帕姆自己的主意，用他自己的保证金。波帕姆的军队未经事先授权，从南非穿过大西洋航行到达拉普拉塔河口。1806年，他轻松地占领了布宜诺斯艾利斯，从毫无准备和戒备的西班牙总督那里夺取了控制权。英国军队在布宜诺斯艾利斯刚一下船，总督和他的西班牙最高指挥官、最富裕的商人就仓皇逃离了首府。

波帕姆认为，袭击总督区的首府会鼓励殖民地人起来反抗"不得人心的"西班牙统治者，他在给英国商人的信中写道："征服此地为大不列颠的制成品打开了广泛的渠道。"（Crump 1931, 183 – 184）喜气洋洋的商人立刻装备了100艘船开往布宜诺斯艾利斯。但是，低等克里奥尔官员已经集结了1 200名殖民地民兵，把英国人从布宜诺斯艾利斯赶了出去，并抓获了英军指挥官贝雷斯福德将军（General Beresford）。与此同时，英国军队成功地攻克了蒙得维的亚和科洛尼亚，在那里坚守了9个月。波帕姆被召回送上军事法庭。

当西班牙总督逃跑时，克里奥尔民兵军官——由一个法国出生的军官圣地亚哥·利尼尔斯（Santiago Liniers）率领，指挥梅斯蒂索和穆拉托士兵——仍坚持战斗。在他们把英军驱逐出去后，民兵军官向布宜诺斯艾利斯检审庭（audiencia）（王室委员会）施压，要求解除国王派遣的总督的职位，选举利尼尔斯替代他。与此同时，一些西班牙商人暗中与蒙得维的亚的英国船只做生意，引起了正在把英国军队围困在这个城市的克里奥尔民兵的憎恨。

1807年，驻扎在蒙得维的亚的英国人得到了英国的增援，向布宜诺斯艾利斯发起第二次进攻。看来，英国的政治、军事领袖仍然错误地相信，殖民地的克里奥尔人想把他们腐败、羸弱的宗主国西班牙换成经济上更强大的英帝国主义者。布宜诺斯艾利斯的殖民地民兵又一次击败了英国军队。在拉普拉塔河地区经过两年无效的冒险后，英国军队最终也放弃了蒙得维的亚。

85

一个克里奥尔民兵军官见证的 1806 年第一次英国入侵

我(曼努埃尔·贝尔格拉诺,Manuel Belgrano)当城市民兵队长已经超过 10 年了,这更多的是出于心血来潮,而非对军旅生活的热爱:我有关这段经历的最早的文章来自这个时期。在(英军)可耻的入侵前几天,拉普拉塔河总督区总督马克斯·德索夫雷蒙特(Marqués de Sobremonte)召见我,要我组织一个骑兵队,在从事商业的青年中招募,为此,他派给我有经验的军官提供指导。我寻找新兵,但一个也找不到,因为在布宜诺斯艾利斯,民兵遭人忌恨。

他们发出了普通警报,我充满荣誉感地冲向堡垒,那是集合地点;就像经常见到的不知何谓纪律、没有任何服从的人群一样,那里无秩序无组织。他们组成了一些连队,我加入其中一个,为最普通的民兵基础知识都被忽略感到羞耻。

第一个连队去攻占菲律宾大楼(过去的奴隶贸易仓库),而剩下的在和同一个总督争执,他们是来保卫城市的,不是为了去乡下。

其结果是,缺乏经验的部队和没有严明纪律的民兵与敌人作战,(英国人)相当容易地攻占了这个城市。当我们撤退时,我亲耳听到有人说:"他们在决定撤退上做得很好,因为我们没有对这次挑战做好准备。"["Autobiografia de Manuel Belgrano"(Di Tella 1994,167)]

当一切结束后,西班牙人回到布宜诺斯艾利斯,但克里奥尔人再也不允许他们拿回往日的专制权力。民兵支持现在由克里奥尔成员支配的市政议会。西班牙人试图把从玻利维亚教会收敛的钱送到西班牙,但是克里奥尔人支持的政治当局没收了这些收入,供布宜诺斯艾利斯使用。西班牙战时的无能和贪婪考验了克里奥尔人的耐心。

此外,克里奥尔人作为民兵领袖参与保卫帝国最终破坏了社会统治权——并且因此也破坏了像本图拉·米格尔·马科·德庞特这些人的商业、政治地位。作为西班牙人,马科最终成为欧洲战争对美洲的影响的一个受害者。希望获利的英国商人带来如此多的毛织品、亚麻制品、玻璃器皿、鞋类、朗姆酒和家具,这些商品在拉普拉塔河地区的进口市

86

场泛滥,以至于价格跌落到成本价以下。几个当地商人,包括马科·德庞特,寻求购买廉价的英国商品并保存在仓库中,等市场价格回升后再出售。在外国军队占领蒙得维的亚时,马科的商业代理人和船长与英国商人进行易货贸易。他们用兽皮和干牛肉换英国的制成品。这种交换可能在商业上是说得通的,但也可以被解释成叛国。

最具有破坏性的是,英国入侵打断了马科与欧洲的交流。西班牙商人再也不能把殖民地的产品运回到其母国的港口。马科指责“那些恶毒的英国人”使他失去了这类交易惯常获得的 1.5% 的佣金。

马科·德庞特个人因英国入侵付出了更高的代价。他拿出从教会收来的抵押贷款 70 300 比索作为贷款,帮助支付总督区的防务,但这笔钱他永远也收不回来了。然后是几个船长向新总督圣地亚哥·利尼尔斯——重新夺回布宜诺斯艾利斯的英雄,投诉马科卷入与英国侵略军的“假合同”。尽管马科为保卫拉普拉塔河地区做出了财政贡献,他和他的代理商做出与敌军进行贸易的让步。保卫过布宜诺斯艾利斯的克里奥尔爱国者先后出来反对逃跑的或与敌军合作的西班牙人。

克里奥尔意识

1776 年布宜诺斯艾利斯成为拉普拉塔河新总督府首府,在此后的 40 年商业增长期里,西班牙出生的商人成为这个城市的主要市民。港口社会与其他许多西班牙美洲的城市不同,布宜诺斯艾利斯大部分最富有的公民并非政府官员、矿工、地主或者是有贵族头衔的人,而是海外商人。出于需要,他们耕耘政治联系而非土地。这些商人控制着奴隶和水银的进口以及白银和皮革的出口,他们的信贷支持了英国制成品在整个南锥体的销售。这些出生在伊比利亚的商人,常常会娶在布宜诺斯艾利斯本地出生的老西班牙商人的女儿,建立其从当地市场到公共职位的多样化的家族关系网。

有权势的商人也为殖民地的政治管理提供帮助,为公共官员提供资金,依据授权为王室收取税费。事实上,西班牙人很多通向财富的路径依赖于其政治影响力。作为主要的社会群体,商人支持拉普拉塔河

87

流域西班牙人的社会机构：教会、天主教慈善机构和宗教兄弟会。他们保持着与在智利、玻利维亚和秘鲁的西班牙亲戚的通信和贸易。毫无疑问，港口人商业阶层提供了把西班牙在南美的巨大帝国联系起来的力量。

然而，作为欧洲战争的后果之一，在 1790 年至 1810 年之间，西班牙殖民地贸易遭受了一连串繁荣与萧条的动荡。在 1797 年至 1801 年期间和 1805 年至 1808 年期间，贸易额下降到仅有 1790 年的 10％，与英国人以及越来越多的洋基佬商人的走私贸易有助于弥补这个差距。现在，克里奥尔商人和为失去了往日特权而不满的西班牙人在平等的条件上竞争。"与英国人的自由贸易使我们的商业处于如此悲惨的境地"，一个西班牙人哀叹道，"因为英国所有的制成品如此便宜，我们很快就会一文不剩，或者失掉所有的银器"。(Socolow 1978, 166)

到 1810 年，西班牙出生的商人的权力已经被削弱，这个群体无法阻挡政治、经济权力向迄今不那么有特权的克里奥尔商人递交。这种权力转化的结果是独立。在权力急剧下降的过程中，布宜诺斯艾利斯的西班牙商人阶层失去了其对贸易的控制，也失去了在整个地区的社会纽带和政治权力，并最终失去了自己的财富。

克里奥尔人的经济复兴为增强南美人的自信心作出了贡献。事实上，他们通过参与 18 世纪欧洲知识分子的思想运动，一直准备着这一刻的到来。法国和英国的启蒙运动质疑权威，提倡理性思考和实践。然而，在西班牙和葡萄牙，国王的大臣们只采纳了与理性思考和实践有关的部分。打上伊比利亚烙印的启蒙运动促进了他们发展农业的想法，以及强化管理和重商主义的概念。重商主义指的是榨取美洲殖民地的原材料和从强迫贸易中获取商业收入。例如，他们从经济自由主义中发现的不是工业革命的方法，而是加强重商主义的方法。伊比利亚王室也接受了启蒙主义的提倡世俗权力而非宗教权力的观念，以更好地控制教会这个强大的机构。然而，如法国哲学家卢梭所发展的人民主权、社会契约、公意等其他观念，并没有在帝国大臣中引起共鸣。

88

　　然而,这些革命主张的确设法进入了拉丁美洲。洛克、牛顿、笛卡尔、伏尔泰和卢梭的书通过殖民地港口非法进口到拉丁美洲。精英成员、官僚和教士熟悉了这套完整的哲学。随着许多美洲主要城市建立大学,精英教育在 18 世纪迅速扩大。1725 年科尔多瓦的老校加入了玻利维亚的丘基萨卡大学(the University of Chuquisaca),1758 年又加入了智利圣地亚哥的圣费利佩大学(the University of San Felipe)。这些大学主要讲授法律和宗教哲学,为这些青年精英以后在官僚和教会机构的较低层次工作而做准备。白人殖民者欣然接受了这样的教育机会。此外,大学不经过宗主国的过滤器,传播了启蒙运动的思想。诚然,这些思想传到拉美很晚——在 18 世纪 90 年代。当它们的确到达时,青年精英们立刻熟悉了启蒙主义的原则。在新兴的拉普拉塔河地区,作为出生在殖民地的西班牙人,曼努埃尔·贝尔格拉诺在他的布宜诺斯艾利斯的书斋里读这些新书,他后来成为一名民兵军官。丘基萨卡大学毕业生马里亚诺·莫雷诺(Mariano Moreno)是个年轻的克里奥尔官僚,后来参加了布宜诺斯艾利斯的第一个克里奥尔人政府,他编辑了一本卢梭的《社会契约论》,"来指导美洲青年"。(Lynch 1987,28)

　　也许比启蒙运动和美国革命思想更有力量的,是与认同有关的知识分子情感。越来越多的克里奥尔人开始认为自己是美洲人,而不是移植的欧洲人。波旁改革加重了殖民地的税赋负担,却没有终结西班牙出生的官员的腐败,反而使美洲民族主义高涨。毕竟,人口增长的趋势有利于美洲人,即使在精英阶层也是如此。在殖民地,即使不是更多,美洲白人也以 20∶1 的数量超过西班牙人。即使如此,18 世纪西班牙向美洲殖民地的移民数量空前,他们从事利润丰厚的进出口商行的工作,进入专业人士和手工艺者的行列,特别是他们填充了不准"美洲人"进入的官僚岗位。克里奥尔人益发感到了西班牙人傲慢的利刺。

　　但是克里奥尔人还没有完全做好革命的准备。为了克服殖民地精英与生俱来的保守主义,需要某种惊人之举。这发生在 1807 年和 1808 年,拿破仑的军队侵略了伊比利亚半岛。

拿破仑在伊比利亚

1807 年 11 月,拿破仑攻打英国的盟国葡萄牙,试图通过这个办法保护欧洲免受其英国敌人的染指。在英国海军的护送下,葡萄牙王室的大臣们逃到巴西,葡萄牙王室把里约热内卢从总督区变为帝国的首都。葡萄牙的英国盟友在巴西享受到最惠待遇,英国制成品的进口和巴西的棉花、糖、咖啡的出口繁荣起来。

然而,西班牙美洲的政局并非如此平静,特别是在拿破仑突然袭击其无能的盟友后。拿破仑的军队侵入西班牙,囚禁了所有王室成员。法国军队侵占了伊比利亚半岛大部分地区,拿破仑的兄弟约瑟夫就任西班牙国王。曾经强大的西班牙帝国沦落到被外国军队占领,曾经专制的、无所不能的国王沦落为囚徒。三个世纪以来,西班牙帝国已经变得腐朽、赢弱,对其帝国财富管理不当。腐败、堕落的西班牙官员在殖民地破坏了帝国的根基,使其无法修复。然而,西班牙国内的猛烈抵抗来自平民,他们展开激烈血腥的游击战反抗法军入侵。那个起来支持西班牙反抗其前盟友——法国的占领的国家是西班牙长期的敌人——大不列颠。英国战舰和军队帮助西班牙游击队把法国人赶出了西班牙。

90

西班牙美洲的精英骚动

在拉普拉塔河地区,西班牙国王被法军俘虏的消息在西班牙出生的人和土生白人之间产生的效果大不相同,他们的裂隙在加大。这是一次相当迅速的关系恶化,一劳永逸地解除了所有的联系纽带:家族之间、共同经济利益、对非白人统治的恐惧、把西班牙人和克里奥尔绑在一起的对国王的效忠。

这是个政治问题。既然拿破仑的兄弟约瑟夫·波拿巴宣布就任西班牙国王,殖民地人会像忠于波旁家族一样忠实于他吗?在波旁国王缺位的情况下,许多克里奥尔人提出政治统治权归属的问题。统治权应该属于约瑟夫国王?属于那些无能、贪婪的总督?他们像 1806 年布宜诺斯艾利斯的总督一样,当威胁的迹象刚一出现就逃之夭夭。统治权现在属于克里奥尔人有更多的代表性的市政议会?

甚至可以说,西班牙美洲的反抗斗争开始于西班牙人和克里奥尔人精英上述基本共识的崩溃。例如,1809 年,一个有影响的西班牙商人费利克斯·阿尔萨加(Felix Alzaga)领导了一次反动阴谋,反对法国出生的布宜诺斯艾利斯总督利尼尔斯。尽管利尼尔斯得到当地克里奥尔领导的民兵的支持,他还是被替换了。然而,到 1810 年,布宜诺斯艾利斯市政议会成为当地最有权力的政治实体,恰恰是因为民兵的支持使克里奥尔人在市政议会中成为大多数。在布宜诺斯艾利斯,马科·德庞特很快就体会到了战时的不愉快。由于新兴的克里奥尔对布宜诺斯艾利斯政治生活的控制,这个西班牙商人失去了对教会抵押贷款税收的控制权。由于像克里奥尔人科尔内略·德萨阿韦德拉(Cornelio de Saavedra)和曼努埃尔·贝尔格拉诺领导的殖民地民兵的花费不断增加,总督区政府已经花了马科·德庞特捐献的钱。1809 年利尼尔斯失势,由亲西班牙的总督所代替,但这些并没有减轻马科在商业上经历的苦难。英国入侵期间,英军的失利并没有阻止英国商人继续在拉普拉塔河地区进行贸易。1809 年,大不列颠和西班牙独立战士联合反抗法国。英国已经向拉普拉塔河地区输入了价值 120 万英镑的商品。西班牙商人遭到海外竞争,要求驱逐英国人。然而,新总督急需新的收入来源,无法做到限制英国人贸易而不减少给政府带来资金的关税收入。55 个英国商人已经在布宜诺斯艾利斯和蒙得维的亚定居。持续的政治危机使新总督无法偿还马科·德庞特的"紧急贷款"。在随后发生的内战中,他很快将失去剩余的教会税款。

拉普拉塔河地区的革命

独立运动很早就在拉普拉塔河地区生根,但是却以混乱结束。克里奥尔起义领导人之间不团结,也无法克服他们的种族主义,他们失去了对下层民众反抗斗争的主动控制权。在这一过程中,拉普拉塔河总督区人为的地理统一被打破了。

随着 1806 年英国入侵带来的政治、社会变化,布宜诺斯艾利斯使自己成为南锥体的革命领袖。西班牙官员在外国入侵时的懦夫行为提升了克里奥尔人的政治地位。特别是,民兵领袖成为克里奥尔人拥有政治自信心的主要力量,他们与自己的队伍形成了脆弱的联盟,在布宜诺斯艾利斯城,这支队伍已经超过了 3 000 人。这些黑白混血人(穆拉托人)和黑人民兵现在手中有了武器;他们得到工资和配给,这代表着重要的收入再分配;他们带着骄傲和自尊行进,穿城而过。不是所有的西班牙人和克里奥尔人都感到高兴,因为曾经有钱有势的西班牙商人陷入了艰难时期。停靠在布宜诺斯艾利斯市的英国、美国商船使克里奥尔商人和农村地区的生产者受益,西班牙人现在不得不和他们在平等的基础上竞争。因此,当 1810 年法国军队入侵西班牙南部的消息传来时,克里奥尔人已经做好了推翻反动总督的准备。

民兵领袖迫使总督召开公开市政议会(cabildo abierto),允许"平民大众"向总督建议如何应对新的政治发展。克里奥尔领导人的武装支持者包围了市政大厅,威胁不出席议会的西班牙代表。1810 年 5 月 10 日,这个日期在今天作为阿根廷独立日来庆祝,市政议会迫于压力解除了总督的职务,任命了一个克里奥尔人的三人执政团,包括革命知识分子马里亚诺·莫雷诺。然而,这个三人执政团还没做好放弃效忠被囚禁的西班牙国王的准备,承诺当国王费尔南德七世一旦从法国的囚禁中获得自由,就把统治权还给他。但对许多在布宜诺斯艾利斯的西班牙人而言,克里奥尔政治家对王室权威的承诺缺乏诚意。

92

1810 年革命使市图拉·米格尔·马科·德庞特失去了他的钱财

战胜英国侵略军之后的政治斗争分化了西班牙出生的和本地出生的白人。在某种程度上,也许西班牙出生的商人本图拉·米格尔·马科·德庞特是自找麻烦,他要求圣地亚哥·利尼尔斯总督偿还早些时候他给临时总督 70 300 比索的"贷款"。利尼尔斯总督却要求严格清算这个商人的所有财产。马科顺从了,承认他还有 31 000 比索的现金,在这种情况下,利尼尔斯发布"紧急状态命令",命令马科将剩余的钱交给国库。在两个月内,马科接到卡斯蒂利亚委员会(Consejo de Castilla)的命令，要求立即把属于王室巩固基金(Real Caja de Consolidacion)的资金汇回西班牙。但是港口政府已经把这些钱花掉了，因为花费在克里奥尔人领导的民兵上的钱不断增加。

1810 年 5 月 10 日召开公开市政议会后，马科丢下他的克里奥尔家庭，逃离布宜诺斯艾利斯。马科的妻子和他的孩子都出生在布宜诺斯艾利斯。他的一个儿子阿古斯丁(Agustín)跟随港口人部队到了上秘鲁(Alto Perú)，最终作为爱国军官而非商人定居在萨尔塔。作为克里奥尔人，阿古斯丁没有继承他父亲国际范围的社会联系。

真是对帝国的嘲弄，这个家族在西班牙的人仍将在美洲事务中扮演角色。费尔南德七世命令马科·德庞特的弟弟弗朗西斯科·卡西米罗·马科·德庞特将军(General Francisco Casimiro Marcó del Pont)为智利督军(Captain of General)。1817 年，小马科与革命的阿根廷将军何塞·圣马丁(José de San Martín)在战场上相遇。

民兵领袖科尔内略·德·萨阿韦德拉在市政议会上赢得权力，标志着克里奥尔人最终在政治上获胜，这进一步削弱了马科·德庞特要求政府偿还其"贷款"的主张。在两周内，萨阿韦德拉本人拒绝了马科要求偿还借给布宜诺斯艾利斯防务的钱的最后努力。

很明显，克里奥尔政治势力再也不愿将殖民地税收交给西班牙。促使洪他(Junta)对马科·德庞特那样的西班牙富裕商人作出惩罚的决定，还有另外一个因素。克里奥尔政治家求助于平民阶层的成员，其中几千人在布宜诺斯艾利斯城处于战备状态。实际上，克里奥尔领袖在从最高层社会群体向最底层重新分配财富。

这一决定部分牵扯到取消西班牙商人和半官方的包税人对公共钱财的控制，马科·德庞特曾经兼有这两种身份。与此同时，克里奥尔人及其平民追随者开始摧毁西班牙人在南美腹地的商业和政治网络。起义打断了经过内陆到波多西的贸易活动，西班牙人逃离科尔多瓦、门多萨，以及后来逃离圣地亚哥、利马、波多西，最后逃离蒙得维的亚。在评论政治崩溃引发的社会混乱时,一个英国居民对比曾经繁荣的东部省牧场和革命时期的经济说:"人口减少、荒芜,沉浸在痛苦和不满中。"(Szuchman and Brown 1994,85)

总督区的政治崩溃

有几个因素阻碍了布宜诺斯艾利斯的革命者完全实现他们获得以前拉普拉塔河总督区政治控制权的计划。首先,他们内部争执不休,要阴谋,派系分裂。他们的计划用没完没了的宣言阐述,而且很不切实际。尽管他们宣布法令,废除布宜诺斯艾利斯的奴隶贸易,并于1813年宣布"出生自由"法令,规定在此日期后女奴生的孩子到21岁生日时将获得自由,但克里奥尔人仍然蔑视黑人和穆拉托人。

这些领导人也容易突然反目。例如,1811年,马里亚诺·莫雷诺失去了其他人的支持,为了除掉他,他的对手派他出使欧洲,后死在海上。其他失势的人被投进监狱,甚至抗击英军侵略的英雄、前总督利尼尔斯也招致报复。在科尔多瓦退隐后,利尼尔斯表示反对布宜诺斯艾利斯洪他对待内陆城市的傲慢态度,利尼尔斯因为这个罪状被捕并被处决。独立战争未来的英雄何塞·圣马丁将军形成了一个与布宜诺斯艾利斯政客完全不同的观点,他说:"我担心'完全毁灭'不是来自西班牙人,而是源于我们内部的不和谐、缺乏教育和判断力。"(Lynch 1987,68)

布宜诺斯艾利斯不能在拉普拉塔河的广大地区有效地实施领导权还有另外一个原因。其他地方的克里奥尔人不愿受远在港口的无能同类的管辖,希望实行地方自治,尽管他们可能被证明同样无能。另一方面,在河口对面的蒙得维的亚,克里奥尔乡绅宁愿支持西班牙总督,也不愿听从布宜诺斯艾利斯分裂的政客们的指挥。港口人把最初的支持浪费在连续派遣3支"解放"军队远征,试图实现对玻利维亚人的政治控制。克里奥尔军事领导人两次洗劫位于波多西的铸币厂,还曾经试图炸掉它。他们的暴行鼓励了布宜诺斯艾利斯黑人和穆拉托人军队的骚乱和抢劫行为。此外,入侵者的社会自由主义(social liberalism)思想惹恼了玻利维亚的克里奥尔。港口人缺乏与封闭的印第安人相处的

94

经验,误解了安第斯地区同类的社会保守主义。即使港口人在布宜诺斯艾利斯下令取缔奴隶制时犹犹豫豫,但这些入侵者在玻利维亚下令终止印第安劳工草案、停止印第安人供奉、印第安人和白人平等时没有更多的思考。1811 年、1813 年和 1815 年,玻利维亚精英每次看到来自利马的保皇派军队把来自布宜诺斯艾利斯的军队驱逐出去时,不无高兴。

巴拉圭抵制布宜诺斯艾利斯的政治领导。1811 年,土生乡绅支持西班牙监审官打败了来自布宜诺斯艾利斯的远征部队。然而,这些克里奥尔地主随后还是推翻了西班牙人。巴拉圭人最早从西班牙获得独立,同时也从布宜诺斯艾利斯获得自治。

人民革命

还有另一个阻碍港口人对整个前总督区确立政治领导的因素:民众革命。由于克里奥尔领导人之间破坏性的争吵,民众阶层将事态控制在自己手中。这些平民的反抗斗争在许多地方同时发生,从根本上分裂了政治领导,导致出现一个短暂但激烈的直接夺取和重新分配财富的时期。地主和商人阶层将这最后两种行为看作抢劫和掠夺,但起义军认为这只是把殖民时期其他人从非白人劳工身上榨取的财富进行重新分配。

我们不应该认为,这些骑兵游击队员的直接统治就是大众民主和社会参与。权力在这些群体的枪尖上流动,小地主及其家人从这些起义军那里遭受的损失比精英阶层还严重。毕竟,殖民地秩序还未为平民阶层的民主和人权做好准备。但是在革命过程中,这些民众起义促进了联邦主义的政治事业,推动了克里奥尔精英原本不可能同意的社会议程。

乌拉圭和阿根廷沿河省份的阿蒂加斯派(artiguista)运动是个平民起义起作用的完美例子。阿蒂加斯派是指一位来自东岸省的革命考迪罗(非正规军事领导人)何塞·赫瓦西奥·阿蒂加斯(José Gervasio Artigas)的追随者。殖民地时期,在这个西班牙和葡萄牙领地之间的混乱的边疆地带,阿蒂加斯曾经当过偷牛贼、地主、养牛人和维持乡村秩序的骑警队队长。西班牙和葡萄牙争夺违禁品贸易港口科洛尼亚使得东岸省一直动荡不安。1776 年,西班牙人把葡萄牙人驱逐出东岸省后,这个地区成为养牛和巴西黑烟草非法贸易的繁荣地区。蒙得维的亚港成为布宜诺斯艾利斯的商业辅助港(尽管蒙得维的亚的港口更好,仓库里堆满了牛皮和其他牧区产品,而布宜诺斯艾利斯保留了奴隶、水银和玻利维亚白银贸易)。

　　拉普拉塔河河口两岸的竞争持续到革命时期。1810 年,东部人,那时人们这样称呼他们,宁愿支持西班牙在蒙得维的亚的省长而不服从布宜诺斯艾利斯的克里奥尔洪他(Junta,委员会)。然而,1811 年西班牙人提高了对养牛人的税收,甚至质疑他们的产权——然后又从巴西邀请一支葡萄牙远征军来帮助他们与布宜诺斯艾利斯打仗。尽管最后在英国人的劝说下,葡萄牙人离开了,阿蒂加斯使他的地主同僚转而反对西班牙人,组织了一支高乔军队围攻蒙得维的亚。

　　西班牙人、葡萄牙人和港口人的反对迫使阿蒂加斯和他的 3 000 名追随者进行了一次意义重大的撤退。他们穿越乌拉圭河,来到恩特雷里奥斯。在那里,阿蒂加斯很快成为由穆拉托和梅斯蒂索牛仔、小养牛户和印第安部族组成的平民阶层的捍卫者。在这个地区的政治倾向中,阿蒂加斯代表联邦主义。他成为拉普拉塔河联邦联盟的"保护者",要求与布宜诺斯艾利斯享有同等地位,在他的地区内保持军事和政治自治。

　　革命战争时的联邦主义坚实地建立在平民基础上。许多革命军事领导人的理解是,联邦主义是老式的西班牙专制主义的对立面。鼓吹联邦主义的人认为该制度是政治权力下放,地方精英选举自己的代表。他们设想的联邦国家由弱势的行政当局和强有力的国会组成,保留各省的政治特权。在独立战争中,许多当地的联邦主义者也推动社会改革,以便从平民阶层招募志愿战士。

　　在任何社会权威衰落到平民阶层可以自行其是的地方,就会出现像阿蒂加斯这样的平民考迪罗代表他们的利益。考迪罗本人以前可能是地主,像阿蒂斯加,但他的追随者决定这个联邦主义者计划的内容。从 1813 年到 1818 年,事实上,阿蒂斯塔的平民支持者非常坚定。战争几乎消除了农村地区的一切权威。18 世纪晚期的流动劳力——高乔人现在继承了他们曾经工作过的土地。小股的男人和女人在偏僻之地行走,他们随意取得牛和马,晒干一些兽皮用来交换烟草、马黛茶叶和甘蔗烧酒。甘蔗烧酒是这个地区平民阶层喜欢喝的一种蔗糖白兰地。

阿蒂加斯对这些民众力量的控制有赖于他对他们的议程的忠实,因此,他提出了一个激进的社会改革计划,包括重新分配土地。他提议没收西班牙人和支持西班牙人的克里奥尔人的土地,在"穆拉托人、桑博人(非洲—梅斯蒂索人)和印第安人"中进行重新分配。联邦主义的旗帜也在其他省的游击队骑兵中飘扬。在某种程度上,所有的联邦主义队伍都靠掠夺生活,他们的领导人在政治上采取了区域自治。

1815 年阿蒂加斯土地改革

作为一个平民军事领导人,何塞·赫瓦西奥·阿蒂加斯为了表达其追随者的要求,不得不放弃自己阶级的利益——因为他本人是个克里奥尔地主。组成起义队伍的自由黑人、穆拉托人和梅斯蒂索人来自殖民社会的底层,因此他们渴望重新分配土地所有权——强化了他们低等地位的基本经济财产之一。1815 年,在阿蒂加斯短暂控制东岸省的首府蒙得维的亚时期,他解决了这些问题。但这些把农业工人转变为中产阶级地主的努力从未生效,因为来自巴西的葡萄牙人的入侵迫使阿蒂加斯的平民军队撤出今天乌拉圭的这块土地。然而,拟定的改革宣布了在漫长的独立战争中平民的一些目标。1815 年阿蒂加斯改革建议的部分内容如下:

目前,地方市长和其他下属官员将积极致力于保障参加这次运动的人民的福祉,为此,他们将检查各自管辖范围内现有的土地,以及有资格得到这一善意行动的人的数目,小心地使经受最多苦难的人成为最有特权的人。因此,所有的自由黑人、这个阶层的桑博人、印第安人和穷苦克里奥尔人都会幸运地获得一个牧场,加上他们的劳动和令人尊敬的男子汉气概,他们会增进自己和这个省的幸福。

……有孩子的穷苦寡妇也应同样被惠及。已婚夫妇优先于单身市民、单身市民优先于外国人……

……现在能够用来重新分配的财产,原来属于那些逃亡的人、欧洲的坏人和那些还没得到省长赦免的更坏的美洲人,因此这些平民可以拥有他们从前的财产。

政府、地方市长和下属官员将密切注意,确保接受土地的人拥有的土地不超过土地赠予指定的面积(1.5 里格×2 里格[①])。

土地接受者既不能让渡也不能出售这些土地,也不能用土地还债,否则被判无效,直至省里出台正式规定研讨明智之举。(Street 1959,376－379)

革命时期的联邦主义包含着源于殖民地的自身矛盾。在所有的情况中,领导人是克里奥尔人,他们的阶层和视角与其追随者不同。尽管处于上升阶段的考迪罗反映了民众的社会改革愿望,但权力巩固后的考迪罗肯定会回到约束民众阶层的殖民传统上,实行专制统治而非民主手段。这些平民领导人最终通过回归这些社会控制的传统,从革命时期的混乱中带来一种秩序的假象;然而,何塞·赫瓦西奥·阿蒂加斯不会成为他们中的一个。他在能够巩固足够的权力之前,就在政治斗争中失利了。

1815 年,当阿蒂加斯派把蒙得维的亚从西班牙人手里解放出来时,他们对布宜诺斯艾利斯领导权的挑战明显上升,并在表面上获得了东岸省的政治独立。但这种情况没能持续。1816 年来自巴西的葡萄牙人回来了,把阿蒂加斯赶回乌拉圭河对岸,并且封锁了布宜诺斯艾利斯。

同时,其他平民考迪罗纷纷在阿根廷内陆省份举事。弗朗西斯科·拉米雷斯(Francisco Ramirez)成为科尔多瓦强人;法昆多·基罗加(Facundo Quiroga)在拉里奥哈(La Rioja)举事,马丁·格梅斯(Martín Guemes)保护着萨尔塔的自治;最终拉米雷斯在两河之间取代了阿蒂加斯。由于以前的一些联邦派同盟特别是拉米雷斯反对他,战败的阿

98

---

① 里格:英国旧时的长度单位,1 里格合 4.83 千米。——译者注

蒂加斯要求在巴拉圭避难。考迪罗何塞·加斯帕尔·罗德里格斯·德弗朗西亚(José Gaspar Rodriguez de Francia)1813 年成功地在巴拉圭巩固了权力，他不愿和相邻省份的考迪罗发生麻烦，因此迫使阿蒂加斯永久地退出政界。在巴拉圭度过余生的阿蒂加斯，现在被视为乌拉圭独立之父。然而，直到 1828 年，巴西和布宜诺斯艾利斯最大的贸易伙伴——大不列颠劝说双方结束对被称为东岸的老殖民地缓冲地区的竞争，乌拉圭才真正获得独立。

1816 年，一个代表大会在图库曼召开，宣告形成以前总督区中心地带的阿根廷地区获得独立。但是，这个地区将采用何种政治体制，是联邦制还是中央集权制仍然没有确定下来。中央集权派形成了一个被称为拉普拉塔河联合省的实体，并且试图从布宜诺斯艾利斯控制这些省，但是尚存的联邦派考迪罗管理着自己的省份。当然，这种版本的地方自治完全背离了波旁改革的中央集权计划，但南锥体的地方自治更加根深蒂固，可以追溯到 17 世纪的形成时期。

巩固独立时期

无论联邦派考迪罗及其追随者如何摧毁了殖民政治秩序，他们都没能巩固南美的独立。这个任务仍然落在两位领导人身上，他们在消除西班牙统治上形成了更加民族的甚至是超越国界的视角。这两个人都是职业军人，在大陆范围内决定革命结果的过程中得到了地方考迪罗的忠诚。

这两位南美解放者是何塞·圣马丁和西蒙·玻利瓦尔，尽管他们都不代表平民革命。如果有的话，他们试图驾驭平民革命，以便最终消除西班牙在美洲的所有残余力量。两个人都是梦想家。每个人都为独立后他所希望的政府和社会关系制定了计划；然而，结果证明圣马丁和玻利瓦尔在赢得独立方面比规划美洲国家未来的安宁方面更成功。两个人都在痛苦的失望中结束了自己的事业。

圣马丁在秘鲁

1812 年，结束了在西班牙抗击法军入侵的军官之职后，何塞·圣马丁回到了自己的出生地——阿根廷。他的父亲也曾经是殖民地的一名职业军官，驻扎在乌拉圭河岸的亚佩尤（Yapeyú），圣马丁就出生在这里。从欧洲回来后，圣马丁曾为布宜诺斯艾利斯的不同政府服务，参与过老总督府首府的政治密谋。他重组了港口军队，后来领导了内陆的爱国力量。1816年，他带领部队打败了穿过安第斯山、从利马派来的保皇派的入侵。

100

何塞·圣马丁，伟大的阿根廷将军，领导了南锥体的独立运动。（Théodore Gericault，c. 1819）

圣马丁把利马看作南美获得独立的关键，因为这个保皇党要塞的总督已经派军事远征军镇压过厄瓜多尔、玻利维亚、智利以及阿根廷的反抗斗争。只要西班牙军队仍然留在利马，他们就难保其刚刚宣布的独立。他决定消除这个西班牙堡垒，最稳妥的方法是从智利入手。因此，他在门多萨建立指挥部，训练了一支由阿根廷人和智利流亡者组成的远征军。

他的部队中大多数人尤其是步兵，是有色人种。圣马丁从当地乡绅那里征用奴隶，只要他们为独立事业而战斗，就给他们自由。最终，1 500名奴隶加入了他的军队。在他的指挥下，黑人、穆拉托人和梅斯蒂索人组成了一支纪律严明的作战部队，这支部队不像这一时期的其他军队那样进行掠夺。贝尔纳多·奥希金斯（Bernardo O'Higgins）领导的智利流亡爱国者是这支远征军的另外一个重要组成部分。

圣马丁将军带领5 000人的部队穿越安第斯山脉，完成了一次伟大的军事壮举。1817年2月，他使保皇党错误地判断他的行军路线，及时集结起3支纵队在查卡布科（Chacabuco）击溃了分散的西班牙军队（由从布宜诺斯艾利斯逃亡的西班牙商人的兄弟——马科·德庞特将军带领）。他的军队随后解放了智利首都圣地亚哥。随后又打了两场战役。4月，圣马丁在迈波（Maipo）决定性地击败了西班牙残余武装。随着智利的解放和由奥希金斯坚实但不冷酷的统治，圣马丁为下一次大陆行动制定了战略，还雇用了英国海军上将科克伦勋爵为远征组织一支爱国海军。此时，圣马丁组织起一支新军队，由智利、阿根廷和秘鲁的爱国者组成，只是没有像智利的奥希金斯那样的秘鲁领导人。奴隶再次列阵于他的队伍中，以服从军纪来换取最终的自由。如同门多萨市民支持过智利解放一样，智利征收特别税来支持新爱国军。1820年，23艘战船装载着4 500名爱国战士向利马起航。

然而，在秘鲁的战役并没有按计划展开。圣马丁的军队在利马以南125英里的皮斯科（Pisco）登陆，并派舰队去封锁卡亚俄港（Callao）。随后他的爱国纵队向北行进，包围了总督府的首都利马，在瓦乔（Huacho）建立了指挥部。圣马丁的出现点燃了这片土地上的游击队

101

活动,这个阿根廷将军原本指望利马的克里奥尔贵族提供一些帮助,但是他们没有采取任何行动。西班牙军队没有迎战圣马丁,而是开始谈判。1821 年,最终当圣马丁进入利马时,西班牙军队撤出利马,迁往高地。克里奥尔人声称很高兴,但曾经使在首都外旅行非常危险的土匪和山贼,其中许多人是自由黑人和逃亡奴隶,现在参加了圣马丁的爱国军队也令他们很沮丧。

玻利瓦尔在秘鲁

由于缺乏一个统一的克里奥尔政府,圣马丁不得不接受政治领导权。利马市民可能更容易为公共安全而不是为秘鲁解放作出牺牲或被动员起来,他们普遍对圣马丁的军队感到害怕。根据一个英国观察者所言:"人们不光害怕奴隶和暴民,更有理由害怕城市周围武装起来的大量印第安人,尽管是在圣马丁将军的统领之下,但他们仍是野蛮、不守纪律的部队。"(Lynch 1987,68)圣马丁部队中大部分士兵是以前的非洲奴隶以及自由黑人,当地地主对奴隶的控制因此遭到破坏,这并非对地主没有影响。此外,为了给部队提高给养,圣马丁征收了特别税,使他在利马居民中不受欢迎。

圣马丁面临的问题很多。他不想冒险去迎战能组织起两倍于他的军队的敌人。他从秘鲁人那里得不到什么帮助。此外,作为省长,他疏远了很多秘鲁克里奥尔人,由于征募了他们的奴隶服役、制定法令解放那些生而为奴隶的孩子,宣布印第安人进贡、强迫劳动为非法,克里奥尔人不愿意起来参加他的革命。到 1822 年,圣马丁已做好准备寻找另外的解决办法。此时,西蒙·玻利瓦尔刚刚解放了哥伦比亚、委内瑞拉和厄瓜多尔,他的到来给了圣马丁一个机会。1822 年 2 月,圣马丁乘船去厄瓜多尔的瓜亚基尔(Guayaquil)与玻利瓦尔会面。

当圣马丁在秘鲁陷入僵局之时,西蒙·玻利瓦尔在南美洲北部抗击保皇部队,取得了一系列引人注目的胜利。玻利瓦尔已经经历了独立运动的所有沉浮。1812 年,在他的祖国委内瑞拉,当第一支爱国起义军像远处的布宜诺斯艾利斯一样遭受内部纷争时,玻利瓦尔被打败

102

了。在哥伦比亚和厄瓜多尔的革命分队的行动也失败了。流亡了一段时间之后,玻利瓦尔在1816年回到委内瑞拉。三年后,他用一支委内瑞拉和哥伦比亚爱国者组成的军队攻克总督区首都波哥大,取得了他的第一次重大胜利。随后,他回去把加拉加斯从西班牙军队手中解放出来。玻利瓦尔像圣马丁一样,通过承诺实行社会改革,如结束印第安人供奉制,解放参加其军队的奴隶等,从平民阶层招募士兵。1821年,这种战略使玻利瓦尔把厄瓜多尔从保皇派手中解放出来。刚刚取得这些胜利后,他动身去瓜亚基尔与他认为是竞争对手的圣马丁会面。

然而,圣马丁已经决定有必要把他的部队和玻利瓦尔的部队合并起来。当圣马丁与玻利瓦尔在瓜亚基尔会面时,他深陷秘鲁,声誉遭到怀疑,而玻利瓦尔刚刚在厄瓜多尔取得胜利。玻利瓦尔在谈判中占上风,不愿和其他任何人分享指挥权。两位解放者之间的会面并不热情。出于无奈和失望,圣马丁将军把自己的部队交给玻利瓦尔后退隐了。1824年,圣马丁经过圣地亚哥,穿越安第斯山,并立即从布宜诺斯艾利斯动身开始了在法国的自我政治流放。

圣马丁写给西蒙·玻利瓦尔的告别信

我完全相信,您或者不相信我提出的听从您的号令是出于真诚,或者感到我在您的军队中的存在是您成功的障碍。请允许我说,您对我说的两个原因：第一,您的敏感使您无法命令我;第二,即使这个困难可以克服,您确信哥伦比亚议会不会同意您离开这个共和国。对我来说这似乎并不合理,第一条理由自己就可以驳倒自己。至于第二条,我强烈地认为,只要您对大哥伦比亚议会提出小小的建议就会得到全数同意,只要是与您和您的部队在我们的斗争中的合作有关。

我相信,战争的延长会给人民带来更大的灾难,因此,对那些承担着美洲命运的人来说,阻止更大罪恶的继续是他们的神圣职责。

我要登船去智利了,因为我相信,我的存在是唯一阻碍您带领军队进驻秘鲁的障碍。(Harrison 1943, 155—56;Levene 1950, 251)

并非所有的秘鲁精英都高兴看到另一支外国军队来"解放"他们。1824年，当玻利瓦尔终于率兵进入秘鲁时，他先在胡宁(Junín)，而后又在阿亚库乔(Ayacucho)高地遭遇了保皇派军队。玻利瓦尔安排了一场著名的骑兵战役，在这场战役中，他的委内瑞拉、阿根廷和智利骑手打败了保皇派。1825年，独立战争最后一场战役在玻利维亚的图穆斯拉(Tumusla)打响，玻利瓦尔的军队打败保皇派，高地安第斯的克里奥尔人赢得了独立；1826年1月，最后一支西班牙军队离开秘鲁，秘鲁的独立得到保障。又经过漫长的、破坏性的16年，在西班牙以前的殖民地的内战结束。充满感激的玻利维亚爱国者把他们新的国家以这个委内瑞拉出生的解放者名字命名，他迅速为他们制定了一部宪法。这个新国家断绝了与前总督府首都布宜诺斯艾利斯的关系。

因此，统治秘鲁和玻利维亚的问题现在落在玻利瓦尔面前，玻利瓦尔用他特有的自信心来应对这些问题，他相信自己的智慧能够为新政府起草一部完美的宪法。他很久以前就摆脱了年轻时的自由思想，开始设计宪法，以功能强大的行政权力(例如玻利维亚的世袭总统)、贵族代表大会和道德司法系统为特点。然而，作为一个军队指挥官，他承认自己的胜利主要得益于非白人的军队作出的牺牲以及他们的推动力，因此他的宪法规定奴隶制是非法的，结束了印第安人的贡赋，承认所有美洲人在政治上平等，尽管赞成他们在教育和拥有财产上的不平等。(然而，当伟大的解放者一回到哥伦比亚，他的秘鲁同僚就拒绝了完全终止奴隶制，并重新征收印第安人贡赋。)

玻利瓦尔总统发现，尽管非常艰难，解放南美与统治南美相比，还是个容易的工作。作为大哥伦比亚——由委内瑞拉、哥伦比亚和厄瓜多尔组成的混合国家的总统，他在位于波哥大的旧总督府实行统治。1826年下半年，他的前战友造反，建立了独立的国家委内瑞拉。厄瓜多尔也脱离了出去。随后，玻利瓦尔在哥伦比亚侥幸逃脱了一次暗杀。由于身心俱疲，1830年玻利瓦尔放弃了其已经受到削弱的总统职位，旅行到沿海，打算到欧洲追随圣马丁的足迹。在哥伦比亚的圣玛尔塔(Santa Marta)，他躺在病床上，死前不久，他最后为拉丁美洲独立写下

104

了他的墓志铭。他提到的不稳定的社会根源，可以作为殖民统治时期形成的种族和民族不平等的证明。"美洲是无法控制的"，玻利瓦尔写道，"在美洲唯一能做的事就是移民出去"。(Groot 1893，V：368)

在南美的两个解放者中，何塞·圣马丁独自幸存下来审视着他的作品——尽管是从远处。他在巴黎度过余生，接受了无论是他还是其他任何人都无法阻止的西班牙美洲政治分裂的命运。他死于1850年，当时在他的故土上，政治动荡仍在继续。前平民革命领导人何塞·赫瓦西奥·阿蒂加斯也在同年死于巴拉圭的流放中。独立运动的巨头都已退出舞台，但阿根廷还远未形成一个国家。

第五章　土地扩张与建国
（1820—1880）

　　1816 年,阿根廷各省代表在图库曼集会,宣布从西班牙独立,建立一个他们称为拉普拉塔联合省的国家;然而,和平和宁静并没有回到这个饱受战争蹂躏的地区。仓促成文的阿根廷宪法规定了国民议会、各省权利、缺乏活力的行政权(有个主席掌舵)、更弱的司法权。这甚至被所有人都忽略。

　　实际上,在革命时期,考迪罗们组织了自己的民兵,对各省实行铁腕统治。每个省的强人都不信任邻省的同僚,在无数次反对其邻省的军事行动中缔结和打破盟约。这些独裁领导人不容忍反对派的存在,更愿意使精英家庭至少保持中立,他们很多人出身于这样的家庭。但他们为保持权力并没有超过威胁极少数特权阶层,一切皆出于一个自私、起反作用的努力,即"挽救社会秩序"。选举过程虽已经开始操作,但直到 19 世纪末才取得合法性,随后又伴随着操纵选票。在这种情况下,阿根廷的国家政治生活一开始就没好兆头。

　　然而,阿根廷成功地为建立一个现代化国家打下了基础。他们重新调整了地区经济政策:摆脱死气沉沉的玻利维亚矿产业,转向大量出口农牧产品的大西洋贸易。阿根廷不断扩大的皮革和羊毛贸易为边疆扩张、融入世界经济和生产力的显著提高提供了资金。经济增长最

106 终对各省之间建立友好关系作出了贡献。到 1853 年,阿根廷有了一部与其政治现实更相符的宪法。经历了反对巴拉圭、与印第安人决战这两场战争后,阿根廷形成了一支国家军队,最终使制造分裂的地方民兵消失了。

在经济增长和政治统一的艰难过程中,阿根廷也开始为其不断增长的人口创造机遇。然而,在决定如何分享经济增长和国家建立所带来的机遇时,阿根廷无法改变其殖民时代的思维。政治家继续将公众的信任置于为自己和政治集团内部谋取私利之后。边疆地带定居点不断扩大,巩固了地主精英阶层的权力,尽管他们在经济上充满活力,但在社会观念上仍旧保守。因此,经济繁荣与剥夺农村有色居民——梅斯蒂索人、穆拉托人和黑人经济机会的有效压制并行。欧洲移民仍然享受到比本土工人更大的社会流动性,在后革命时代,新殖民主义的社会习俗并未消失。

分裂与考迪罗式的政治

布宜诺斯艾利斯谋求宣称其与生俱来的革命和经济权力,支配分裂的其他各省。首都的那些政府首脑们假称为了国家,利用其商业地位来强化这一主张。他们反复发布法令,要求所有与欧洲的贸易都要经由布宜诺斯艾利斯,派港口的小规模海军管理巴拉那河和乌拉圭河上的贸易。在外省人看来,似乎 19 世纪早期的布宜诺斯艾利斯在用西班牙国王曾经对待殖民时期布宜诺斯艾利斯的方式来对待他们。

此外,港口的政治家之间也意见不合,相互算计。布宜诺斯艾利斯的政治漩涡迫使每届政府领导人在其任期未满就离开办公室。大多数政府领导人在受困状态下,使用紧急的、超宪法的权力进行统治。1819年早期,革命民兵领导人胡安·马丁·德普埃伦东(Juan Martín de Pueyrredón)离开拉普拉塔联合省主席之职后,何塞·龙多(José Rondeau)接替了他。第二年,由于在帕翁(Pavón)之战中对抗恩特雷里奥斯和圣菲组成的联合部队时失利,何塞·龙多也失去了职位。1821 年,击败龙多的两个考迪罗领导人弗朗西斯科·拉米雷斯和埃斯塔尼斯劳·洛佩斯(Estanislao López)发生了争吵,洛佩斯杀死了拉米雷斯。1826年,这个时期唯一的非军事人物贝尔纳迪诺·里瓦达维亚(Bernardino Rivadavia)宣布就任联合省主席。他雄心勃勃地制定了许多"改革"法案,完全脱离了阿根廷的政治节奏,惹恼了内陆省的考迪罗省长,使其家乡布宜诺斯艾利斯省的地主们开始抱有敌对态度,他在位不到两年就辞职了。

阿根廷圣徒——逝去的科雷亚(La Difunda Correa)的来历

　　阿根廷独立后几十年里内乱不断,给人民和国家带来巨大灾难。世事艰难,出现了一些平民的守护圣徒。墨西哥人有他们的瓜达卢佩圣母,阿根廷人今天也有他们的母亲形象——逝去的科雷亚。梵蒂冈和阿根廷天主教会官方都不承认逝去的科雷亚,但这并不妨碍每年有60万热爱她的人去拉里奥哈省安第斯山丘,拜望遥远的圣祠。

　　德奥琳达·科雷亚夫人是19世纪上半叶无休止的内战的受害者。19世纪40年代的某个时候,科雷亚带着她褪褓中的儿子,追随丈夫的部队穿越荒芜的沙漠。在路上,她又累又饿,死于中暑。传说赶骡人后来发现她的尸体时,她的儿子还活着,在吮吸她的奶。这个现象被解释为代表母爱的奇迹,这个传说在整个地区口耳相传。很久以后,1895年,有些牧民在沙尘暴中丢失了牛,乞求逝去的科雷亚的帮助。第二天,牛群奇迹般地重现。为了表示感激,牧牛人在埋葬她遗骸的山丘上建了一座纪念碑。

　　今天,在整个阿根廷,旅行者和卡车司机在路边的小圣祠驻足,膜拜逝去的科雷亚,他们点起一支蜡烛,请求帮助。那些想要特别恩惠的人——亲人的健康、大学考试通过、一辆新车,会去坐落在安第斯山脉一个山丘上的原圣祠祈福。几千年前,那个地区的印第安人在同一个圣祠向大地母亲女神(Pachamama)祈祷。

　　政变、内部敌对行动、政治动乱、软弱的领导,这一系列令人精疲力竭的状况,在19世纪20年代阿根廷的每个省都是如此。用一句话足以概况,19世纪考迪罗式的政治与不稳定的政治领导权、暗杀、政变和反政变、内乱、对批评者的威胁和无视宪法联系在一起。这种特点一直持续，甚至直到今天仍然起作用。大多数阿根廷公民能够举出许多例子，讲述发生在 20 世纪后 15 年的考迪罗式政治。

所有的人都无法逃脱拉普拉塔地区革命和内战的影响。军事征兵从城市和农村招募了成百上千个平民阶层青年。开小差的人变成了土匪，他们捕食牛群、骚扰商业路线，或者混迹于印第安人中。高乔军队围攻蒙得维的亚，入侵巴拉圭和玻利维亚。效忠派（loyalist）的军队一撤退，由于爱国政治家们想捞到好处，武装派别之间开始刀枪相见。由于长期受到西班牙人的侵入，潘帕斯平原上的印第安人借混乱之机袭击农村定居点和大车队。商人们不得不支付强制的贷款和额外的税收，地主的牛被偷抢、农村妇女被印第安人绑架，城市妇女眼睁睁看着她们的丈夫被带走当民兵。

1825 年，布宜诺斯艾利斯在东岸省与 1822 年宣布从葡萄牙独立的巴西帝国展开了一场旷日持久的战争。更多的军事征用、开小差和土匪劫掠接踵而来。直到曼努埃尔·德·罗萨斯（Manuel de Rosas）出现，成为布宜诺斯艾利斯省的省长，才在某种程度上终止了19 世纪上半叶的政治不稳定。然而罗萨斯只控制了他的家乡所在的省，为了继续执政 20 年，他不得不完善考迪罗式的政治，而不是告别它。

难怪曾经繁荣的拉普拉塔殖民地经济没落了。玻利维亚人停止在波多西开采富矿，那里曾经是内陆省运输和生产以及布宜诺斯艾利斯商业的发动机。考迪罗们带着自己的骑兵部队接管了省政府，向敌人征税，在省界上设立关卡。内陆省的陆路贸易停滞了，水路贸易也显著下降。1840 年，一个图库曼居民回忆说，在这之前的 30 年除了"灾难和不幸"什么都没有。"经过这么多年的混乱之后，在这些（内陆省的）人民不得不在战争中作出牺牲后"，他写道，"他们仍然淹没在最可怕的苦难中，为了恢复正常的生活，他们需要很多年的和平和安宁"（Szuchman and Brown 1994, 241）。在许多阿根廷人看来，在革命和内战中，成为独立国家长期的报答一定是经济匮乏。

109

布宜诺斯艾利斯的国际贸易

在这个新独立的国家,有一个地区比其他地区的地理位置更优越,能够更快地从革命后的经济和社会动乱中恢复。布宜诺斯艾利斯港口及其西部、南部的大草原相当于长期经济衰退的一个避风港。尽管河岸各省甚至是内陆的科尔多瓦和图库曼最终都参与到拉普拉塔河河口新的对外贸易中来,但布宜诺斯艾利斯省获取了大部分利益。

一个正在加工牛皮和腌肉的屠宰场。这样原始的企业提供了阿根廷国际贸易的重要产品。大多数工作是用流动的高乔人来做。(Leon Pallière,1858)

18世纪后期,与牛有关的产业已经在东岸省(今天的乌拉圭)大规模地发展起来。东岸省水量充沛、人口稠密,比布宜诺斯艾利海岸更好地受到保护,免受印第安人的抢劫。蒙得维的亚和科洛尼亚成为收购出口皮革的重要商业中心。沿岸的大牧场擅长饲养牛,生产了大量用于出口的牛皮。最早的大屠宰厂开始加工牛皮、腌制供出口的牛肉。许多巴拉圭牛仔是瓜拉尼族印第安人,他们精通骑马和套索,把女人和家庭留在巴拉圭,在东岸省游荡,不断地从事一份又一份放牛工作。然而,东岸省比布宜诺斯艾利斯省更大程度受到革命的破坏。阿根廷和巴西之间的战争进一步阻碍了畜牧经济在这块富饶而不幸的大地上恢复。因此,19世纪上半叶,布宜诺斯艾利斯在产牛方面几乎没有什么

110

竞争对手。

　　因为布宜诺斯艾利斯是世界上最重要的畜牧原料供应地之一，所以其惊人的商业增长成为 19 世纪欧洲工业主义的一部分。港口管理一直是初级的，没有改善，然而越来越多的远洋轮船冒着航程危险，来到浅水河口。同样，海岸牧场生产的出口产品也增加了，甚至顶住了该地区的政治不稳定和外国对港口的四次封锁，增进了商业的繁荣。19世纪上半叶也见证了非西班牙人，特别是与工业市场有重要联系的英国商人争夺进出口贸易。他们承担风险并且收获了这一时期的商业利润。

1849—1851 年离开布宜诺斯艾利斯港的船只的目的地

目 的 地	船数/只	吨位/吨	吨位比例/%
大不列颠	322	71 140	22.8
美　国	253	67 589	21.6
古　巴	205	41 107	13.2
德意志诸国	173	37 526	12.0
巴　西	207	35 320	11.3
法　国	135	28 548	9.1
意大利	75	15 622	5.0
西班牙	56	15 700	5.0

资料来源：Juan Carlos Nicolau (Unp. Ms. , table Ⅱ) and Parish (1852, 355)

　　然而，仅仅把布宜诺斯艾利斯看成一个贸易受英国或者甚至工业市场支配的亚商业中心，将会是错误的。的确，整个地区的繁荣依靠对外贸易，并且大部分贸易是与北大西洋的工业国家进行。然而，非工业国家——巴西、古巴、意大利和西班牙也占有布宜诺斯艾利斯重要的出口份额。1830 年英国航运一枝独秀的初始阶段结束后，大不列颠对布宜诺斯艾利斯贸易运输的控制权丢给了其他国家的船只。根据1849—1851 年从布宜诺斯艾利斯通关船只的目的地判断，这个地区的

111

畜牧产品出口的客户群呈现多元化。

根据今天的航运标准衡量,布宜诺斯艾利斯港是个非常糟糕的国际商业货物装卸地。吨位在150—300吨之间的帆船不得不来回抢风穿越河口沙洲,冒险行进几乎190英里到达这个城市。从利物浦出发到这里大约要用70天,从纽约大约用80天。接近这个港口时,外国水手看到那些二层灰泥房子在岸边绵延1.25英里,形成了这个城市间或被教堂尖顶打断的天际线。黑人和穆拉托人洗衣女工、殷实港口家庭的仆人和奴隶每天排成一行,在岩石上搓洗衣物。第一眼看到布宜诺斯艾利斯并不能给人留下深刻印象。

装卸货船像天际线一样不起眼。浅水阻止大木帆船在离岸边3.5英里近的地方停泊。水手们不得不来来回回地穿越滩涂,用驳船转运旅客和货物。然后,旅客和货物从驳船转移到马车上,马车被拖进海水三分之一英里。为了避免海水浸入车床,每个大车的木轮都高达近13英尺。正如旅行者所描述的,整个港口一派喧闹混乱:"沙滩和水面都被大车覆盖……来来回回地从挡在路上的船上运送货物,高乔人骑在马上,手拿皮子编成的套索,系在马的缰绳上,帮助需要的大车拖车。"(Videl 1820,61－62)

这个时期布宜诺斯艾利斯的经济发展是非典型的,因为它没有只依赖一两种主要产品的单一出口经济。牛皮在整个时期都是主要贸易商品,但在19世纪50年代末,它作为首要出口产品的地位被粗羊毛取代。在兽脂、马皮和骨头贸易上,大不列颠仍然占据很大份额。美国、德意志各邦国和法国成为阿根廷粗羊毛和盐渍牛皮的好主顾。法国和北美进口了这个地区的大部分羊皮。而拉普拉塔地区生产的所有腌牛肉在古巴和巴西找到了市场,那里的奴隶主买阿根廷牛肉供应给人数不断增长的奴隶。

19世纪早期,英国垄断了进口市场,但其他国家产品所占的份额逐渐地增加。曾经一度有人说,布宜诺斯艾利斯街头人们穿的衣服是曼彻斯特和兰开夏(Lancashire)制造的。英国的五金器具、陶器、餐具甚至在布宜诺斯艾利斯省乡村都很普遍。然而,随着这个世纪中期的到来,法国船只带来了制造精良的服装制品、香水和葡萄酒,热那亚和加的斯送来了意大利和西班牙的葡萄酒。从汉堡运来铁制品、杜松子酒和袜子,巴西供应了蔗糖。来自巴尔的摩和费城的美国商人运来木材和面粉,由于农村缺乏劳动力,阿根廷农业经济中小麦产量不大。

富裕的西班牙商人和克里奥尔商人曾经主导殖民时期布宜诺斯艾利斯的进出口贸易,1810 年后不久,一群与北美市场有联系的非西班牙商人取代了他们。主要是英国商行,但并没有排斥居住在拉普拉塔地区的法国、德意志和美国商人。与克里奥尔商人相比,他们的优势在于与海外市场的联系,以及可以获得大量资本,组织世界范围内的商品流动。与西班牙商人不同,如上一代的马科·德庞特,这些外国商人缺乏整个地区内的亲属商业联系,因此依靠二级土生港口商户进行销售。牧场生产成为本地投资的一个重要渠道。殖民地的许多商业世家投入资金养牛。同样,本地商人负责组织农产品出口。一些外国企业家在农业生产上的投资取得成功,特别是把欧洲的种羊引进到潘帕斯。

然而,外国投资有严重局限性。国内运输、零售、加工、养殖、种植依靠相对较小的克里奥尔人和移民的投资得到发展。布宜诺斯艾利斯的经济扩张证明了中小规模投资的合理性,外国投资者很快就接受了这个教训。1824 年,在里瓦达维亚(Rivadavia)政府同意偿还的情况下,一家英国投资银行,巴林银行(the House of Baring)发行了 100 万英镑的债券。然而,政客们很快把贷款滥用于和巴西开战,其继任者看不到偿还贷款的好处,即使是缴纳利息。这标志着阿根廷第一次拖欠外债。与此同时,住在布宜诺斯艾利斯港的外国人和几个港口人尝试着在阿根廷建立了一个投资银行——布宜诺斯艾利斯省银行(the Banco de la Provincia de Buenos Aires)。他们回应了欧洲人对安第斯地区老银矿复兴的狂热。伦敦的投机者在这个地区的两个开采公司投入巨额资金,这两个公司在 1826 年的金融恐慌中都倒闭了。此后不久,布宜诺斯省银行开始发行纸币,这些纸币很快贬值,在阿根廷开始了通货膨胀的漩涡。19 世纪 20 年代中期的这次金融崩溃阻拦了未来的国际投资,限制了外商对进出口贸易、一些商铺和养羊牧场

113

的管理。

在独立后的头40年里,由于外国列强的海军四次封锁布宜诺斯艾利斯港,通过港口的对外贸易出现周期性下降。一个驻扎在蒙得维的亚的西班牙海军舰队1811年至1816年封锁了布宜诺斯艾利斯港。在争夺东岸省的战争中,1827年和1828年一个巴西舰队包围了这个港口。10年后,法国人封锁了布宜诺斯艾利斯。英国舰队实施了最后一次封锁,那是在1845—1848年,试图迫使省政府开放巴拉那河的国际航运。这几次封锁都没有完全成功。英国人打破了最早的西班牙人的封锁,忽略了其他几次。扬基佬货主后来很高兴混过英国人的封锁。"每个星期都有美国船打破封锁,为其主人赚钱",一个外国商人观察到,"而几乎没有一个英国人做这种尝试"(Brand 1828,34)。尽管外交分歧伴随着政治动荡,这个地区的贸易仍在继续,每次海上封锁之后都有更大程度的恢复。

布宜诺斯艾利斯是19世纪早期拉丁美洲最令人惊叹的经济成功故事之一。即使在内陆省份内乱纷争继续的时候,港口的外贸额仍在上升。19世纪头10年,每年大约有100多艘外国船只驶入布宜诺斯艾利斯港。到19世纪20年代和30年代,平均每年增加到280艘。19世纪40年代,每年抵达布宜诺斯艾利斯港的船只达到452艘,到19世纪50年代达到674艘。尽管经历了内战、河流封锁和外国的纠缠,来往布宜诺斯艾利斯的河运也一直在增加,直到19世纪中期。

牛皮和牛的副产品的市场蓬勃发展,布宜诺斯艾利斯的养牛业也是如此。为了满足不断增长的需求,一个新的加工行业在港口发展起来。布宜诺斯艾利斯的南郊建起了屠宰腌制厂(saladero),加工牛皮和腌肉。牛仔把牛群从乡下赶到这些加工厂。到1825年,布宜诺斯艾利斯的40多个加工厂每年屠宰7万头牛。随着19世纪30年代和40年代的贸易扩大,这个行业也扩大了。到19世纪中期,屠宰腌制厂每年加工超过30万头牛和马。这些加工厂把屠宰牛变成了高效的生产过程,但没有摈弃牛仔的传统技艺、马、套索和法孔(facón)——阿根廷人常见的一种长刀的名字。"屠宰腌制厂的整个景象可怕而且令人作

114

呕"，查尔斯·达尔文观察到，"地面几乎是用尸骨做的；马和骑手浑身都被溅出的血浸透了"（Darwin 1858,104）。

养牛牧场的扩张

19 世纪早期，当一点点和平终于降临的时候，殖民地的养牛场或牧场，发展成为一个复杂企业。实际上，牧产品的生产和销售支持了一个多元化农村社会的发展。种植业远没有被挤压出土地，事实上，由于布宜诺斯艾利斯城市市场的增长而扩大了。商业增长在农村创造了一些真正的大庄园，但是由于对效率的需求更多地要求使用资本和管理而不是土地，这些起初把边疆向南推移、拥有大量土地的庄园面积减少了，所有权分散了。19 世纪上半叶阿根廷经济的改善催生了布宜诺斯艾利斯周围潘帕斯平原上的农村社会，它充满活力，蓬勃发展，经济和社会机遇开放，尽管带有殖民风格的歧视。

牛皮、羊毛、腌肉和兽脂的出口不断增长，为农村发展提供了催化剂。潘帕斯平原的人口增长甚至超过了布宜诺斯艾利斯城。在 1820年到 1860 年之间，城市居民年增长率为 1.5%，而农村年平均增长率达到了 3.4%。1822 年，布宜诺斯艾利斯市有 55 000 多个居民，而这个省的其他地区有 63 000 个；1855 年，这个城市人口增长到 9 万，农村增长到接近 18.4 万人。没有什么比养牛产业范围的不断扩大更能表现出这种增长和多样化的特点。

未来的养牛场场主最初从布宜诺斯艾利斯省政府获得他们在潘帕斯平原上的土地。如同在殖民时期，只需要宣布一块土地是空地（tierras baldias）就足以向当局申请登记所有权。1820 年代，贝尔纳迪诺·里瓦达维亚领导的改革派政治家制定了一个称为租地（emphyteusis）的计划，在这个计划中，政府把边疆的土地出租而不是送给私人业主。根据租地法，政府向个人分配了大片的土地，分成有30、60 和 100 平方里格。平均授地 5—10 平方里格，外国人和本土出生的居民都可以得到授地。然而，收地租被证明几乎是不可能的，因此当胡安·曼努埃尔·德罗萨斯就任省长后，他把土地以很宽松的条件给了佃户和政治上的朋友。有人用牛和马支付。罗萨斯省长也向参加边疆战争攻打印第安人的士兵授予土地。由于没有钱在土地上投资，士兵们把他们的小块授地卖给了投机者。只有印第安人争夺的辽阔丰饶的原始大草原，鼓励了大规模地授予未开发的土地。19世纪中期，布宜诺斯艾利斯最南端边疆牧场的面积测量为2.2万英亩到7.4万英亩。

从一开始，商业的增长带动了私人土地销售市场的活跃。布宜诺斯艾利斯省土地的价格根据其产品的价值上升。1800年价值1角5分一公顷的土地到1837年卖3个金比索，到19世纪中期卖30个金比索。（金比索是个名义上的价值尺度，并没有物理形式的存在，大多数钱实际上是以贬值的纸比索形式换手，但由于纸币的价值波动快，通常是下降，许多商人用稳定的工具黄金约定长期合同，他们指定以金比索为单位。）

很自然，土地价值的上升推动了牧场主人改善自己的产业。牧场主修建木畜栏、工人住的棚屋、存储屋和动物窝棚、牛车、主人和管家的住处，也许甚至建一个乡间杂货店（pulpería），他们还挖沟渠保护麦田和苜蓿地，种植果树。租约也成为牧场主人和生产者之间的常见安排。

由于土地利用更加集约，劳动力的缺少鼓励庄园主把庄园的一部分土地出租给愿意自己耕种的家庭，以此使利润最大化。出租土地使庄园主免除了不得不用昂贵的雇佣帮手种庄稼或照料奶牛。外国人是租客的首选，正如愿意雇佣他们充当杂货店经理（pulperos）一样。因为征兵只适用于本国出生的男性，外国人无须服兵役，工作起来会稳定、有连续性。对粗鲁、独立的高乔人有偏见也起了一定作用。如同殖民时期一样，欧洲移民上升到一个本土出生的梅斯蒂索人和穆拉托人无法进入的中等社会地位。由于租客的种植收入高于他们生存所需，尽管地价上涨，移民仍最终有机会买下自己的一块土地。

由于传统的农牧业技术限制了土地利用效率的提高，19世纪阿根

116

廷养牛业需要依靠拥有大规模土地的庄园进行生产。当土地从用来养牛变成养羊,又从养羊变成种植作物,由于生产变得更集约,农村庄园在土地利用效率提高的同时,面积也缩小了。地主们把大庄园的部分土地出售,或者在子女中进行分割。整个 19 世纪早期,这种原先庞大庄园的分散化进程一直在潘帕斯平原持续。

对阿根廷商人而言,对外贸易的繁荣使投资养牛牧场利润丰厚。被外国商人排挤出口贸易的商贾世家把他们的资产转化为土地和牛群。例如,19 世纪 20 年代,安乔雷纳家族把资金从海外贸易转移到牧场经营,最终打造了一个最大的养牛集团;截至 1864 年,安乔雷纳家族在富饶的潘帕斯平原拥有 230 万英亩的牧场土地。富有的地主住在布宜诺斯艾利斯,牧场的日常管理工作由住在牧场的管家负责。在布宜诺斯艾利斯港,牧场主与收货出口的商人和要求育肥肉牛及时运到的屠宰腌制厂老板直接谈生意。他们并非对庄园没有兴趣的、漫不经心的地主,而是把农村生产与城市的国内市场和出口市场联系起来的资本家。

尽管富有的牧场主引人注目,但小规模的家庭牧场和家庭农场是潘帕斯平原上最常见的生产单位。大多数牧场主住在相对而言不算广阔的牧场里,在家人和几个雇工的帮助下经营。一个农场和/或小牧场的典型居住单位有 6—8 人:男主人、他的妻子、他们的孩子们、一个杂工(雇佣的帮手)、一个孤儿,也许还有个奴隶或者是获得自由的奴隶(1813 年后出生时是奴隶的孩子,被认为是主人的私有财产,直到 21 岁,他/她获得自由时为止)。此外,各种似乎不相干的原因都需要土地所有权经常转换。生意破产、贸易衰退、干旱以及农村生产成本不断增加都引发农村许多地产的出售和租赁。农村地产出租给新来的人,特别是欧洲移民,提供了在这个市场增长时期经营牧场和农场的机会。

117　　养牛利润率的相当一部分来自不断扩大的对外贸易,然而阿根廷生产者本身也必须使牛的生产流程更加合理化。养牛业节约成本的主要突破来自销售牲畜和畜产品。和殖民时期一样,19 世纪头 10 年牧场主屠宰大部分自己养的牛,在牧场上准备牛皮和牛脂。一本1812年的账簿显示,一个牧场主只有12％的年收入来自出售活牛——也许是卖给为布宜诺斯艾利斯居民供应牛肉的屠夫。然而,19世纪中期任何一个牧场主都把牛群的大部分赶到布宜诺斯艾利斯港口的牲畜围栏和屠宰场出售。赶牛人直接把多达800头牛的牛群赶到屠宰腌制厂。因为屠宰腌制厂也生产牛脂和牛油,养牛人必须提供有"肥肉"的肉牛和奶牛。

产品最终目的地的变化使牧场主经营效率显著提高。他们再也不依赖在自己的牧场上用日益昂贵的雇工加工牛皮和牛脂赚钱。现在牧场主70％的收入来自销售活体牲畜。在牧场上,许多成本高的牧产品加工都取消了。

农村的劳工状况

潘帕斯平原上牛羊生产的不断扩大给新来者提供了许多经济和社会机遇。据1854年的一份统计估算,当时布宜诺斯艾利斯省四分之一的农村人口是移民,数目超过18.3万人。在本土出生的雇工从事养牛时,勤劳的移民在牧羊、建筑业和小商业找到工作,或者当手工工匠。新来的人似乎在靠近布宜诺斯艾利斯的农业区找到了最大的机会,那里的基础设施更发达。

除了不断扩大的市场体系中的经济机会,移民作为租客或地主也找到了上升的途径。1820年至1850年间,随着土地价格及土地产品的不断上涨,大牧场被无数次细分。这个过程的每一步都使潘帕斯平原的土地利用和农业生产更加集约。在边疆地区,牧场主仍然持有土地广阔的牧场,经营这些巨大的生产单位。靠近不断扩大的布宜诺斯艾利斯市场的土地被分成小块,生产单位变小。在萨拉多河两岸的一个又一个地区,19世纪早期的大养牛场被小规模的、更集约化生产的农场所代替,这些小农场养羊,最终种植经济作物。通常牧场主的儿子和欧洲移民从土地所有权的扩散中受益,土生高乔人得不到好处。

118

1854 年布宜诺斯艾利斯省的农村人口

来　　源	男　　性	女　　性	合　　计
布宜诺斯艾利斯省本地人	39.8%	34.8%	74.6%
内陆省来的移民	9.0%	5.9%	14.9%
外国出生的移民	7.6%	2.9%	10.5%
合　　计	54.4%	43.6%	100%

资料来源：Registro estadístico de Buenos Aires,1854(1855,table 9)

　　牧场结构遵循西班牙人遗留下来的传统的组织方式。尽管大地产的主人居住在城市,但他们控制着牧场的生活,例如,对牧场产品在城里销售做出所有安排。农村某个特定地方最大的牧场主,特别是在人烟稀少的边疆地区,通过垄断乡村杂货店和运输,有效地控制了整个地区。在农村腹地,地主对工人名义上的控制对实施命令大有帮助。不过,这种控制从来都不是完全的。

　　潘帕斯形成了种族分工。土生流动的梅斯蒂索人和穆拉托人通常侍弄牛,白人移民养羊,本地男性容易被征兵,而免除兵役的外国出生的人攒钱买地。在布宜诺斯艾利斯城,同样的社会加工使有色人种边缘化,那里的移民也享受到向更高社会阶层流动的优势。首都的大部分工匠和商店经理是外国出生的;大多数家里的仆人是土生的阿根廷有色人种。

　　阿根廷腹地在 19 世纪总是人力匮乏。牧场主常常抱怨征募省民兵如何抽干了高乔人劳力池。缺乏劳动力意味着地主不得不推迟给牲畜打烙印和其他杂活。迟至 1846 年,大量没有烙印的牛在没有围栏的大草原上徜徉。"这里的土地到处都很肥沃,随时可以耕种",19 世纪中期一个旅行者评论说,"但是在没有足够人口来照料牛的地方,不可能指望他们(原文如此)进行农业劳动"(MacCann 1853,I：62)。当危机发生的时候,如 1830 年的旱灾,养牛的人无法把快死的牛做成干肉或牛皮,也不能把牛群赶到不太干旱的草场上去。佃户(牧场主或农场主雇用的任何工人,包括高乔人)稀少,身价陡升。事实上,牧场管理人

119

员发现,在牧场最需要人手的时候,能够找到的佃户不肯妥协,要求得到更高的工资。另一个英国旅行者得出这样结论:"由于缺少勤劳的人口,这个国家的资源全部被忽略了。"(Parish 1852,256)

　　19世纪早期位于科连特斯省的一个阿根廷牧场给牛打烙印的场景。这类牧场的工人由高乔人和印第安人组成,他们都出现在这幅图上。(Alcides D'Orbigny,1827,courtesy of Emece Editores)

　　然而,潘帕斯平原上土地集约化的使用并没有消除——事实上反而加强了工人从一个工作换到另一个工作的能力,尽管不一定是向社会阶梯的上层移动。劳动力稀缺长期存在。民兵招募、奴隶贸易终结以及出生自由法案使布宜诺斯艾利斯省的奴隶数量所剩无几。乡下大部分人口是本土出生的。大多数情况下,农村男性主要是本地出生的混血人。他们都自称白人,尽管很多人的皮肤是黑色的。尽管一些牧场也有很多穆拉托人和黑人工人(相应地称为 Pardos 和 morenos)。但是精英们认为,这些有色人种只适合做领周薪的工人。缺乏甚至是基本的教育阻碍他们提升到工头行列,社会歧视隔绝了他们租地和经营乡村商店的机会。

　　劳动力短缺也为移民工人创造了机会。他们接过了自尊的高乔人

120

不愿做的工作,如挖沟保护果园和菜园不受放养的牛群破坏。爱尔兰人和英国人为英国养羊的牧场主工作。英国移民变得擅长挖井和建造饮牛的水池。他们的收费和得到的钱通常比地主想支付的多。雇主喜欢雇用外国人,特别是识字的西班牙人作为商店经理,经营乡村商店。人们认为他们有能力避免本地人积欠账单,并且对后者对烈酒和赌博的"癖好"有免疫力。移民只要有机会成为工匠和农民,就攒钱购买产业。"我经常认识一些贫穷的(移民)男人,只靠挖沟一年就能挣100英镑",一个外国旅行者说,"在一个像这样没有石头的国家,许多劳动力必须做这样的工作……"(MacCann 1853,I:227—228)

收割谷物、打烙印和剪羊毛这样的季节性工作很多,部分原因是本地出生的工人拒绝全职工作,不断有男男女女从内陆省络绎不绝地来到潘帕斯,甚至是远自巴拉圭,来做这些零工。在围拢牛或剪羊毛的季节,牧场主从附近农村社区雇工,但是劳力短缺迫使养羊牧场主雇佣妇女和儿童剪羊毛,通常是土生当地人和外省人(从内陆移民过来的人)。一个英国养羊户付给他的工人每天25个纸比索并提供食物;在给牛打烙印的季节,一个本地出生的劳工,把自己和一群马雇出去,每天可以挣20—25比索。这种高收入鼓励了一些游荡的佃户为了取得这种程度的独立去偷马。为了吸引工人,有些牧场主甚至先付工资并给他们在农村商店足够的信用。

公共当局颁布了流浪法案,试图用要求农村居民必须携带雇主签发的就业文件来约束工人。农村治安官可以拦住路人,检查他们的文件。那些没有文件的人会被当作流浪汉,强迫做公共工程或服兵役。尽管对劳动力的需求不断上升、民兵征募和19世纪上半叶的流浪法案,成年男性当雇工可能可以在农村保留某种程度的尊严。

在这个经济时期,长期存在的劳动力短缺对工人有利。工人实际工资从1804年的每月平均7.5金比索上涨到1864年的12比索。与季节工人相对的长期工人实际上可能相当稳定,雇主和佃户之间令人满意的关系可能从一代人延续到另一代人。利润分享并非闻所未闻,特别是在外国出生的牧羊人中更是如此,他们挣到多达羊毛、羊脂和羊皮销售收入的一半。此外，住家佃户在其雇主的庄园里养活家人，他们在那里有小屋、配给的牛肉和一块小菜园。例如，一个靠近布宜诺斯艾利斯的农场可能可以养活 30 口人，包括工人的妻子和孩子们。流动的工人在这个农场可以找到季节性的工作，木工、制砖、种树、做围栏、剪羊毛、收割庄稼，每年大约有 40 人。对佃户而言，农村的实际工作条件不仅比严苛的法律要求更人性、更令人满意，而且牧场的工作也养活了许多农村商人和工匠。

事实上，有很多证据表明地主没有能力把土生工人转变成一个可以依赖的、努力工作的和稳定的佃户。在农村，工人们有着不遵守劳动纪律的传统。他们容易想什么时候不工作就什么时候不工作。高乔人已经获得了在许多节日休闲的权利。在节日期间，雇主让他们工作需要得到警察的允许。此外，雇主经常不得不忍受佃户对他们的不敬，后者能够并且也的确冒犯主人和工头。

土生工人的工作习惯似乎并没有随着省里经济的发展而改善多少。他们大部分人拒绝从事需要步行的劳动，如耕种、挖沟、园艺或修补。而且土生工人似乎不能在没有严格监督下独自工作。为了"避免掠夺"，每个牧场主不得不全职地投入牧场的工作，管理他的手下。尽管成功的牧场主可能住在镇上，"他仍然必须把相当多的时间花在庄园"，一个旅行者评述道，"亲自监督买卖，因为交易通常是在不会写字和记账的人之间进行，除非把钱款直接交到负责人手里，否则有太大的可能性发生可悲的错误"(Beaumont 1828,63 - 64)。很明显，如果雇主想要雇工勤快，就必须在现场强制执行。否则，佃户会占他的便宜，得到拖沓的名声，正如另一个外国旅行者的观察，"对一个做事拖拉的人而言，生活是无穷无尽的明天"(MacCann 1853,I：156)。在雇主眼里，似乎佃户有意地不服从他们的监工，无论如何，监工藐视比自己社会地位低的人的风俗和肤色。

在文化上，工作提供给高乔人自身传统中熟悉的社会场景。大牧场的围拢吸引了多达 30 个流动佃户和他们的马群。在拢牛、打烙印、骟牛间歇时，他们烤牛肉、唱歌、弹吉他、抽烟、讲故事、嬉闹和进行真假

122

刀战。只要能够到处自由活动，高乔人就不会感到格格不入。

限制性法令和民兵招募在执行时都是任意的，不成系统，从来也没有成功地减少工人的流动性。短期工作合同似乎仍然是准则。骑手们会工作3—4个月，然后要求结算工资，这样他可以继续前行。许多牧场主试图鼓励更长期的劳动力，提高那些工作6个月以上的工人的工资；然而，佃户有扔下工作不辞而别的习惯。因为劳动力匮乏，所以工人总是能找到另一份工作。由于不能控制土生农村工人阶层，精英们把他们的文化贬称为"未开化的"和"野蛮的"。

毫无疑问，政治问题和任意行使权力对佃户的完全自由提供了一些制约。地主对证件系统态度足够认真，确保他们的工头和外省雇工都在当局登记。布宜诺斯艾利斯警察拘押文件不合格的人。政治紧张时期军事征兵队在边疆地区特别活跃，但是政府在农村到处执行流浪法案时只能是随意的。由于缺乏资源和与有权势地主的合作，不可能系统地执法。

123

1868 年精英对乡下人的看法

（乡下人）属于两个不同的种族：西班牙人和印第安人；两者的混合形成一系列细微的等级区分。纯种西班牙人在科尔多瓦和圣路易斯的乡村很普遍，在那里碰到皮肤白皙、像玫瑰花般娇嫩的年轻牧羊女是很寻常的事，她们美得像首都的美女所能向往的一样。在圣地亚哥－德尔埃斯特罗，大量的农村人口仍然讲克丘亚方言，明显表现出其印第安人出身……黑人，此时几乎绝迹了（除了在布宜诺斯艾利斯），留下了把文明人和树林居民联系在一起的纽带——桑博人和穆拉托人……

有了这些存留，上面提到的三个人种形成了一个同质的整体，其特点是喜欢闲散，不勤劳，除非当教育和社会地位的突变刺激他们放弃习惯的节奏。在很大程度上，这个不幸的结果归咎于殖民进程影响下的印第安部落的合并。美洲土著人生活得很闲散，表现出不能长期进行艰苦的劳动，即使在被强迫的情况下。这引起了把黑人引进美洲的想法，这个想法产生了如此灾难性的结果。但是当西班牙人凭本能被留在美洲荒野时，也并没有表现得比土著人更充满活力。

所有的文明,无论是印第安文明、西班牙文明还是欧洲文明,都以城市为中心,在城里可以见到工厂、商店、学校和学院,以及其他文明国家的特征。优雅的风格、奢侈品、燕尾服、礼服大衣和欧洲其他的服装在镇上占据了适当的位置。

……农村印第安人居住的镇子展现出一幅截然相反的图画。那里肮脏,衣衫褴褛的孩子与一群狗住在一起;那里男人整天无所事事,到处是玩忽大意和贫穷。一张桌子和几个篮子是破败的小屋中仅有的家具,显示出他们的原始和粗枝大叶。(Sarmiento 1974, 10 – 11, 13)

尽管雇主试图提高工资效率和节奏,劳动力缺乏还是成为佃户的优势,他们成功地要求得到更高的工资,在一个个工作中流动,蔑视流浪和征用法案。地主不能以牺牲工人的利益获利,只能从对牧产品的强劲需求中获利。毕竟,牧场的结构具有足够的灵活性。尽管缺乏劳动力,牧业生产也缺乏重大的技术改善,它成为边疆扩张的主要模式。 124

内陆贸易的重新调整

布宜诺斯艾利斯省的经济全盛期并没有以同样的程度到达内陆各省。刚刚从西班牙殖民统治中获得独立,各省军事首领之间就争吵不休,冲突常常使商业停滞,驱散了牛群也驱散了农村居民。从 1810 年到 1820 年,布宜诺斯艾利斯和萨尔塔之间的大车贸易几乎停止,巴拉那河谷和巴拉圭的河流贸易也中断了。同时,在生产了世界上含银量最高的银矿石长达两个半世纪后,波多西银矿迅速衰落。这些内陆镇子和内陆省再也无法依靠波多西和布宜诺斯艾利斯之间繁荣的货运贸易。

波多西的采矿业没有在独立战争中幸存下来。殖民时期晚期,矿石的含银量已经迅速下降,在 15 年的战争和不确定中,许多工人和企业家抛弃了大多数矿井。作为从前殖民时期骡子集市的中心,萨尔塔很难适应自己的新位置,居于布宜诺斯艾利斯商业生活的末梢而不是拉普拉塔地区和玻利维亚之间的贸易中心。波多西的衰落也波及了图库曼和科尔多瓦。在那里，曾经靠骡子贸易发财的牧场主发现，19世纪20年代他们的土地价值下降了85%。

起初，为布宜诺斯艾利斯经济扩张提供资金的国际贸易往往破坏拉普拉塔地区的内部贸易。廉价的进口商品把科尔多瓦纺织品、图库曼木材和蔗糖以及门多萨葡萄酒赶出了布宜诺斯艾利斯市场。从内陆省来的陆路货物靠骡子和牛车拉，没有了波多西的白银，根本无法和运输成本更节省的欧洲消费品竞争。1820年，内陆各省的经济生活似乎萧条到无法修复。

直到19世纪30年代，凭借着布宜诺斯艾利斯的新大西洋贸易，内陆各省才从经济萧条中开始了漫长的复苏。港口牧产品出口增加了，给长期为波多西服务的内陆各省的生产能力开启了其他市场。最靠近布宜诺斯艾利斯的各省经济复苏更强劲。圣菲、恩特雷里奥斯和科连特斯河岸各省扩大了与牛相关产品的生产，这些产品被送上河船到布宜诺斯艾利斯销售。科尔多瓦、圣地亚哥－德埃斯特罗、卡塔马卡（Catamaca）设法把斗篷卖到布宜诺斯艾利斯，那里的人口在不断增长。产自门多萨的国内白兰地深受平民阶层喜欢，重返布宜诺斯艾利斯市场。

但是，因为当时的技术无法靠牧产品维持新的长途贸易，萧条在内陆各省持续很久。白银是价值高体积小的商品，能够在从玻利维亚到拉普拉塔河河口的长途陆路运输中盈利。但是萨尔塔笨重的干牛皮，离布宜诺斯艾利斯超过三个月的牛车车程，跨越1 240多英里，无法和更靠近港口的地方生产的牛皮竞争。西部各省的许多牧场主越过安第斯山脉，把牛卖到智利。

内陆省考迪罗们之间的政治骚乱于事无补。"抢劫和掠夺体制长期存在，使农村的人们已经变得意志消沉，"19世纪20年代一个旅行者观察到，"拉米雷斯在一处拥有恩特雷里奥斯的军队，或被憎恨地称为Mounteneros（原文如此），另一处是卡雷拉（Carrera），带着一支说不清哪来的杂牌军，里面有所有喜欢抢劫这种生活方式胜过一切的流浪汉"(Hibbert 1824,65 — 66)。各省间的贸易遇到的另一个障碍是内部关税。每个省的政府都在边界上设置关税人员,向邻近省生产的货物征税。

尽管存在所有这些障碍,从 19 世纪 30 年代开始,内陆各省的确经历了一次商业复兴。可以进入巴拉那河和乌拉圭河,使圣菲、科连特斯和恩特雷里奥斯河岸各省成功地把出口牲畜产品纳入他们的经济中。一些海船来到河港装运牛皮和羊毛。出口贸易甚至维持了恩特雷里奥斯牛肉腌制和牛皮处理场。科连特斯和圣菲更经常地把牛皮和羊毛用小一点的船运到布宜诺斯艾利斯。由于货物转移到河船上再运到拉普拉塔河河口,河港城市罗萨里奥(Rosario)作为从科尔多瓦过来的陆路贸易中间站繁荣起来。

作为联系西部安第斯和布宜诺斯艾利斯的纽带,到 19 世纪中期,科尔多瓦也恢复了一些贸易重要性。它成为印第安人手工纺织品的重要中转站,特别是潘帕斯农村人们喜欢的斗篷和粗棉布裤子。科尔多瓦的牛皮和羊毛也经陆路运输进入了欧洲贸易。

和安第斯其他许多山区省一样,门多萨的经济恢复缓慢。灌溉渠把安第斯的雪融水引入果园、葡萄园和城市周围的麦田。当地葡萄酒还无法和欧洲相提并论,因此,种植葡萄的人把门多萨大多数葡萄制成白兰地和葡萄干。门多萨的小麦和面粉销往布宜诺斯艾利斯省,那里的庄园直到 19 世纪末才大量生产谷物。甚至邻近的圣路易斯生产的粗羊毛也进入了布宜诺斯艾利斯市场。

省际贸易的恢复意味着内陆省份的人口增加。阿根廷人口每年增长约 2.5%。尽管阿根廷人口从 1810 年的 40.6 万增加到 1860 年的 100 万,这个国家仍然人口稀少;实际上当时阿根廷的人口数量仅相当于岛国古巴的人口数。由于是国内外移民的目的地,布宜诺斯艾利斯省和河岸各省占了阿根廷人口增长的大部分。

与此相对的是,内陆省遭受了人口流失。每个去往港口的大车队都带着移民工人,他们中男人多于女人。因此,内陆各省镇子上的居民中女人比男人多。拉里奥哈(La Rioja)的男女比例为 88∶100,而沿海

126

省份的这一比例正好相反。19 世纪男女比例以另一种方式扭曲：居住在拉普拉塔地区混乱、破败不堪的农村的男人比女人多。女人普遍居住在更安全一点的镇上和城里。

总而言之，19 世纪内陆省份成功地把它们的经济从玻利维亚银矿转移到大西洋市场。尽管向沿海省份输送了大量移民工人，人口仍以每年 2% 的可观速度增长。然而，与布宜诺斯艾利斯相比，运输贸易中古老的马、牛技术限制了内陆省繁荣和增长的程度，退一步说，也比不上河岸各省。直到将近 19 世纪末，随着火车的到来，这种昏睡状态才得以改变。

罗萨斯：恢复法律的人

127

在这个时期，一个政治家脱颖而出。从 1829 年到 1852 年，胡安·曼努埃尔·德罗萨斯作为省长和事实上的独裁者统治着布宜诺斯艾利斯省，即使他没有统治内陆各省，但布宜诺斯艾利斯商业的重要性也帮助他指导内陆省的命运。作为联邦派的政治家，罗萨斯支持各省权力比一个集权的中央政府的权力重要。罗萨斯和自己的布宜诺斯艾利斯牧场主阶层与其他省的地主相比，从相对的自由贸易中更大程度获益。罗萨斯省长为布宜诺斯艾利斯征收港口税，税收收入的大部分留给了他的军队。

罗萨斯打出了民族主义的王牌，反对外国势力，对一个依赖对外贸易的国家来说，这可不是个儿戏。他公然迎合平民阶层，吸纳农村高乔人和城市黑人作为他的选民。作为一个成功商人和抵御印第安人袭击的边疆保卫者，他同时受到牧场主和高乔人的喜爱。然而，为了保持、加强而不是改变受到政治混乱和目无法纪威胁的殖民地社会秩序，罗萨斯表现得像个民众主义政治家。这是他自称为"恢复法律的人"的一个原因。

殖民时期末，罗萨斯出生在布宜诺斯艾利斯一个克里奥尔地主阶层家庭。确切地说，他是港口富裕商人阶层的穷亲戚。罗萨斯既没有参与政治，也没有参与独立战争。然而，他的确从后独立时期布宜诺斯

　　胡安·曼努埃尔·德罗萨斯将军的画像装饰着布宜诺斯艾利斯一个精英阶层妇女的卧室的墙壁,表现了阿根廷社会对胡安·曼努埃尔·德罗萨斯的某些情感——高度重视或敬畏。作为克里奥尔地主阶层,他是19世纪阿根廷最成功的强人,特别因带来了经济和政治生活的稳定和领导他的高乔勇士打击潘帕斯的印第安部落而著称。(Getano Descalzi,1845,courtesy of Emece Editores)

艾利斯的新国际贸易中获益。19世纪20年代，他扩大了家族牧场的牛产量，并在布宜诺斯艾利斯开了一家屠宰腌制厂，从不断扩大的牛皮和牛肉市场获利。对商业的敏锐使他被富裕的亲戚安乔雷纳家族任命为庄园经理。

边境线越过萨拉多河前移，几乎到达布兰卡港（Bahia Blanca），注定使罗萨斯也成为一个抗击印第安人的斗士。罗萨斯厌恶那些"无能的"城市政客，他们争吵不休削弱了省政府，阻碍了19世纪20年代联合抵抗印第安人的袭击。他自己的庄园和安乔雷纳庄园的高乔牧民组成了他的边疆战斗部队——大名鼎鼎的"红色骑兵"（Colorados del Monte）。作为他们的雇主和指挥官，罗萨斯自称完美的高乔人领袖。他会骑马、用绳子，和最出色的属下挥舞长刀。罗萨斯故意打扮成高乔人的样子、讲高乔人的语言。"以前的政府对受过教育的人非常好，但是鄙视下层人"，罗萨斯后来写道，"因此，我认为为了控制和引导下层民众，获得对他们决定性的影响力非常重要"（Lynch 1981,109）。

129　　1829年危机期间，在乌拉圭与巴西人打仗回来的港口军队因领不到军饷而叛乱。布宜诺斯艾利斯省临时省长曼努埃尔·多雷哥（Manuel Dorrego）被暗杀后，罗萨斯将军胜利进驻布宜诺斯艾利斯。一群精英对他的到来充满感激，如释重负，任命他为有紧急权力的省长。1833年，他在成功地完成一届省长任期后辞职，领导他的军队进行了一场平息印第安人的战役。他的战役包含典型的外交和军事因素。那些反对他的印第安人体验到了他的高乔骑兵的矛尖，但是罗萨斯也和某些印第安卡西克结盟。作为对结束边疆袭击的回报，罗萨斯提出给这些印第安首领分发马、牛、烟草、马黛茶叶。他强制省政府财政支付这些礼物。港口政治精英随即在1835年再次任命他为省长，这次有独裁权。

尽管在革命时期奴隶贸易终止了，但奴隶制并没有结束。19世纪20年代的农业扩张给了奴隶制继续存在的又一个理由。在劳动力稀缺的潘帕斯，罗萨斯本人曾在科尔多瓦购买奴隶到自己的牧场干活。1830年，他的牧场工人中几乎一半是黑人和穆拉托人。此外，港口本身有四分之一的人口是非裔阿根廷人。他们大多数是自由人，从事家庭服务、不需要技能的工作,在市场卖东西或从事其他体力劳动。罗萨斯即使不把他们看成与其社会地位平等的人,也把他们看成有用的政治支持者。他的妻子恩卡纳西翁和女儿曼努埃拉成了布宜诺斯艾利斯黑人的资助人。他们出席非裔阿根廷人的聚会,给忠实的人分发礼物,从罗萨斯政敌的仆人那里打探消息。罗萨斯招募黑人加入省军队和警察部队。非裔阿根廷人用政治支持回应这种帮助和关注。在他们的舞会和聚会上,他们高呼着"我们的父亲,最好的省长万岁!"(Szuchman and Brown 1994,223)

　　罗萨斯也对阿根廷国家恐怖主义的发展负有责任。他不仅利用政治动乱来获得独裁权力,而且组织了一支名为马扎卡(Mazorca)的秘密警察部队,他的对手将其称为马斯奥卡(más horca),一个文字游戏,意思是"更多绞刑"。罗萨斯保留着马扎卡——一群工人阶级出身的政治暴徒,用来威胁对手,惩罚那些可能挑战他的统治的人。实际上,他们的野蛮行动的确造成了在罗萨斯当省长的 20 多年时间里约 2 000 多人被谋杀。斩首和大张旗鼓地展示砍下的人头成了马扎卡青睐的战术。罗萨斯秘密警察部队的成员有完全的行动豁免权;没人为政权反对派遭受的酷刑和死亡负责。罗萨斯以他在拯救国家为依据来证明采取恐怖措施是正确的。

130

胡安·曼努埃尔·德罗萨斯省长为他的国家恐怖运动辩护

　　多雷哥先生在纳瓦罗(Navarro)被集权派的支持者杀害。比利亚法尼亚(Villafaña)将军,基罗加(Quiroga)将军的战友,在从智利到门多萨的路上也被同一伙人杀害。拉托雷(Latorre)将军在投降后被枪尖指着送到萨尔塔监禁,没有给他最后的时间做好准备。同样的命运降落在阿吉莱拉(Aguilera)上校身上。基罗加将军去年(1834 年)2 月 16 日在离科尔多瓦 18 里格的返回途中被割喉。何塞·桑托斯·奥尔蒂斯(José Santos Ortiz)上校惨遭同样命运,全队中还有 16 个人也是如此。只有那些通过山上的堡垒逃跑的人能够逃脱当信使和传令兵。我是否了解国家的真实状况呢?但即使这样对那些开明和讲道义的人还是不够……

你们认识我很多年了,知道我不是嗜血的人,在我执政期间已经证明了这一点。在我这个位置上的人谁会如此吝惜流血?我又让谁流过血?除了被认为是正常的军事命令,没有一滴。下达这样的命令或者是射杀一个无赖在世上任何地方都是平常的,没有通告就执行了。因为除非如此,社会无法生存。

授予我权威的法律是那个命令杀死蒙特罗的法律。有人会说我滥用权力。如果情况如此,这是我的错误但不是令我悔恨的犯罪。因为当我被授予这个激起仇恨、非同寻常的权力时,据我判断,条件不是我必须总是正确,而是为了挽救处于危亡的国家,我有完全的行动自由,行动不受限制。(Lynch 1981,208 – 209,220,221)

131   这种国家恐怖的确为年轻的国家带来了自独立战争以来的第一次政治安定,但是也造成了一些阿根廷最杰出的政治家和文学家流亡国外。在流亡过程中,未来的总统多明戈·F. 萨缅托(Domingo F. Sarmiento)在智利和美国旅游。法学家和经济学家胡安·巴蒂斯塔·阿尔韦迪(Juan Bautista Alberdi)在流亡归来撰写一部阿根廷新宪法之前,逐渐了解了蒙得维的亚、圣地亚哥和巴黎。流亡作家埃斯特万·埃切韦里亚(Esteban Echeverría)把罗萨斯统治下的国家恐怖比作社会渣滓掌了权:"屠宰场的屠夫是在刀尖上传播罗萨斯主义联邦的使徒,他们把任何不是刽子手、屠夫、野蛮人或窃贼的人,任何一个体面公正的人,任何有启蒙思想、推动知识和自由的爱国者都打上'反对派'的标签;并且……联邦制的来源在屠宰场本身就可以发现,这一点显而易见。"(Ross and McGann 1982,57)

尽管罗萨斯没有超越利用种族和阶级对抗,他却没有着手改革社会秩序。他也没有像联邦派的何塞·赫瓦西奥·阿蒂加斯(José Gervasio Artigas)那样,提议重新分配土地;罗萨斯也没有放弃约束支持他的平民阶层的需要。他支持新兴牧场主精英的牧场利益,他本人属于这个集团。罗萨斯允许与所有愿意购买阿根廷牧产品的国家进行贸易,并且支持富人的私有财产所有权。省长把获利丰厚的政府合同送给他最忠实的朋友,这些合同主要是给部队提供给养以及给边界那一边的他的印第安盟友提供马和牛。首先,罗萨斯省长想要做的是重建秩序,作为独裁者来统治、威胁来自他自己阶级的政敌,但他不可能用这些政策来统治一个国家。

内部纷争重起

其他省以及乌拉圭和巴拉圭共和国不赞成在他们看来是罗萨斯自私的亲布宜诺斯艾利斯政策。他用其家乡所在省的财富和军队来干涉邻省的内政。19世纪40年代相当长的一段时间里,罗萨斯把他的武装借给乌拉圭的一派,包围其在蒙得维的亚的对手。这个布宜诺斯艾利斯省长也阻止巴拉那河和乌拉圭河的直接对外贸易。他这样做疏远了河岸省的地方精英和法国、英国政府,激发后者在1838年和1848年封锁了布宜诺斯艾利斯港,试图使巴拉那河谷贸易对外开放未果。罗萨斯也一直使巴拉圭保持孤立,惩罚那些想要开启与亚松森的贸易的外国人。最终,这些狭隘的政策导致了他的垮台。

恩特雷里奥斯省的胡斯托·何塞·德·乌尔基萨(Justo José de Urquiza)成功地联合省里的反对派推翻了罗萨斯的统治。实际上,乌尔基萨将军简直是和罗萨斯从一个模子里刻出来的考迪罗。他在恩特雷里奥斯有辽阔的牧牛场,建立了屠宰腌制厂加工用于出口的牛产品,指挥着一支高乔牧民组成的强大军队,让自己成为省长。1852年1月,乌尔基萨省长领导一支强大的高乔军队进入布宜诺斯艾利斯省,在卡塞罗斯(Caseros)之战中打败了罗萨斯的省武装。经常把自己包装在民族主义外衣下,蔑视外国势力的罗萨斯,随即登上一艘英国船逃走,流亡英格兰。

尽管港口反对者很快把新的阿根廷联合省主席乌尔基萨驱逐出布宜诺斯艾利斯,但他成功地为建立现代阿根廷国家打下了基础。1853年,乌尔基萨召开国会,批准了新宪法。按自由主义的传统,这部宪法一劳永逸地宣布奴隶制为非法,巴拉那河和乌拉圭河上的直接对外贸易合法。

132

尽管新宪法的商业条款有益于省里的利益,它摈弃了不久之前宽松的联邦主义,支持强有力的行政权。宪法包含了在所谓的被围困状态下暂时中止宪法的条款,也授予总统干涉权,在发生地方政治动乱时,联邦行政当局有权干涉省政府事务。这些宪法条款使未来的国家领导人得以削减省长的自主权。阿根廷联合省的联邦建制让位于新的阿根廷共和国。

宪法建筑师胡安·巴蒂斯塔·阿尔韦迪设计了一个弥补劳动力短缺的新政策。外国人在阿根廷可以自由从事宗教活动,免除服兵役,可以自由地汇出利润。他和其他几个 19 世纪阿根廷的自由主义分子促

胡安·巴蒂斯塔·阿尔韦迪为建设繁荣的阿根廷设计的经济蓝图(1853—1884)

关于政府:"政府代表消费而非生产。""没有比政府更糟的农民、商人或制造商。"

关于移民:"每一个来到我们海岸的欧洲移民,他的习惯将会带给我们比无数哲学书所能带来的更多文明,这以后将传播给我们的居民。这种看不见、摸不着或抓不住的完善没有被很好地理解。一个勤奋工作的人是最有益的口头传授。"

关于对外贸易:"因农村只生产原材料而蔑视农村,视之为野蛮完全是愚蠢、自杀式的欺骗,没有考虑到原材料是南美能够获取和享受制成品的全部手段,是散落在阿根廷缺少机器和工厂的城市中与欧洲进行贸易的全部财富。"

关于个人权利:"一个商人的手下会在顷刻之间被袭击、投入监狱或流放,他的承诺既没有安全也没有信心……在人们会被从他们的工作中带走去组成军队的地方,不可能设想农村、农业和矿业生产。"

关于修建铁路:"用这种方法,(美国工程师威廉)惠尔赖特(Wheelwright)不仅想要把蒸汽机文明带到科尔多瓦,而且带到拉里奥哈,把法马蒂纳(Famatina)(阿根廷安第斯山区的矿)的矿产带到拉普拉塔地区的港口,他的机车穿越圣马丁曾经带着轻型火炮穿越过的安第斯山脉,

给阿根廷西部省份带来好像是它们自己的太平洋港口和市场,把阿根廷土地变为亚欧交流的捷径,用比外交纽带更持久的金链条把智利和阿根廷共和国联系在一起。"(Brown 1993, 61 - 47)

动欧洲人移民到阿根廷,以解决阿根廷众所周知的人口不足问题。他们的理由是欧洲工人优于非洲工人、巴拉圭工人和玻利维亚工人,因此应该鼓励他们移民来开发阿根廷的农业资源。阿尔韦迪因他的格言"统治就是移民"而闻名。

134

作为罗萨斯统治时的一个流亡者,阿尔韦迪目睹了铁路在欧洲的威力,并且设想在阿根廷建立庞大的铁路网。他把铁路看成使"荒野"——对仍然在印第安人控制下的潘帕斯南部和巴塔哥尼亚地区的委婉称呼——有人定居的一个办法。阿尔韦迪也预见到了连接大西洋沿岸的布宜诺斯艾利斯和太平洋沿岸智利的瓦尔帕莱索(Valparaíso)的横跨南美大陆的大动脉带来的好处。他的部分梦想将会得以实现。铁路和移民的确将改变阿根廷,他所制订的宪法一直是19世纪晚期国家建设的蓝图,并且继续作为这个国家的法律而存在。

然而,国家建设不仅仅由新宪法相伴。各省仍然保留着自己的民兵武装,尽管港口部队仍然是这个地区最强大的。后罗萨斯时代的布宜诺斯艾利斯政治家绝不愿放弃自己对货币、商业和关税征税的控制权。1854年,他们把乌尔基萨从首都赶走,1859年输掉了反对共和国总统的塞佩达(Cepeda)战役,但是两年后取得了帕翁战役的胜利。后来,乌尔基萨退隐回到他的私人生意,港口政治领袖巴托洛梅·米特雷(Bartolomé Mitre)成为阿根廷总统。国家统一仍然是正在进行的工作,两场战争很快就帮助了这个计划。

与巴拉圭的战争

1865年,当一场国际冲突在巴拉圭爆发时,1853年宪法规定成立的国民军事实上几乎不存在。那时,继巴拉圭缔造者何塞·加斯帕尔·罗德里格斯·德·弗朗西亚(Jose Gaspar Rodríguez de Francia)(死于

1850 年)和卡洛斯·安东尼奥·洛佩斯(Carlos Antonio López)，索拉诺·洛佩斯(Solano López)的父亲(死于 1862 年)之后，弗朗西斯科·索拉诺·洛佩斯(Francisco Solano López)成为巴拉圭的第三任独裁者。由于长期封闭，索拉诺·洛佩斯继承的政府早已获得对马黛茶叶和烟草外贸的垄断控制，并且拥有大量的牛群和马群。大量梅斯蒂索和瓜拉尼农民靠小块土地、为国家牧场干活或服兵役维持自己的生活。巴拉圭统治者似乎已经成功地将耶稣会殖民教区的形态制度化。国家财政保障了总统和对其阿谀奉承之徒的权力，同时维持着本地区最大的军队：28 000 名常规军，40 000 预备役军人。

边境战争缘起于巴西开发其最南部与乌拉圭、阿根廷和巴拉圭接壤的地区。巴拉那河仍然是连接首都里约热内卢和内陆州马托格罗索之间交通的最便捷路线。1864 年晚期，巴拉圭人拦截并扣押了一艘经巴拉圭河送马托格罗索州新州长就任的炮舰，作为回应，里约热内卢政治当局向巴拉圭宣战。超级自信的索拉诺·洛佩斯决定经过阿根廷领土米西奥内斯(Misiones)发动对巴西的打击。当阿根廷反对这次入侵时，索拉诺·洛佩斯也侵略了科连特斯省。阿根廷对巴拉圭宣战。最后，乌拉圭在三国联军反对巴拉圭的大战中加入巴西和阿根廷，这场战争从 1865 年持续到 1870 年。

尽管三国联军会令这场战争看起来有些一边倒，力量对比悬殊，但这三国对战争都没有准备。巴西和阿根廷各省都不愿意把自己的民兵送到巴拉圭，而索拉诺·洛佩斯的部队却在最初的战役中表现出色。在战争的最后两年，巴拉圭人也占据了本土作战的优势。他们在保卫国家中受到巴拉圭妇女的帮助和支持，作战勇敢，誓死支持索拉诺·洛佩斯。然而，三国联盟最终占了上风，占领了巴拉圭。

五年的战争使巴拉圭人口遭受了极大的破坏：战前 40 万人口中只有 23 万活了下来。战争结束时，女人数量以 14∶1 超过男子。

为了击败这样的敌人，阿根廷总统巴托洛梅·米特雷不得不在全国实行广泛动员。为了使这支弱旅进一步强大，他开始全国征兵。最终，他把一支 28 000 人的军队投入战场，由他亲自率领；然而，反对征兵和布宜诺斯艾利斯命令的外省叛乱成为新成立的阿根廷军队面临的一个重要问题。一个职业军官部队发展起来,吸引了特别是来自内陆省经营商店的中产阶级和农村乡绅。有色人种的工人阶级构成了应征士兵的主体。移民可以免服兵役。这场战争在西部各省如此不得人心,以至于萨尔塔试图脱离共和国。

地主、政界和商界精英除了提供军需外,仍然游离于军队服务之外。为这么一支庞大的作战部队提供支持创造了商机,依照传统方式,这些机遇局限于总统米特雷的朋友和支持者。他的政治集团自由党,后来被称为"供应商党"。他们垄断了利润最丰厚的向军队出售牛、马和采购国外武器和设备合同。

反对巴拉圭的战争使阿根廷政府得以加强控制以前自治的各省。此外,新阿根廷军队将成为国家统一的又一个积极先驱,帮助阿根廷实现 1853 年宪法的意图。布宜诺斯艾利斯省仍然是国家建设的一个障碍。在共和国名义上的首都,有钱有势的精英拒绝把重要的外贸控制权拱手让给国民政府。1868 年,多明戈·F. 萨缅托继米特雷之后成为总统,但这个世故的圣胡安人无法战胜港口人对其商业权力和关税收入的保护主义。港口人很快挫败了萨缅托在布宜诺斯艾利斯省建立外来农民的农业定居点的尝试。在另一场战争中锻造了自己之后,军队最终提供了政治解决办法,这是与阿根廷印第安人长达三个世纪争斗的最后一章。

"印第安问题"

和殖民时期一样,19 世纪定居者和印第安人之间有时和平贸易而有时血腥敌对。当查尔斯·达尔文 1832 年访问该省时,他发现,由于受经常性的印第安人袭击的威胁,边疆地区的地主为他们的牧场房屋建了防御工事。当干旱威胁了印第安人赖以为生的野牛野马的生存,并且省民兵武装忙于别处的冲突时,印第安人的掠夺就会增加。装备着流星锤和矛的骑马战士降临偏僻的牧场,杀死佃农、偷走牛群和马群、绑架妇女儿童。然而,爱好和平的印第安部族总是在牧场之中生活,即

136

便不被尊重但也能得到农村人的宽容。

几个世纪以来，拉普拉塔地区的西班牙裔和印第安人之间进行了广泛的贸易。印第安部族逐渐习惯了克里奥尔人的产品，如五金器具、马、牛、烟草和烧酒，成为生活"必需品"。在边疆要塞和农村客栈，他们用这些东西交换对西方社会有用的印第安人货物：野生羊驼皮、鸵鸟毛、编织的皮货和斗篷。然而，没有东西能够交换西班牙裔阿根廷人最梦寐以求的商品——土地本身。

19 世纪不断扩大的牧场主阶层希望能把半游牧的印第安人变成"好佃户"，但他们失败了。草原猎人是相当差的农业工人。边疆官员给地主和他们的工头惩罚爱好和平的印第安人的权力，好像他们是孩子。为了对付敌对的印第安人，政府在不断扩展的边疆地区设有民兵前哨站。罗萨斯省长把一项殖民政策正规化，从牧场主那里征用马和牛作为已经对母马肉有特别偏好的印第安人的配给。到 19 世纪中期，牧场和边疆小镇相对安全。

在整个 19 世纪中期，印第安部落持续地袭击阿根廷牧场和牛车队，如图所示。一直到 1879 年，袭击者被一支势不可挡的军队平息。（Albérico Isola，1844，courtesy Emece Editores）

但是在和巴拉圭作战过程中,印第安人的袭击再次发生。此后,国民政府希望在潘帕斯用欧洲移民来替代土著印第安人作为未来的工人。在这样的动机下采取了通过灭绝的方式解决"印第安人问题"。国民军提供了工具。不是由每个边疆省任意处理与印第安部族的关系,而是由在巴拉圭战争的严峻考验中形成的国民军来完成这样的任务。1879 年,在欧洲人努力了 300 年后,胡里奥·A. 罗加(Julio A. Roca)将军的"征服荒野"行动最终剥夺了土著人残留的独立自治权。尽管在内陆省出生、长大,胡里奥·A. 罗加却并非一个外省的考迪罗。在三国联军战争中,他的军衔不断上升,从国家的视角,而非他的图库曼同乡的视角来看。

然而,与此同时,南部大草原上的印第安人并非无所事事地静候西班牙裔社会的发展。有了罗萨斯省长送的礼物,他们结成了比以往任何时候更紧密的政治联盟,更广泛地参与边境贸易,结果也加强了他们的军事能力。随着新来的阿劳坎人通过通婚融合进来,他们的领导权扩展到潘帕斯和巴塔哥尼亚的所有部族。印第安人首领把自己的女儿送去作为人妻来建立印第安社会内部的联合。马和牛的分配促进了结盟部落之间的联姻。

作为这种统一过程的一个结果,重要的政治和军事领袖出现了。作为兰克尔人(Ranqueles)的首领,利安克特鲁(Llanquetruz)在今天的拉潘帕省(La Pampa)所在地赢得声名。他的部族吸引了逃避兵役的高乔人。在沃罗加诺人(Voroganos)中,卡尔夫库拉(Calfucurá)暗杀了支持与西班牙裔保持和平的首领后,担当了首领。随后他加强了对大盐沼(Salinas Grandes)盐滩周围地区的政治控制。塞韦克(Sayhueque)在位于今天的内乌肯(Neuquén)的阿劳坎人村庄中联合了支持力量。这些首领和其他首领通过联姻和商品交换把分散在潘帕斯的部族集合在一起。

来自罗萨斯省长的年金维持着这些部族,但他们也越来越多地参与边境贸易。这种和西班牙裔社会的贸易是维持持续和平的边境关系的强烈动机。"在过去几年,我们与基督徒的接触带来了马黛茶叶、糖、饼

138

干、面粉和其他我们以前不知道的奢侈品,但现在变成必需品",据说塞韦克说,"如果我们向白人开战,我们的斗篷、毛皮、羽毛等就没有市场,结果是,保持和他们友好符合我们的利益"(Szuchman and Brown 1994,119)。

罗萨斯的失势结束了整个边境地区的礼物和年金流入。在这种新氛围下,很多印第安部族把他们的效忠从和平派首领转移到潘帕斯印第安人的杰出军事领袖纳蒙古拉(Namúncura)。从 1852 年到 1879 年,印第安人的袭击卷土重来。他们从潘帕斯平原上偏僻的边境牧场里抢走几千头牛和马,然后印第安骑手把它们赶到门多萨和圣胡安(非法)卖掉。其他一些人赶着牛群沿内格罗河河谷向南,越过安第斯南部山口进入智利。他们参与商业造成了印第安经济中劳动力短缺的现象像牧场的一样严重。

劳动力短缺促使印第安人为获得俘虏而袭击,被俘的妇女和儿童从事仆人的工作。1876 年的一次印第安征服到达了离布宜诺斯艾利斯 185 英里的地方,造成 30 万头牛和 500 个人被俘的损失。这些非印第安人俘虏是农村居民,大多数有混血祖先、不识字、讲西班牙语。男人

1870 年兰克尔人如何对待俘虏

印第安人把俘虏看成物品。你完全可以想象他们的情况。他们是最悲惨最不幸的人。无论成年人还是青少年,男孩还是女孩,黑人还是白人,没什么区别。对所有的人都是如此,直到他们可以赢得印第安人的信任并且得到他们的欢心。他们被俘的最初日子是真正的苦难历程。他们必须洗衣、做饭、到树林里用自己的手砍柴,建畜栏、驯小马、照料牛、满足野蛮的色欲乐趣。

那些抵抗的人命真苦。

……经常有这样的情况,印第安人对新来的俘虏很同情,保护他们不受老俘虏和印第安女人的伤害。然而,除非把她们当作情人,这只会使情况更糟。

我曾经调查过某个被俘妇女,她这样回答我的一个问题:"以前,印第安人想要我,情况对我非常糟糕,因为其他俘虏和印第安女人拼命羞辱我。她们会在山里打我。现在印第安人再也不想要我了,一切都好了。她

们都成了我的好朋友。"

　　这样简单的话总结出了被俘妇女的生存状态。(Mansilla 1997,224-225)

　　不是做顺从的俘虏,就是被处死。许多叙述证实印第安人把非印第安人合并到自己的族群,作为事实上的奴隶。妇女被送给战士做新娘,她们和战士养育的新一代人,抵制牛羊牧场侵占更多的边境领地。这些俘虏中有些拒绝逃走和避免"解放",因为她们不想丢下她们生下的孩子。

　　1879 年,罗加将军和国民军解决了持续了几个世纪的边境冲突问题。技术进步为罗加的迅速胜利作出了贡献。在征服荒野行动中,他用进口的连发步枪武装了士兵,用电报线来向五支单独的军事纵队发布命令。这些纵队从布宜诺斯艾利斯、科尔多瓦、圣路易斯和门多萨出发,钳形运动,在内格罗河会合。这支骑兵部队很快就驱散或者灭绝了特维尔切、潘帕斯和阿劳坎村庄的村民。随后,罗加封闭了安第斯山脉南部的关口,派兵驻守。幸存下来的印第安人在政府的监督下到专门的保留地生活;解放了的俘虏重新进入克里奥尔社会,在讲西班牙语的家庭当仆人。一旦印第安人的阻力被打破,潘帕斯南部和整个巴塔哥尼亚地区的土地就可以建立定居点。有钱有势、有政治关系的人又一次索取了这个战利品的最大份额。多达 2 100 万英亩的边疆土地现在落入仅仅 381 人手中。

苦难过程

　　当内陆省份经济停滞或发展缓慢时,布宜诺斯艾利斯的农村经济使印第安袭击、偶尔的起义、政治分裂和长期劳动力匮乏的影响减少了许多,并充满信心地跨越式发展。按当时的传统生产方式解释,拥有的土地面积很大,然而土地单位的面积变小,所有权扩散。在牛产业需要农业基础设施不断扩大的刺激下,潘帕斯的社会结构趋于复杂。大多数农村人口作为经营者、租户或雇工在土地上耕耘。印第安人、移民和外国人成为工匠,或在商业和运输业找到机会。有很多这样的机会和农村社会的多样性可以直接归功于潘帕斯作为外部市场的生产者的发展。

141　　　同时，布宜诺斯艾利斯省的经济和社会转型使它与其他省的分化更趋严重。到 19 世纪 30 年代，这种趋势已很明显。布宜诺斯艾利斯港口贸易是整个地区唯一重要的经济增长因素。布宜诺斯艾利斯省人口最多、最富庶。其政治家和省政府在各省中位列第一。独立战争后，所谓的拉普拉塔联合省进行了重组，布宜诺斯艾利斯获得了这个地区的经济、社会和政治领导地位，自此以后再没有放手。

　　后革命时代阿根廷的其他不均衡的根源在于殖民时期形成的社会秩序。尽管在经济复兴时期土生的工人阶级得到了一定程度的自主和独立，但显然没有享受到社会的自由流动。不断扩展的农村社会趋向于消灭草原印第安人。经济增长的成果也没有被平等分享。最大的地主们，他们本身是殖民时期西班牙商人的后裔，支持西班牙移民作为租客和小商人处于从属地位。土生的有色人种——不管是梅斯蒂索人、黑人，还是穆拉托人——能够找到大量机会，但是却在农村社会阶梯的最底层。他们在屠宰腌制厂和牧场工作，剪羊毛、收割、打烙印、赶牛和做牛车。在正在发展的但仍有严格分层的农村社会，他们行使一定程度的个人自由。与地主的愿望相反，土生有色人种蔑视法律，从一个工作跳到另一个，寻求更高工资和更多闲暇。后革命时代的布宜诺斯艾利斯省充满生机，但远离平等主义。

　　然而，阿根廷已经开始了国家稳固时期。随着罗萨斯在布宜诺斯艾利斯失势，内陆省份发起制订新宪法，重新谈判国家的责任和利益。最终，与巴拉圭的战争和在边疆地区反对印第安人抵抗的最后战役使建立一个更强大的民族国家益发具有紧迫性。在这个苦难过程中，一个新政治领袖崛起，准确地说，是个军人，但是个国民军人而非省民兵。胡利奥·罗加将军在三国联军战争期间，军衔一路上升，随后指挥部队取得了对印第安人的迅速胜利。

　　罗加决心把他的军事威望转化成政治权力，并且用他的军队领导权来纠正建国政治议程上的剩余的条款。这个条款就是布宜诺斯艾利斯的地位问题。

第六章　自由主义时代(1880—1916)

1880年标志着阿根廷一个前所未有的"和平与管理"时期的开始。同年胡利奥·A.罗加将军就任总统之职,结束了阻碍国家统一长达70年的政治混乱。"八〇代"杰出人物——和罗加一起取得权力的地主和政治家集团的统治为加速现代经济发展提供了必需的政治稳定。这个民族国家牢牢地掌握在国家自治党(Partido Autonomista Nacional, PAN)手中,该党是地主阶级的政治工具。直到1916年,国家自治党确保了总统继位有序进行,随之而来的是政治参与的和平扩大,直到1930年。限制选举权和提供官方选举名单是"八〇代"的规则,推动进出口经济是他们的政策。

实际上,自由主义时期因其经济转型而著名。阿根廷变成了一个建立在出口农产品和进口欧洲的技术、资金、管理和劳动力的基础上的现代国家。它利用比较优势生产牛肉、小麦、羊肉以及面向国际市场的羊毛。城市扩大了,人口密度增加了,正如胡安·包蒂斯塔·阿尔韦迪(Juan Bautista Alberdi)和多明戈·E.萨缅托(Domingo E Sarmiento)从前预想的那样,铁路建起来了。在历史上没有任何其他时期国家变化如此大,经历了如此长时间的经济发展。但是这有利于谁呢?

倡导国家统一的阿根廷政治寡头决定限制经济扩张的社会影响。

他们从来没有想到过物质的改善会改变令他们舒适的社会和政治价值观，但事实的确如此。他们邀请移民来补救长期的劳动力短缺，制造了桀骜不驯的工人阶级和满怀期望的中产阶级。最终，参与国家生活的要求迫使政治寡头向更民主的选举体制开放政治体系。这将会使精英阶层失去政治优势，尽管不是他们的财富。

自由主义指的是一整套思想纲领，它支配了阿根廷两代寡头和政治家，1880 年到 1916 年巩固国家权力和实行统治的一代，以及 1916 年到 1930 年更体现社会多样性的一代。从广义上讲，他们的自由主义代表了经济进步、贸易开放与市场开放、外国投资以及一个强大的中央政府。阿根廷的自由主义，在今天的一些国家可能会被称为保守经济学，不应该和扩大政治参与及进行社会改革混淆。总体来说，这是一种精英享有并且为了精英的统治制度。

但是寡头们无法在受益于经济转型和扩张的同时，阻挡社会、政治变化的潮流。在阿根廷，经济现代化意味着移民、中产阶级的形成和劳工动员。从自由主义时代获利最丰的地主寡头被迫向从他们的自由经济政策中产生的新兴政治和社会力量做出重大让步。尽管如此，阿根廷历史上此前和此后的政治稳定和物质增长都无法和自由主义时期相比。

罗加和"八〇代"

首先，阿根廷政治家必须解决布宜诺斯艾利斯的地位问题这个痛疮。19 世纪 70 年代，港口人保持着对港口贸易的控制权，负责征收那里的关税，用共和国最大的省民兵武装维护着他们的特权。19 世纪 70 年代，来自外省的多明戈·F. 萨缅托总统和尼古拉斯·阿韦利亚内达 (Nicolás Avellaneda) 总统在国家首都实行统治几乎像是布宜诺斯艾利斯省省长的客人。最终，罗加将军在 1880 年的总统选举中击败了一个港口人，这个胜利有助于解决联邦化问题。在港口民兵武装因为又将出现一个外省人当总统而举行叛乱时，罗加将军在联邦军队的帮助下粉碎了叛乱。

罗加总统将布宜诺斯艾利斯城和港口置于中央政府的直接管辖下,并且迫使布宜诺斯艾利斯省省长把省府搬到拉普拉塔城,从而实现首都联邦化。联邦政府不仅完全控制了关税收入,而且废除了所有的省民兵武装。在建国的这些最后行动中,罗加将军及其政治同盟得到了联邦军队的完全支持。阿根廷共和国终于成了一个名副其实的共和国。 144

尽管"八〇代"的政治霸权建立在拉丁美洲最富有技术创新的经济基础之上,但他们也尊重如施以恩惠(patronage)那样的政治传统。国家政治中将不会有英才管理(制度)。罗加的国家自治党不是一个有明确政治纲领的政党,而是一个想要延续自己权力的公共官员的组织。非正式联盟持续战胜选举的合法性和法治。国家自治党的天赋在于罗加及其合伙人的能力,他们形成的政治联盟得到外省寡头选举舞弊的支持。"政治力量",罗加说,"在于知道如何同时既扮演狮子又扮演狐狸。"他把自己的政治纲领称为一个"和平与管理"的纲领。(McGann 1957,27,32)

一个知识分子对"八〇代"的描述

国家的统治者从一个阶层的公民中吸纳,尽管这没有完全形成等级制度,但它仍然形成了一个管理阶层。这个阶层大体相当于社会最高阶层,由传统家族的成员、富人和受过教育的人组成。这个阶层成员之间或多或少地保持着紧密的社会和经济关系,并且很自然地有着共同的情感和主张。

……没有这个共同的准则,就不存在他们不分党派政治地相互效劳和给予特殊照顾。不同政府岗位的公民带入公共管理中的就是这个管理阶层的道德准则,由此他们管理着国家利益。[José Nicolás Matienzo, *El gobierno representativo federal en la República Argentina* (McGann 1957,33)]

政治妥协是否代替了派系之争？由于各省派系为了摧毁当地的敌 145

人,寻求联邦当局的外部干涉,事实上叛乱在竞争者的争权夺利中持续发生。尽管国民军已经实现制度化和职业化,但并没有远离政治。文官仍然影响着部队里的升迁并且为了自己的政治利益操纵军官团。执政党国家自治党的反对派竭尽所能地发动阻挠和叛乱。在1890、1893和1905年的政治危机中,他们收买军官,策划了暴动,当然在政府的镇压中也首当其冲。由于反对派也接受,因此克里奥尔政治(la política criolla)(旧式克里奥尔——即考迪罗谋略)保存了下来。

实际上,世纪之交阿根廷的保守秩序混合了布宜诺斯艾利斯开明的中央集权主义和外省的等级传统。罗加是个出色的妥协者和精明的谈判人,他把这些技巧和自己的军事威望结合起来,团结外省的政治组织。铁路和电报这样的技术进步也为罗加扩充联邦权力作出贡献。此外,贸易扩张把联邦金库充实起来,从而使罗加可以为传统的赞助形式提供更多的援助。他的朋友和支持者在征服荒野战争之后的土地热中获益。铁路的延伸和欣欣向荣的农业出口抬高了土地价格,为政治圈中的人士开启了新机遇。以地方为根基的精英家族继续主导省内政治并且为了控制国家进行竞争。位于布宜诺斯艾利斯的国民政府可以采取宪法规定的集权工具——联邦干涉,调节地方竞争对手之间的冲突。然而,它并没有根本改变地方层面的政治参与原则。

在自由主义时期,尽管地主在各省保持着政治权威,但国家权力的构成更为复杂。并非所有的政治家都来自"名门",事实上,许多政治家代表了新近获得财富、接近财富的阶层,或者是外省身份与新关系混合的阶层利益。国家自治党的统治可能代表了富裕寡头的利益,但国家自治党的政治家们一直是一群特殊的有经验的人和贩卖影响力的人。国家在阿根廷并非经济精英的被动工具,而是形成了与寡头政治不同并且越来越对立的抱负和权力。这种国家与寡头政治的分离在适当的时候会变得明朗。总而言之,这个前所未有的政治和平时代得到了充满活力、不断扩张的经济的支持。

146

技术变革和经济增长

在自由主义时期,阿根廷经济的许多活跃部门吸收了新技术。这一时期在外国投资、铁路建设、与工业国家之间的贸易和向大草原移民方面,似乎已经实现了1884年辞世的阿根廷经济学家、法学家胡安·包蒂斯塔·阿尔韦迪当年的预想。农业出口欣欣向荣,内陆省的老产业,如门多萨的葡萄酒产业和图库曼的制糖业都显著扩大。在这个经济转型时期,阿根廷没有工业化,然而制造业的确扩大了。

1880—1914年阿根廷经济增长指标

项　　目	年 增 长 率
人　　口	3.5%
城市化	5.4%
铁路轨道	10.6%
出口值	15.2%
进口值	6.8%
制造业	9.3%
国内生产总值	5.0%

资料来源:Comisión Nacional de Censos(1916 - 1919, I: 119; VIII: 16; X: 406 - 407); *Censo industrial and comercio*(1913, 9); Comisión Directiva del Censo(1898, III: 271); Díaz Alejandro (1970, 3)

有些阿根廷人一直认为,1930年以前那段时间工业化的缺位造成了阿根廷的一个长期问题。尽管经济的确增长了,他们争辩说,然而,因为"八〇代"没能带来工业革命所能够提供的"自我持续"的经济增长,国家仍然"不发达"。批评家们提出了各种解释,强调出口增长中出现的矛盾和病症:资本和商业资产掌握在一群对制造业毫无兴致的地主精英手中,只有出口和食品加工行业有外国投资、政府对工业发展缺乏热情、移民制造商缺乏政治影响力,以及来自外国进口消费品的竞争。这些特点概括得很准确,然而阿根廷工业的

确取得了令人惊讶的成就，正如每年 9.3% 的增长率所证明的
那样。

阿根廷加入世界经济的普遍趋势中，并从其不断变化的结构中
受益匪浅。从 1873 年到 1898 年，欧洲经济的特点是商品价格下降，
特别是食品价格下降。和平稳定的环境和低利率，尤其促进了英国在
技术创新上的投资，如铁路建设、使用蒸汽动力与钢材船体的航运。同
时，英国人口增长，人均食物消费量也上扬。阿根廷的廉价食品有
了市场。

为了应对国际市场，阿根廷政府积极推动全国铁路体系的建设，制
定了吸引外资投资铁路建设和管理的经济政策。1862 年，米特雷政府
给予外国企业家土地和车站，向外国公司提供在阿根廷的合作者地位，
确保他们不受政府盘剥。他还保证投资者 7% 的年收益率。然而，没
多久，这些保证收益就变成了一个重要的预算项目，甚至导致了 1880
年代后期可耻的滥用职权。自由主义政治家的腐败朋友们为了从政府
那里获得富有保证的收益，经常重复修建铁路线，铁轨铺设也没有计划
可言。截至 1892 年，已经注册的 28 家单独的铁路公司中，大部分都没
有偿付能力。

即使如此，政府对铁路建设的推动还是卓有成效的。截至 1880
年，阿根廷已经投资约 6 100 万金比索（相当于 6 100 万美元，或 1 250
万英镑），铺设了约 1 360 英里的铁轨。从 1900 年至 1914 年，铁路投
资增加了 150%，铺设铁轨长度上升到 21 390 英里。阿根廷铁路运输
货物吨位和旅客人数的增长令人惊讶（见表格）。潘帕斯谷类作物的种
植，一个 1870 年代微不足道的商业活动，随着铁路扩张相应地发展起
来。铁路货运还涵盖了更大数量的牲畜、工业品和建筑材料。阿根廷
成为拉丁美洲铁路最发达的国家。

铁路建设并非国外和国内投资者投资的唯一部门。资源流入商业
公司、土地与抵押公司、城市公用事业、银行、肉类加工厂以及建筑公
司。阿根廷的外国投资总额，包括法国、德国和美国资本在内，有时达
到每年 300 多万金比索（300 万美元或 50 万英镑）。

148

1880—1914 年阿根廷铁路货物和旅客运载量

年　度	旅客数量/百万人	货物吨位/百万吨
1880	2.8	0.8
1885	5.6	3.1
1890	10.1	5.4
1895	14.6	9.7
1900	18.3	12.7
1905	26.6	22.4
1910	59.7	33.6
1914	75.1	33.5

资料来源: Comisión Nacional de Censos(1898,III：462)；Tornquist(1919,188)

在这个令人兴奋的高流动性环境里,银行和信贷机构蓬勃发展。截至 1913 年,阿根廷有 143 家银行,拥有资本超过 5.52 亿金比索。这些银行的金融政策倾向于推动贸易和商业,特别是阿根廷和欧洲之间的贸易。在一群阿根廷"工业家"的鼓动下,1891 年成立的阿根廷国家银行(Banco de la Nación Argentina)把绝大多数资本贷给了农业和商业企业。许多政治家也利用自己的影响力动用国家银行的资本。罗加总统本人提取了超过 100 万金比索的贷款。

出口部门

阿根廷围绕着出口农牧产品构建了国家的繁荣。在这方面,政府决策者和地主表现出对新经济机会惊人的接受能力。他们不断利用变化中的国际市场结构,并且巧妙地吸收必要的技术。

这个时期的经济活力并非依靠一两种产品,而是在旧的商品出口停滞不前时,大力开发新的大宗出口商品。例如,19 世纪晚期,粗羊毛为阿根廷挣得大量外汇,而 1910 年,小麦和谷物扩大,迅速成为最重要的出口商品,此时阿根廷挑战美国成为世界上最重要的小麦出口国。

1880—1915 年阿根廷主要粮食出口　　　　（单位：千吨）

年度	小麦	亚麻籽	玉米	燕麦
1880	1	1	15	
1885	79	69	198	
1890	328	31	707	
1895	1 010	276	772	18
1900	1 010	223	713	8
1905	1 930	665	2 222	17
1910	1 884	605	2 660	371
1915	2 512	981	4 331	593

资料来源：Ernesto Tornquist(1919,30)

世纪之交,冷冻牛羊肉变得大受欢迎,从而挑战小麦的主要出口商品地位。阿根廷出口市场变得多样化,尽管与英国的贸易联系仍然密切。从 1909—1913 年,四分之三的阿根廷出口商品销往大不列颠以外的国家。

养羊人是阿根廷地主利用新技术的能量提高生产力的一个范例。1850 年后,粗羊毛替代毛皮,成为主要的出口产品并且持续主导出口直到 1900 年。梳毛机在英国工厂的完善刺激了阿根廷羊毛的出口,此时正在繁育美利奴良种羊的养羊人在 1880 年能够出口2.16亿磅粗羊毛,十年后达到 3.1 亿磅。世纪之交,当 1900 年冷冻肉类加工时代降临布宜诺斯艾利斯时,阿根廷繁育良种羊的人迅速转向繁育身体更魁梧的林肯羊。随后,阿根廷供应了大不列颠30％的新鲜羊肉和45％的活羊和羊羔进口。

150　　**靠近圣菲省罗萨里奥的圣伊莎贝尔牧场里不断变化的生产**

在我结束 1888 年的访问几年后,从布宜诺斯艾利斯向外蔓延的大批意大利垦殖者已经到达了圣伊莎贝尔(一个 60 平方英里的庄园);正是他们使这里发生了变化。

　　土地一次性地租给他们,每次 10 平方英里。他们把看起来是难以穿越的乡间牧区,变成苜蓿牧场。他们引进了良种,牧区用围栏分隔,在育种时更加小心;因此,在很短的时间里,牧场的利润实现跨越式增长。我将给出一些数据。

1888		1908
5 650 头本地长角牛	牛	9 000 头良种牛,主要是达勒姆品种
1 200 只本地绵羊	羊	10 000 只美利奴品种羊
425 匹马,大多数是本地马	马	630 匹马,主要是克利夫兰品种
几乎没有	作物	牧场从垦殖者那里抽取 20 平方英里土地产量的四分之一,没有任何租金。垦殖者使用土地四年后准备离开时,牧场自己出钱播种苜蓿和垦殖者最后的作物;仅此而已。垦殖者必须耕地和把地准备好。

(Larden 1911,52 – 53)

　　养牛人以同样的敏捷转向种植谷物。有三个因素使小麦种植在这一时期有利可图:铁路延伸穿越大草原,移民到来成为农业劳动力,以及欧洲越来越依赖外国谷物。阿根廷从国外进口耕作技术——机器、铁蒺藜和风车,从而改变了农村生产。一个英国访客在离开 20 年后于 1900 年重返阿根廷,他注意到“一个全新的面貌,整个阿根廷都使用了哨兵式的风车,把水输送到供应家庭用水或给饮水槽灌水的水库,约 30 英尺高的空心铁柱逐渐变细,上面嵌着不断转动的叶片”(Larden 1911,35)。

　　19 世纪 60 年代和 70 年代,欧洲移民居住的农业垦殖区首先在圣菲省和恩特雷里奥斯省开始种植谷物。此后,小麦种植转移到布宜诺斯艾利斯省更肥沃的土地上。那里的地主应对市场压力转变了经营。承租人在牧场上犁地,播种几年小麦。然后他们种苜蓿,把已经改良

151

过的牧场土地还给养牛人。到 1910 年,布宜诺斯艾利斯省已成为最重要的小麦生产省,小麦种植面积超过整个国家 150 万英亩土地的三分之一。

粮食生产的发展使改善商业体系在种植与食品加工方面使用新技术成为必然。随着种植面积扩展到布宜诺斯艾利斯省的养牛地区,铁丝网的进口增加。第一次世界大战之前的几年里,每年有 89 000 吨做篱笆的铁丝通过阿根廷海关进口,而且阿根廷也开始大量进口收割机和打谷机。谷物提升机改善了仓储和港口设施,装在麻袋里运输的小麦数量迅速减少。而这在过去曾经造成搬运问题:在收获季节使宝贵的铁路车皮拥塞。面粉厂迅速在布宜诺斯艾利斯省的港口城市布兰卡港(Bahia Blanca)和罗萨里奥出现。到 1912 年,阿根廷加工了所有国内消费的面粉,还出口 14.55 万吨,主要销往拉丁美洲其他国家。

阿根廷的肉食品出口也是一个技术变革使国家获得巨大世界市场的故事。自 1820 年以来,腌牛肉和干牛肉一直是重要的出口农产品,但在欧洲消费者中并不十分受欢迎。最后,1876 年,氨水冷却与压缩空气制冷实验的成功标志着一项重大技术的突破。完善冷鲜肉和冷冻肉的加工与销售技术用了 20 年,在此期间,阿根廷牧场主用英国的短角牛品种替代了本地产的长角牛。过去的屠宰腌肉厂倒闭了,布宜诺斯艾利斯附近的几个冷藏包装厂开始加工冷鲜肉和冷冻肉。第一次世界大战前夕,这些冷藏包装厂每年差不多加工 44.08 万吨冷鲜牛肉和 6.61 万吨羊肉用于出口。

农业部门和加工业的惊人发展在有限的进口替代过程中帮助了阿根廷,即阿根廷开始在国内生产过去需进口的产品。1880 年,食品、酒类和烟草占总进口的 40%,1913 年同样的商品下降到占总进口的 13%。阿根廷很多建筑材料、工业和农业机械及运输设备仍然从国外进口。第一次世界大战之前,资本货物占总进口的三分之一。各种类型的进口消费制成品仍然占很高比例,占总进口的 37%。很明显,稳定的产品出口带来了整个阿根廷经济的扩张,并为社会和工业发展树立了榜样。

移民与城市化

第一次世界大战前阿根廷社会规模的增长与大宗产品出口的增长同样令人印象深刻。城市中心扩大,形成了一个全国性市场,农村企业找到了廉价劳动力来源,外国出生的企业家创立了一系列的制造企业。在很大程度上,阿根廷的社会发展是大规模移民的结果,自由主义政治家和地主精英一直认为移民对经济增长至关重要。1880 年至 1916 年间,大约有290 万移民永久定居在阿根廷,当时至少 30％的人口是在外国出生的。另外 100 万移民在 20 世纪 20 年代到达阿根廷。欧洲战争爆发时,阿根廷人口已经增长到大约 800 万。在 1930 年,人口超过1 000万。

整个 19 世纪,阿根廷城乡的工资水平都得到了提高,在布宜诺斯艾利斯和沿海省份更具活力的出口经济中更是如此。在进行大规模边疆垦殖时期,劳动力稀缺抬高了工资水平。食品和其他商品的价格上涨可能在某种程度上抵消了工资的上涨,但在 19 世纪最后 25 年里,城市工资的上涨水平远远超过生活费用的上涨。迟至 1907 年,一个参议员仍然担心阿根廷长期存在的劳动力短缺问题,担心铁路支付的高工资会吸引所有的男性农业劳动力离开收割工作。

工人们从欧洲移民到阿根廷的目的是改善生活或者"塑造美洲"。实际工资的上涨有充分的吸引力,成千上万的欧洲移民来到阿根廷。除了在 1891 年和 1895 年的萧条时期,当时许多欧洲人返回故乡,阿根廷的工资持续超过意大利和西班牙的工资。这种趋势有利于来到这个城市的工人。"布宜诺斯艾利斯的生活总是一样的",一个移民给他在意大利的父母写信说,"这里有大量的建筑工程。工人们利用这一点设法得到每天八小时的工作时间,工资根据行业不同有所变化。平均工资是 4 比索,但是没有人的工资低于这个数,除了没有技能的工人"(Baily and Ramella 1988,66)。到 1895 年,80％以上的布宜诺斯艾利斯熟练工人和手工劳动者是外国人。

阿根廷接受的移民中最大部分来自地中海国家。1857—1914 年,意大利移民占了移民总数的 49％。与美国的大量移民来自意大利南部相

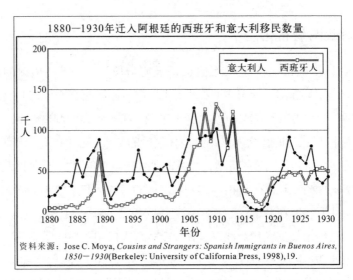

1880—1930年迁入阿根廷的西班牙和意大利移民数量

资料来源：Jose C. Moya, *Cousins and Strangers: Spanish Immigrants in Buenos Aires, 1850—1930*(Berkeley: University of California Press, 1998),19.

反,阿根廷吸引了意大利北部农业地区的移民。来自西班牙的移民数量居第二位,还有少量的法国人、德国人、俄国人(特别是俄国犹太人)。

1914 年居住在阿根廷的外国人的国籍

国　　籍	总　数/人	占移民总数的百分比/%
意大利	929 863	39.4
西班牙	829 701	35.2
南　非	203 129	11.6
俄国/奥匈帝国①	131 757	5.7
法　国	79 491	3.4
奥斯曼(阿拉伯/中东)	64 369	2.7
英　国	27 692	1.2
德　国	26 995	1.1
瑞　士	14 345	0.6
其　他	50 610	2.1
合　计	2 357 052	100.0

说明：① 大多数为俄国犹太人。资料来源：Carl Solberg(1970,38)

阿根廷不断增长的经济往往把移民吸引到更新的、更具成长性的部门。许多移民从事农业(将近 12％)和商业贸易(9％),但更多的人从事制造业或手工艺(17％)。蜂拥到布宜诺斯艾利斯的外国人找到了当老板、经理和工人的机会。尽管外国人避开传统的本地企业,但1914 年仍然有 40.9％的地主是外国人。超过四分之三的制造商和商店经理是外国人,62％的葡萄酒制造商是移民。此外,移民找到了工作、更高的工资和作为城市工人更多的上升机会。布宜诺斯艾利斯工人比巴黎工人的实际工资平均高 25％。因为在布宜诺斯艾利斯,一个有经验的技师定期存钱 10 年后就可以买一块地建一所房子,拥有郊区住房对节俭的熟练工人而言成为现实。

1869—1914 年,布宜诺斯艾利斯城的人口增长了 8 倍,从接近 17.8 万人增加到 150 多万。1936 年普查员计算布宜诺斯艾利斯居民时,又多了 100 万人。由于外国男性超过外国女性,移民增加了城市中男

1880 年到 1916 年,几乎有 300 万移民来到阿根廷,主要是欧洲移民。如这幅 1910 年前后布宜诺斯艾利斯的租客住房景象所示,许多移民居住在非常脏脏的环境里。(Patricia Harris Postcard Collection, Benson Latin American Collection,University of Texas at Austin)

性居民的总体比例。这一时期,阿根廷首都经历了最激烈的变革和增长,在此期间,工人阶级和中产阶级郊区都蓬勃发展和扩大。布宜诺斯艾利斯成为拉丁美洲人口最多的城市中心,是世界上10个人口最多的城市之一。全阿根廷几乎有三分之一的人住在布宜诺斯艾利斯。

1914—1936 年布宜诺斯艾利斯城人口

	1914 年		1936 年	
	人口数/人	占总人口的比例	人口数/人	占总人口的比例
阿根廷男性	394 463	35%	726 524	30%
阿根廷女性	403 506	35%	816 583	34%
外国男性	455 507	19%	476 522	20%
外国女性	323 338	11%	394 200	16%
合　　计	1 576 814	100%	2 413 829	100%

资料来源: Richard J. Walter, in Stanley R. Ross and Thomas F. McGann(1982,69,71)

一个意大利移民描述他的工作机会

布宜诺斯艾利斯,1903 年 5 月 3 日

亲爱的父母、兄妹:

　　正如你们在信头上所见,我又到了布宜诺斯艾利斯……我在这里很好,身体特棒;工作也不错。正如我在恩特雷里奥斯的圣特雷莎(Santa Teresa)写给你们的信中所说的,我必须得不断地动。我 2 月底离开那里,直接到圣菲,在那里我接受了一个法国铁路公司的工作。我干了几天,但因为法国人和意大利人不能很好相处,我就继续前行。第二天,我去圣克里斯托瓦尔(San Cristobal)。由于那里仍然全是黑人*,我只待了三天,又直奔图库曼。在那里我找到了个好工作。但由于图库曼地区有疟疾……并且那时候出现天花,而且似乎开始蔓延,我很害怕,就又动身了。我本来想去玻利维亚,但由于我离大城市太远了,这对我太不方便。于是我向着首都方向去。坐了几乎两天三夜的火车,我向你们保证,我太累了,已经受够了旅行。

　　我在这里已经待了将近一个月,在正在建设中的国民大会(Congreso Nacional)找了个工作;这个活至少能干六年。我在这儿很好,如果不是必

须服兵役的话(在意大利),我会一直待到最后。＋那对我非常有好处……

Oreste[Sola]

＊此处作者很可能指的是土生的工人。

＋他再没回到意大利。

(*Baily and Ramella 1988*, 52 - 53)

移民也到内陆定居,但是阿根廷第二大城市——圣菲省的罗萨里奥只有 22.3 万人,只相当于布宜诺斯艾利斯人口的六分之一。阿根廷其他 47 个城市每个城市居民人数都超过 1 万人;第一次世界大战使一半的阿根廷人城市化。加上铁路的延伸,不断上升的城市人口已经形成了一个全国性市场,刺激了内陆省的国产葡萄酒和蔗糖产业。1895—1914年,安第斯山麓葡萄酒年生产量增加了 940％。以图库曼为中心的蔗糖产业,产量增加了一倍多。因此,在 20 世纪之初,外国葡萄酒和蔗糖的进口开始减少。

随着人口的迅速增长,阿根廷的首都发展起伴随现代城市生活的各种服务和公用事业。在总统府视野之内,英国金融家和技师建造了一个由码头、谷物提升机和液压设备组成的现代化的港口。1888 年,英国人的燃气公司开始在布宜诺斯艾利斯城安装煤气照明。在世纪之交,电气化和电车轨道系统使得城市向郊区社区扩展。1914 年,有轨马车和有轨电车在全城 1860 英里的轨道上行驶,运载了将近 4 亿乘客。电报、电话线横跨全城并伸入外省中心。1880—1910 年沿海和河流航运增长了 9 倍,将沿海各省和布宜诺斯艾利斯的商业和交通枢纽联系起来。

此外,这一时期的出口经济导致了对学校的重大投资,因此阿根廷成为拉丁美洲的教育领头人,全民识字率达到 62％。大多数移民到达阿根廷时已经识字,这比阿根廷本身的教育成功对全民识字率提高的作用更大。能够读写的移民比本地出生的阿根廷人多。到 1909 年,大约 59％的学龄儿童上小学。对布宜诺斯艾利斯而言,这个数字高得多,为 83％。这个教育体系的缺点之一(就国民经济发展而言)是古典

157

教育仍然占主导地位。几乎没有中学生接受任何技术培训。此外，大多数人的教育停留在小学水平。

对所有工人而言，总体生活水平或许已经提高，但是欧洲移民参与经济改善的程度高于克里奥尔(本地出生)工人。在整个 19 世纪，精英阶层歧视工人阶级是不变的主题。此外，高乔人子弟仍然更愿意在他们所熟悉的生产牛的环境中工作，把耕种、养羊和城市工作留给移民。

阿根廷专用语"切"的来历

"切"已经成为阿根廷西班牙语口语的标志之一，如在"¿Come estás, Che?"(你好吗，老兄?)这句话里。每个人都称别人为"切"。探戈歌手卡洛斯·加德尔(Carlos Gardel)喜欢说咖啡馆俚语，他在谈话中大量使用像"Macanudo, che, macanudo"这样的评论，这是非常具有阿根廷特色的表达法，意思是"好，老兄，非常好"。后来，年轻的革命家埃内斯托·格瓦拉(Ernesto Guevara)在拉丁美洲旅行中如此地频繁使用这个词，以至于到1955 年，当他首次见到菲德尔·卡斯特罗和其他古巴起义者时，他已经被起了这个绰号"切·格瓦拉"。后来，他的名字在人们的记忆中简化为"切"。

"切"这个词可能来自阿劳坎印第安语，这种语言在 18 和 19 世纪已经成为居住在潘帕斯南部和巴塔哥尼亚地区印第安部族的通用语。以下是卢西奥·曼西利亚(Lucío Mansilla)的解释，1870 年他曾经在边境地区度过很长时间：

夜晚温暖而晴朗，诱人谈话，我们只需阅读星月的光辉。我抓住这个机会学点阿劳坎语。终于，我明白了某些词语的意思，我曾经为之求索良久，如皮昆切(Picunche)、佩尔切(Puelche)和佩文切(Pehuenche)印第安人。"切"根据上下文可以理解为"我"、"老兄"或"居民"。因此，皮昆切的意思是"居住在东部的人"。(1977, 224–225)

虽然阿根廷城市社会贬低土生有色人种，但是在移民子女中也产生了社会融合。欧洲移民的服饰、语言和文化成为港口社会所有阶层的嘲笑对象。世纪之交的移民子女开始拒绝父辈的传统,拥抱"阿根廷的东西"。在阿根廷,回归西班牙价值观的一个主要倡导者是埃米利奥·贝克尔(Emilio Becher),一个荷兰移民的孙子。移民后代何塞·拉萨诺(José Razzano)和卡洛斯·加德尔 1917 年成为复兴传统"克里奥尔"或"高乔"音乐的主要创新者。另一个移民之子马克斯·格卢克斯曼(Max Glucksman)成功地使用了这种二重唱。

由于统一性维护了社会等级制度,它成为使移民融入阿根廷社会的强有力的机制。关于一个高乔人的戏剧《胡安·莫雷拉》(*Juan Moreira*)在 1886 年到 1920 年间成功地连续上演。上流社会阿根廷人已不再把高乔人看做是粗俗、无知、傲慢、暴力和懒惰的,这些是多明戈·F.萨缅托此前半个多世纪对他们的归纳。现在,高乔人是阿根廷民族基本性格的来源:富有同情心、典雅、重视荣誉、忠诚和慷慨。为了应对这一时期的大规模移民,阿根廷人突然接受了 19 世纪晚期的高乔文学,特别是《马丁·菲耶罗》(*Martin Fierro*)。这首何塞·埃尔南德斯 1872 年所作的叙事诗把乡下人描述成高尚、光荣的,而城里的商人和政客显得奸诈、堕落。正如埃尔南德斯所写的"高乔人愿意住在自己家乡/绝对安全/但现在——这成了罪责!/诸事如此扭曲/可怜的人耗尽生命/逃离当局。"(1961,21)阿根廷城里人甚至习惯了用一个源自潘帕斯印第安人、由高乔人带到城里的最流行的称呼语:朋友以及亲戚开始互称"切"。

159

现代制造业的起源

第一次世界大战前的阿根廷工业显著扩张,但不是自我维持的增长。19 世纪 90 年代,普查显示制革厂、铁匠铺、木器和金属加工厂、香烟和火柴厂、麻袋厂、鞋和衬衫制造厂已经发展起来,以满足更大的国内市场需求。在劳动力和创业精神的培养方面,实行移民显然有利于阿根廷。国内大多数工业企业的主人是移民和外国人。1910 年,只有 21%的老板是在阿根廷出生的。尽管社会习俗也许没有给予选择从事工业的本地人威望,但移民的创业精神肯定纠正了这种失衡。

160   阿根廷的食品加工商似乎已经在初级制造商中取得绝对主导地位。面粉加工、肉类加工、葡萄压榨、制糖已经成为这一时期最有活力的行业。虽然本地和移民企业家控制着面粉和葡萄酒生意，但大多数制糖和肉类加工行业仍然在外国管理人员控制之下，这些外国人对把他们的技术传播到阿根廷其他行业没有兴趣。

随着国家经济的一体化，阿根廷的第二产业取得了令人瞩目的增长。然而，这些产业也遇到了障碍。阿根廷的发电机、蒸汽机和铁路机车依靠进口的煤和焦炭运行。由于缺乏煤矿和铁矿，阿根廷不得不进口第二产业所需的大量原材料。实际上，钢铁制造厂 80％的原材料来自国外。

第一次世界大战刺激了同时也阻碍了阿根廷的经济繁荣。其大部分贸易伙伴卷入欧洲战争，停止购买阿根廷产品。同样，大不列颠和法国的工业转向战时生产，几乎不再制造阿根廷消费者习惯购买的产品。消费价格骤升。中产阶级和工人在生活成本升高之际又面临着失业率上升的压力，1917 年发生了激烈的罢工和阶级冲突。尽管如此，生产消费品的国内厂商扩大了各种传统上依赖进口的商品的生产。阿根廷人购买了更多的本地产的纺织品和皮革制品。小型机器作坊开始生产以前从国外进口的机器和玻璃器皿。

有地者和无地者

阿根廷精英家庭一直能将他们的社会经济地位保持三代。总督时代的西班牙商人精英在阿根廷从西班牙独立后为他们的子女提供资金把业务扩大到经营牧场。到 1880 年，殖民时代商人的孙辈正通过投资城市房地产、铁路和银行债券，以及合资股份公司，使自己以牧场为基础的投资组合多样化。在整个 19 世纪里，这些上流家庭为了在文化上和种族上保持欧洲性，彼此持续通婚。

161   阿根廷精英阶层在某种程度上对非西班牙欧洲人的输入保持开放。19 世纪的经济扩张允许出身高贵的人接纳数量有限的非常成功的移民和移民子女，以及那些在政治中或与政治有关的生意中获得财富的人进入他们的圈子。许多富裕的英国人或其他外国商人在整个19世纪里已经和克里奥尔精英家庭联姻。像本赫（Bunge）、圣玛丽娜（Santamarina）、康巴塞雷斯（Cambaceres）、考兰（Gowland）、特恩奎斯特（Tornquist）和阿姆斯特朗（Armstrong）这样的姓氏意味着相当的地位。这些富裕家庭的第二代渴望加入阿根廷精英阶层最有声望的社会和经济组织。大地主是为他们的利益在公众论坛游说的农会（Sociedad Rural）成员。在社会组织上，精英家庭聚集在非常排外的马球俱乐部，俱乐部坐落在时髦的布宜诺斯艾利斯北区。农会和马球俱乐部是阿根廷有影响力的寡头政治两个强有力的象征。新近富裕的家庭只能在第二代才有希望加入这些组织，因为只有继承的财富能够区分家世，暴发户被认为不配加入组织。

尽管出口扩张给地主精英阶层带来财富，但他们却被证明是蹩脚的企业家。他们宁愿把钱投资在保值而非增值的某些企业——土地和牛、股份公司上。几乎没有阿根廷人投资修建铁路。他们把这种风险大的投资留给了外国人，特别是英国人，还有政府。然而，阿根廷精英阶层的确渴望用他们的家族特权和政治影响在当地经营的外国公司董事会谋求一席之地。这样做可以不用在现代化项目中拿家族财富冒险。

19世纪，取得精英地位除了财富以外，还有其他先决条件。出身好、保持一种柔弱的气质，受过良好教育和具有国际视野比获得社会地位的能力更有价值。任何非白人、私生子或出身可疑的人都不可能进入精英圈子。这些专属性原则甚至延伸到不断上升的中产阶级。不断增加的移民家族成员往往在他们法国人、西班牙人或意大利人的社会圈子内通婚，很少进入克里奥尔工人阶级家庭。体面的家庭，无论是精英家庭还是资产阶级家庭，严密地守卫着自己的种族地位达几代人。

占统治地位的精英阶层利用自己的社会政治地位攫取经济进步创造的最大增量财富。19世纪初始，精英家族住在布宜诺斯艾利斯市中心，紧挨着贫穷的工人阶级。如同殖民时期的传统，富裕家庭住在像堡垒似的一层或两层房子里，靠近五月广场（Plaze de Mayo）、总统府和

162

大教堂。在布宜诺斯艾利斯,贸易活动也是以五月广场为中心。五月广场位于两个河岸街区内,这个河岸就是阿根廷货物通过的地方。因此 1817 年黄热病的流行在不卫生、拥挤的市区既困扰了精英阶层又困扰了穷人。

然而,到 20 世纪开始,精英已经搬离市中心,搬进北区(the Barrio Norte)。工人们可能会到这个独立的巴黎风格的别墅区干活,但只有家用仆人住在这里。在庄园里,地主修建起豪华的城堡,放弃了传统的茅草屋。如一个当代英国作家所观察到的:"毫无疑问,不断增长的财富在不同社会阶层之间竖起了樊篱,使穷人感觉到了自己的贫穷,富人知道在必须进行的战斗中,疏离是最好的武器。"(Walker 1978,150)

有一种解释认为,养牛业的扩张使土地集中在精英阶层手中,迫使自由高乔人到牧场工作,阻碍了潘帕斯平原上的耕种扩大。这种解释有点夸张。边疆垦殖的近期研究发现,土地所有权和农村生产有更多的种类。1880 年以前,为了缩小庄园的规模,对最早的大型养牛庄园的分割过程已经在进行。胡利奥·A.罗加将军的征服荒野战争暂时逆转了这个趋势,投机者与政界人士以成百上千平方英里的面积疯狂攫取着边疆土地。然而,很快的铁路和谷物生产就将牛群向外推移,进入潘帕斯。随后羊群离开潘帕斯,迁移到巴塔哥尼亚。现在自耕农可以利用潘帕斯平原了。这次农业转型开启了新的生产方式,造成原有的养牛庄园被分割。

163

巴拉德罗(Baradero)农村地区是一个很有说服力的例子,可以证明这个趋势。1895 年小于 1 000 公顷(约 2 500 英亩)的地产仅占巴拉德罗的 14％;剩下的是巨型庄园。然而,在 15 年内,以大庄园的缩小为代价,那些"较小"的土地单位增加了,占了巴拉德罗总土地面积的近 85％。这些迹象表明出口增长催生了旧地产的分割以及新土地的垦殖。同样,牧业和农业出口增长导致了职业扩散。在大地主变富的同时,出现了一个农村中间人群体,他们由商店经理、小种植者、仓库保管、买主和卖主构成。

尽管如此,可以肯定的是,移民最初并没有从土地所有权扩散中受益,至少在潘帕斯如此,养牛人和投机者把移民赶到远离市场和铁路交通的公地上。相反,新到的移民定居在圣菲、科尔多瓦、恩特雷里奥斯和科连特斯偏僻地区没有使用过的公地上。由于那里的农场得到一个德国犹太慈善家巴龙·莫里斯·德·希尔施(Baron Maurice de Hirsch)的资金赞助,恩特雷里奥斯腹地的一个地区因其"犹太高乔人"而著名。

尽管如此,潘帕斯平原的大部分外国人是小佃农。整个移民家庭和牧场主签订租赁合同,围起一部分牧场,第一次耕种这块土地,种植小麦。佃农和地主分享小麦销售收益。换言之,阿根廷潘帕斯的养牛人无须变成农民就参与了小麦出口。当时的一本农业期刊描述普通的佃农合同:"土地先分成四五千英亩的放牧牧场,用围栏围上,然后再划分成经过测量、标好数字的地块,每块 500 英亩,没有间隔线。这些地块以三年期合同出租给意大利农民,

这个农村妇女和一个石臼的合影,这种石臼用于手工磨小麦。(Casa Figueroa. 1900)

他们自带设备和供应品,同意在合同期结束离开时,把土地种上苜蓿,苜蓿种子由地主提供。"(Scobie 1971,118)

不用说,外来农民的生活并不稳定,他们的生存依靠地主的善心和好的谷物价格。当农产品市场价格下跌时,他们与牧场主的关系会很紧张,此时,佃农采取反抗,要求放宽合同要求。1912 年恩特雷里奥斯的佃农罢工就是这种情形。有些佃农通过勤奋工作、生活节俭、存钱租下或买下自己的农庄,取得了成功。潘帕斯的大牧场主也向城里来的

164

暴发户和政界人士出售部分地产。

对 1912 年佃农罢工原因的一种当代看法

垦殖者（佃农）付给地主 33%的谷物，精选谷粒、脱粒、装袋、送到火车站；他们只能用地主提供的脱粒机；从地主手里买袋子；除非地主同意，谷物只能卖给他，不能卖给第三方；只允许佃农租 10%的牧草牧场，为此他们每年每块地付 30 美元（30 比索），如果要求更多的牧草地，他们必须付两倍的价格。佃农需要的所有食品必须从地主的商店里购买。在允许他们养的 4 头猪中，必须有一头给地主；地主自己挑选，猪的体重需保证不低于 120 公斤（265 磅）。垦殖者现在要求，地租减少到谷物的 25%，谷物只送到脱粒机前，做好装袋准备，符合出口条件；他们愿意把谷物卖给谁就卖给谁，但在脱粒后的 8 天内，同等条件下地主优先。佃农自由购买袋子和所有的商店商品，免费得到 6%的牧草放牧区。[*Review of the River Plate July 5* , 1912（Scobie 1964 , 154 −155）]

165　　在内陆各省购买土地原本可能容易些，铁路到达那里使几个地区的经济体商业化。在科尔多瓦，城市移民购买郊区的小块土地和农场，随后租给迁移到这里的人或没有土地的本地人。小规模地产的数量在图库曼也增加了，尽管该省定居的移民更少。意大利人在门多萨通过合同获得分割的土地种植葡萄。移民在建立葡萄压榨厂、开发葡萄园上的作用使最富裕的外国人得以加入地方寡头政治。移民作为签约人搬到这里，负责雇佣和监督非熟练工人在葡萄酒酿造各个环节的工作。门多萨地方寡头利用这些外国移民中间人约束那些"懒惰"的国内的移民工人。在经历资本主义扩张的内陆地区，土地被细分。继当地乡绅之后，外国人似乎也受益了。

　　没有哪个地方比圣菲省更能确凿地证明这一点。铁路刺激了那里集约农业的增长。1872 年，外国人开始在北部获得土地，建立了以家庭为基础的玉米、亚麻和花生种植。在中部的小麦种植区，有迹象表明在小规模和中等规模的生产者之间出现社会流动。在最古老的农业聚居区,生产者本身土地拥有率更高,而新农业区主要是租客和收益分成的佃户。因此,19世纪晚期不断扩大的小麦出口使租客有能力购买他们耕种的土地。1895年,圣菲省48%的农耕家庭拥有自己的土地,全国的平均值大约为30%。这个农村中产阶级由意大利、德国和瑞士移民组成。阿根廷人仍然是精英阶层养牛牧场的雇工。

然而故事并没有以财富的有差别分享结束。社会阶层分化和种族歧视引起怨恨和对抗。阿根廷精英阶层能够利用这种矛盾,在经济变革面前维护表面上的旧秩序。

外国佬和克里奥尔人

大量移民在这个传统上的后殖民社会里加深了本地人和欧洲人的分化。移民被称为"gringos",意思是"外国佬"、"新来的"或者是"生

Criollo这个词开始用来指一个混合种族、本地出生的特定工人阶层。这张照片显示了20世纪一群农村克里奥尔。(Patricia Harris Postcard Collection. Benson Latin American Collection,University of Texas at Austin)

166 手"。在精英阶层变得富裕和遥远时，大量移民促进了熟练工人阶层和白人中产阶级的发展，使本地生工人进一步被边缘化。事实上，克里奥尔这个词的意思已经发生了变化。殖民时期，克里奥尔指的是阿根廷出生的西班牙人。19 世纪末，克里奥尔指的是阿根廷出生的、具有混合种族背景的工人阶层。

由于遗传了印第安人、非洲人和欧洲人的基因，克里奥尔人皮肤黝黑，而移民是白人。除了种族差异，文化和语言也经常把外国人和克里奥尔人分隔开。因此克里奥尔和外国人之间持续隔离、不平等，相互仇视。政治家们利用这种仇恨来维持社会控制，交替平衡移民和本地人的利益。这样两个群体都从属于他们，而且不具有威胁性。自由主义时期的阿根廷并非一个种族大熔炉。

尽管两个群体可能都从事体力劳动，但克里奥尔人和外国人的生活是隔离的。他们中只有一个——那就是外国人——有机会向高一些
167 的社会阶层流动。阿根廷工人力量的确随着经济发展壮大了，但是克里奥尔人被制度性地排斥在进步之外。外国人比阿根廷工人阶层有文化。熟练移民工匠只雇佣其他移民当熟练工和学徒工，因此把克里奥尔工人贬低到建筑业中那些不怎么需要技能的岗位。移民称霸工匠行业的部分原因是精英阶层对欧洲风格物件的喜好，无论是本地造的还是进口的。因此移民保留了对阿根廷商店管理和制造厂的控制权。1910 年，80% 的制造厂的主人是外国出生的人。尽管城市职业为妇女提供了更多的工作，但移民对小型制造业的主导意味着移民妇女比本地出生的妇女有更多的工作机会。

克里奥尔工人阶层的家庭生活一点也不符合传统的西班牙价值观。从殖民时期起，通奸、私生子和虐待妇女就在阿根廷工人阶层穷人中广泛存在。大量被遗弃的孩子居住在布宜诺斯艾利斯的许多工人街区。在乡下，本土出生的人结婚的不到三分之一。克里奥尔人很难有家庭生活，因为克里奥尔工人阶层的男人和女人生活隔绝。例如，1895年科尔多瓦城市克里奥尔女人比男人多 6 000 个；但在乡下，克里奥尔男人的数量远远超过女人。克里奥尔工人缺乏有凝聚力的家庭结构为

他们提供安全和在社会中的进步。

那些来到乡下的移民与克里奥尔人保持距离。外国人作为商店经理和农场租客,经常成为克里奥尔雇工的雇主。而且,恩特雷里奥斯的意大利农民开始逐渐厌恶克里奥尔人行为粗俗和性格暴烈。他们把克里奥尔人称作"黑鬼",几乎从不与之通婚。在布宜诺斯艾利斯省的潘帕斯,外国人找到小商人、技工和佃农的工作,与克里奥尔人有效地竞争这些职位。同时,曾经在乡下自由徜徉的高乔人,发现自己必须作为顺从的雇工定居下来。新的铁丝网围栏阻止了早年不受约束的流浪汉到处游荡。

有人不在意高乔人的消失。"这有利于国家",著名知识分子莱奥波尔多·卢戈内斯(Leopoldo Lugones)1993 年演讲时说,因为高乔人有"部分印第安血统,一种劣等成分"(Mendez 1980,85)。即使如此,克里奥尔人的普遍边缘化并没有妨碍把传说中的高乔人美化为传统阿根廷民族性格的宝库。

然而,八〇代政治家,如罗萨斯看到了迎合被剥夺者的好处。为了反对移民的要求,政府招募克里奥尔工人阶级成员充当军人和警察。外国人免除服兵役;因此本地出生的乡村男性充斥着军队的各个阶层,以当兵为职业的克里奥尔人是军士。根据一份军队出版物所言,"我们的士兵绝大多数从农村工人阶层招募而来,他们没有钱,衣衫褴褛,甚至食不果腹,没有房子,没有家,从婴儿时代起,就有了令人遗憾的习惯和偏好。很可能为了减少他们天生的贫困或因游手好闲造成的不可避免的后果,直到迫切的需要使他们为得到微薄的薪俸入伍,或冲动驱使他们犯了罪,法官把他们派到军队作为惩罚"(Ramirez 1987,123)。这些人由一个军官团率领,军官们绝大多数从省里或乡下乡绅中选拔。军官们存在两个极为明显的缺陷:人数太多而且缺乏训练。1891 年,1 360 个军官率领 6 000 个士兵。

八〇代政治家相信,他们可以依靠警察和军队反对外来工人和农民。1893 年,圣菲省粮食生产者起义,反对为了支持国家自治党控制的省政府征收新的生产税。为粉碎这次外国人的反抗,政治家们汇集

168

了那些非常想袭击外国人的克里奥尔养牛工人。一时间，割喉作为政治偏好的表达方式再次出现。政治家们在别的地方也制衡两个工人阶层群体。来自北部各省的印第安人和梅斯蒂索人形成了布宜诺斯艾利斯警察部队的精锐骑兵队。他们特别热衷于驱散移民劳工骚乱和工会聚会。

然而，事实证明，从长期来看，军官对寡头并不那么忠诚。他们主要从最贫困省份处于边缘的精英阶层中招募而来。地主寡头的儿子回避资产阶级军官枯燥的升迁生活，因此，军官团往往支持他们自己的中产阶级利益。他们憎恶精英阶层可以到国外旅行以及对所有欧洲东西的迷恋；他们仍然怀疑"损坏了"阿根廷西班牙语和组织了工会的第一代移民；他们蕴藏着怨恨，反对外国资本的势力，特别是英国铁路大亨和开采石油的美国人。尽管此时的军官不是精英阶层政府的威胁（1880 年到 1930 年间没有发生过军事政变），有一种趋势正在发展，未来的军官将会支持公共秩序和民族主义而不是继续支持寡头统治。

如果一个年轻的阿根廷人 1870 年离开祖国，35 年后返回，他或她一定会惊异于国家生活发生的巨大变化。印第安人已经被从边境地区根除，在曾经只有牛群徜徉的地方，外国农民在收割小麦。超过 100 万人住在首都，每 3 个港口人中就有 1 个是外国出生的。城市的轮廓线和现代化港口设施已经没有多少殖民时期布宜诺斯艾利斯的痕迹。铺就的林荫大道看起来像巴黎。甚至潘帕斯的牧场也变了；赫里福德牛和英国短角牛在铁丝网后的苜蓿草场放牧。

然而，表面之下的东西在很大程度上并没有变化。社会歧视阻挠本土出生的有色人种向上层流动。受过教育的白人和外国出生的人垄断了能够提供社会向上流动机会的中间职业。地主寡头们仍然离群索居；实际上，阿根廷最上层家庭变得更富有，也更孤傲。尽管 1880 年到 1916 年间出口带动的惊人发展扩大了国家财富，却在平均收入分配上没有任何作为。农村和城市工人阶级为出口作出了贡献，但没有分享到足够的国家收入来消除贫困。此外，返回的阿根廷人将会在国家政治中看出前一个时代的腐败和选举舞弊。

　　尽管如此,阿根廷已经不再是以前的那个国家了。国家政治吸纳了新的支持者。新兴中产阶级要求参与公共事务的管理;喧闹的城市工人阶层也有同样的要求。在自由主义时代结束前,这些新的权力竞争者的确成功地进入了政治生活,即使从长远看,他们的政治权利并没能维持八〇代政治家保障的政治稳定。

第七章　自由主义的衰落
（1916—1930）

在掌握政权 30 多年后，保守的国家自治党（The National Autonomist Party, PAN)开始失去其政治优势。1904 年, 胡利奥·A. 罗加(Julio A. Roca)将军结束了第二任总统任期,不久以后去世。派系之争开始削弱国家自治党的意愿和方向。八〇代政治家及其后裔们面临着反对派激进党的严峻挑战。激进党由持不同政见的寡头组成,得到了圣菲省和恩特雷里奥斯省的农民和农村佃户的支持。移民的儿子(妇女不能参加选举)支持激进党作为腐败保守的国家自治党的一种可行的替代,国家自治党似乎只能靠选举舞弊才能保持执政权。1890 年、1893 年、1905 年发生在军队内部的三次小规模叛乱也表明,许多军官也支持激进党。

最终,国家自治党中的一派提出了一个新办法来挽救该政党。罗克·萨恩斯·培尼亚(Roque Sáenz Peña)总统谋求通过一系列改革来战胜反对派激进党。萨恩斯·培尼亚颁布法令规定,监督选举的责任应当由军队来承担,而军队看起来是中立的观察员。投票选举成为所有年满 18 岁的男性公民的义务(作为一种"迫使"选民成为好市民的办法)。投票改为无记名式。1912 年颁布的萨恩斯·培尼亚法令赋予本地出生的工人阶级和中产阶级以选举权,因为他们的领袖认为这些人是可以控制的;另一方面,有抱负的外国人得不到这种被信任的权利。总之,选举改革给选举过程增加了急需的透明度也扩大了选民范围,但没有实现保守派所期望的结果。

政治转型

171

这些改革之后的第一次总统选举具有重要意义。1916 年不仅激进党赢得了总统选举、控制了国会,而且社会党在布宜诺斯艾利斯市掌握了权力,那里的选民将不断地选举社会党国会议员,直到 20 世纪 50 年代。突然之间,国家自治党受到重创的余部成了羸弱的反对党。这是一个属于激进党的时代。在就职庆典游行中,激进党的支持者欢呼着放开了总统马车的马缰绳,把他们的领袖伊波利托·伊里戈延拉到大街上。1916 年的选举标志着这个国家的政权首次和平地从一个政党手中转移到另一个政党手中。阿根廷人有理由相信,克里奥尔人政治和军事政变已经被抛在身后。

在 1916 年选举中,各省寡头的情况也并不好。在经济迅速增长时期,门多萨的公共生活已经发生了转变,以 19 世纪末铁路的开通为象征,为了保护自己的社会政治特权,当地地主差不多是出于自卫地欢迎铁路和经济变革。他们不愿意被强大的国家经济力量打垮,希望能够保持自己的社会和经济垄断地位,但他们错了。现代化给当地带来了新的社会群体,特别是一个移民资产阶级,他们越来越多地获取土地和财政资源。移民发展了门多萨省的现代葡萄酒产业。尽管门多萨的政治寡头仍然控制土地、水源和财源,但老牌家族的分裂削弱了寡头的力量,迫使他们允许新的社会群体的参与。的确,老牌门多萨精英早已变得富有,但最终,寡头政治失去了曾经寄望于现代化能帮它保住的领导权。第一条铁路开通 30 年后,1916 年门多萨省的保守党失势。

伊里戈延总统是国家激进党的长期领袖。他通过农民、农场佃农、城市中产阶级,出乎意料地还有工人阶级的支持获得权力。伊里戈延是有产者,他的激进党领袖的核心圈子也属于地主寡头。许多激进党家族曾经是八〇代的正式成员,因此激进党政府的经济政策没有严重

偏离保守派的政策。然而,激进党的其他支持者可能给阿根廷政治增
添新的潜在矛盾(社会改革主义和民族主义)。

20 世纪早期布宜诺斯艾利斯市中心的景象（Patricia Harris Postcard
Collection Benson Latin American Collection，the University of Texas at
Austin）

出于看起来相互冲突的原因,新兴中产阶级组成了激进党选民的一部分。一方面,中产阶级憎恨地主寡头垄断政治和经济机会。尽管 173 出身移民,20 世纪早期的中产阶级在政治上变得非常民族主义。他们谴责寡头政治和英国利益相互勾结,支持扩大国家官僚机构以重新控制由外国人主导的经济。另一方面,中产阶级接受了许多精英价值观:一是把大学教育尊为声望的标志,二是害怕和厌恶粗鲁的工人阶级。

伊里戈延处理中产阶级的教育愿望比他们的反劳工情感更容易些。1918 年和 1919 年的大学罢工给他提供了解决前一个问题的机会。当伊里戈延掌权时,阿根廷有 3 所高等教育机构:殖民地时期建立的科尔多瓦大学、独立后马上成立的布宜诺斯艾利斯大学和 1890 年在布宜诺斯艾利斯省首府建立的拉普拉塔大学。政府预算支持大学教育。1918 年,尽管大学入学人数已经增加到 14 000 人,大学仍然是精英的堡垒。大学行政当局保守,教学内容更青睐法律和古典作品而非科学。如果政府正在变得更加民主,大学为什么不能也这样呢? 1918 年初,越来越多的中产阶级大学生以罢课来要求学校当局实现民主化。

激进党政府抓住了这个机遇进行大学改革。每个大学都得到新的特许状,在大学管理中听到学生的声音。预算控制收紧,学生群体扩大,包括更多中产阶级新生。国家还建立了两所新大学,一所在圣菲省,另一所在图库曼。大学教育为中产阶级提供补贴,将额外的机会扩大到内陆省份的人们。

控制民众阶层

激进党已经发现了另一个很容易迎合的政治支持力量——城市工人。从 1916 年选举中,他们已经知道,从全国范围看,中产阶级数量仍然很小,本身不足以推翻保守统治。伊里戈延有意地吸引城市工人,但不包括农村雇工,因为他们仍然在地主寡头的控制下。这种取悦产生了政治意义:布宜诺斯艾利斯市包含全国大约四分之一的选民,他们 174 大多数属于工人阶级,他们当时反过来把绝大多数选票投给了社会党(Socialist Party)。

吸引劳工选票的政治家需要小心翼翼地处理这个问题。当城市工人阶层随着经济的增长而壮大，他们日益意识到自己的二等公民地位。即使是移民工人也不接受这种地位，许多移民工人从自己的故国带来了工会组织传统，鼓吹劳工组织起来保护工人利益。早在 19 世纪 90 年代，熟练工人就引入了工会和罢工。威胁必要时采取工人阶级暴力的许多无政府主义劳工领袖出生在国外，他们发动了 1902 年的大罢工，成功地封锁了布宜诺斯艾利斯城。还是在 1902 年，一个激进分子试图暗杀罗加总统。政府对此做出回应，通过了"总统法"，规定外国出生的"扰乱社会的人"会被立即驱逐出境。

寡头和新兴的中产阶级都害怕工人阶级的暴力。1909 年，一个无政府主义者成功地暗杀了港口警察总长，寡头和新兴中产阶级的噩梦似乎成真。此外，迅速的城市化和城市工人阶级的增长使妇女劳工出现。她们在街头的出现和刚刚取得的经济独立，招致男人们把贫穷的工人妇女等同于娼妓，她们因此被视为对公共健康和传统天主教家庭的威胁。紧张的精英们有另一个问题要讨论：通过规范合法化卖淫实现社会控制。尽管有可怕的国际无政府主义思想，阿根廷劳工领袖更愿意和政府官员合作而不是"打破这个国家"和挑战资本主义。许多劳工领袖 1916 年选举时投票给伊里戈延。因此，激进党掌权后，选择和有组织的劳工进行谈判。

第一次世界大战造成的经济危机考验了政府与劳工联盟。1917 年和 1918 年大的工业企业中遭受失业、工资下降和物价上涨之苦的工人举行了许多次罢工。他们要求保障工作和增加工资来弥补物价上涨造成的损失。大多数情况下，激进党政府干涉了这些罢工。政治家们强迫港口工程和铁路的外国雇主屈服于劳工的要求，并派警察设置纠察线保护而不是像以前的国家自治党那样镇压他们。

性别与社会控制

公共当局通过联合各个阶层男性支持控制妇女，设法处理迅速的社会变革中的明显危险。男性工人憎恨妇女抢走了他们的工作，中产阶级和上层男性不想让他们的妻子和女儿追求独立的事业。妇女可以自由去工作的主张威胁了家长统治和社会秩序。尽管几乎没有妇女从事卖淫,公共当局仍设法把贫穷的妇女与色情产业联系在一起,并通过法律限制为当局的规定提供正当理由。这是能把所有各阶层男性联合起来的一个问题,在公众生活中是罕见的。

1875年阿根廷国会首次规定卖淫合法化。此后,由于农业出口带来的财富刺激了移民、城市化和城市工人阶级壮大,阿根廷社会发生了迅速变化。妇女也在城市环境中找到了新的机遇。1914年在布宜诺斯艾利斯,有1.3万多名妇女担任学校教师,8万妇女当家庭仆人,6.8万妇女充当产业工人。在纺织厂,女工占了一半多。

20世纪早期的政府官员尝试了许多措施控制妇女。他们取缔白人奴隶贸易,据推测欧洲妓女正是通过这种方式进入了阿根廷。他们检查和规范妓院,警察围捕流莺,以破坏社会安定为名囚禁贫穷的妇女。他们把移民妓女当作替罪羊,指责她们传播性病。尽管1920年以后,大多数从事色情业的妇女是本土出生的。政府的卫生官员甚至设法强迫妓女接受定期体检,以保护嫖客。

当局从未想过规范经常光顾妓院的富裕男性,给男人接种梅毒疫苗,或者起诉男性抛弃和不抚养孩子。事实上,一些妇女由于经济匮乏而从事卖淫。由于未能通过卖淫合法化来成功控制妇女,1936年公共当局再次宣布卖淫非法。

罢工工人对受到政府支持的许多外国公司进行了抗议,但没有任何效果。1917年一个编辑回复说,"(英国铁路经理们)指责(伊里戈延)推行与资方敌对的亲劳工政策;考虑到那些正在改变世界社会和政治结构的现象,他们不能保证这是最聪明的选择"(Wright 1974,123)。1918年国会选举时,工人们投给激进党的选票超过社会党,以此来回报政府的姿态。

然而,中产阶级和寡头一样,对劳工的新影响力有一些疑惧。军队也是如此。1919年1月的工人罢工导致了激进党和工人联盟出现裂

176

痕,布宜诺斯艾利斯发生了为期一周的暴力活动,被称作"悲惨周"
(Semana Trágica)。警察出动平息一场金属行业工人的罢工,3 天的混
战导致 1 名警察和 5 名工人死亡。中学生组成的黑帮从中产阶级居住
的郊区突然袭击城市。暴徒掠夺、纵火焚烧"十一广场"(Plaza Once)
的犹太区,责怪当地商店经理和裁缝煽动劳工。警察只是袖手旁观。
几百名工人阶层居民,特别是那些"看起来像"移民的人在右翼暴力中
死去。美国大使馆报告说,1 500 人死亡,4 000 人受伤,"大部分是俄罗
斯人,通常是犹太人"。许多妇女被强奸。

激进党对劳工的政策一夜之间发生了转变。伊里戈延屈服于新近
活跃起来的右翼中产阶级,他们组成了阿根廷爱国联盟(the Argentine
Patriotic League)。这个新组织表达了新兴中产阶级的某些反劳工和
反移民的情绪,尽管他们的祖先也是移民和工匠。爱国联盟还在军官
中发展成员,寻找支持者。伊里戈延现在转而倾听他的军队和中产阶
级支持者的意见。当 1921 年和 1922 年,码头工人和巴塔哥尼亚牧羊
人发动几次罢工时,伊里戈延把问题交给军队解决。军队指挥官们镇
压了"叛乱的巴塔哥尼亚人",处决了无数工人和劳工领袖。他们说,由
于许多巴塔哥尼亚的工人是智利移民,这场罢工对国家主权形成了
威胁。

1922 年,伊里戈延亲手挑选了地主马塞洛·T. 德·阿尔韦亚尔
(Marcelo T. de Alvear)接替他的职位,预示了 1920 年代激进党政府断
然走向保守。然而,不可能回到 1880 年代公然的自由主义政策,毕竟
激进党内部不同的支持者能够克服他们内部的冲突来处理同外国公司
的关系。

一个目击者对 1919 年 1 月悲惨周的描述

我(胡安·E. 卡鲁利亚,Juan E. Carulla)听说他们在焚烧犹太区,然后
我就往那里走……刚到医学院对面的比亚蒙特街(Viamonte),我就看到可
以称作是阿根廷第一次大屠杀的惨象。一堆书和旧家具在大街中央燃
烧。可以看出有椅子、桌子和其他家具。火光照亮了夜空,炫目的红色光

芒使打着手势、战栗的人群面目突出。我穿过拥挤的人群前行,看到附近的建筑物里面和周围有人在打斗。有人告诉我,一个犹太商人被指控宣传共产主义。尽管如此,我想其他希伯来家庭正遭受残酷的惩罚。我的耳边传来家具和箱子猛烈地扔到大街上的声音,夹杂着"杀死犹太人! 杀死无政府主义者!"的尖叫声。不时有长胡子老人和头发蓬乱的妇女经过我身边。我永远也忘不了那些苍白的脸和乞求的神情,其中一个人被一帮年轻人拖着;或是一个哭泣的孩子,紧紧抓住一个已经撕破了的旧黑外套,或者是另一个这些可怜的人们。无论我的目光落在哪里,见到的都是这些令人厌恶的景象,因为袭击犹太人商店和房子引起的骚乱已经蔓延到了我们周围的各个街区。[*Juan E. Carulla, Al filo del Medio siglo (Mirelman 1990, 63)*]

经济民族主义的开端

经历了第一次世界大战的挫折之后,20 世纪 20 年代阿根廷经济恢复了强劲出口。外国资本的流入、铁路建设、移民和国内资本市场的扩张继续战前的趋势。战后,几乎没有新的土地用于农业开发,但是对农业机械以及肉类加工厂用肉牛的育种和育肥地区专业化投资不断增加,提高了农村生产力。随着来自美国的新投资的涌入,肉类加工业在 20 年代持续扩大。弗拉塞尔(Fraser)家族是一个第三代苏格兰-阿根廷家族,如同这个家族的阿尔帕尔加塔斯制鞋厂(Alpargatas)和纺织厂的增长,以及托尔夸托·迪特利亚(Torcuato Di Tella)一个移民拥有的 S. I. A. M. 公司的扩张所证明的那样,阿根廷的轻工业也充满了活力。汽车工业的到来增加了阿根廷轻工业的活力。

到 1930 年,阿根廷在减轻对外国能源的依赖上取得了进展。国有的联邦石油矿产公司(Yacimientos Petroliferos Fiscales,或 YPF)创立,通过供应国内一半以上的石油需求,减少了人均消费进口煤炭量。20 世纪 20 年代阿根廷的经济增长甚至超过了许多"工业国家":其国内生产总值年增长率为 6.7%。到 20 年代末,阿根廷在物质进步方面超过法国。

经济民族主义意味着行使政治意愿,通过限制外国公司的影响,吸收和内部化经济增长的利益。在阿根廷,它具体指的是国家稳步加大权力,规范外国公司经济资产,如铁路、肉类加工和石油公司,所有得到准入阿根廷的外国公司最终都要遭到国家干涉。经济民族主义也作为国家管理企业的基础,40 年代胡安·庇隆总统因之闻名。阿根廷的经济民族主义发轫于地主寡头之中;八〇代政治家曾经给外国资本以极大的自由,第一次世界大战后开始限制外资活动。

铁路是个很好的例子。19 世纪 80 和 90 年代,地主寡头想通过修建铁路来增加他们农业产业的价值。同样是这些寡头甚至支持通过政府借款来补贴英国铁路公司。然而,当铁路公司一建成,地主寡头就开始憎恨支付高额运费,向他们在政府的朋友施加压力,阻止英国经理们提高运输价格。降低铁路利润抑制了铁路公司投资扩大运力。在收获季节,当庄园主需要把他们易腐烂的作物运到港口时,铁路车皮总是不够用。成袋的小麦堆积在铁路旁,慢慢地在阳光下腐烂。

更糟的是,在地主眼中,外国公司从来都没有能力控制他们的工人。英国铁路公司的工人形成了阿根廷工人运动的先锋。英国在阿根廷的铁路建设结束于 20 世纪头 10 年的中期,这是一个非常重要的政治时期,民选政府首次取代了曾经强烈支持铁路公司的保守政权。从 1916 年至 1930 年,在广受欢迎的激进党执政期间,为实施劳动规则,工人们开始了他们最重要的斗争。这些规则决定工作条件和工作场所的规程,保护工人,制约这些公司任意处置基层工人的权力。有两个工会领导了这场斗争。成立于 1887 年的机车工人互助会(La Fraternidad)是工程师和司炉工组成的同业行会。非机车工人直到 1922 年才有了自己的组织,在长期经历多次失败后,此时他们成功地形成了高度集中的铁路工会(Unión Ferroviaria)。只有非熟练工人和流动的路基铺设工人没有组织起来,他们大多数是克里奥尔人。事实证明,激进党政府比它保守的前任更同情工人的要求。

阿根廷西部铁路沿线的一个火车站。1880—1910 年是阿根廷铁路建设的一个繁荣时期。(Patricia Harris Postcard Collection. Benson Latin American Collection,University of Texas at Austin)

铁路工会似乎找到了停工抗议、发泄不满的机会,而最令地主寡头头疼的是,这通常恰恰发生在收获季节! 出于这些原因,保守派和激进党政府都很关注英国人如何管理他们修建和维护的铁路系统。对外国资本态度强硬的政治家得到了精英阶层的支持。正如一个代表在1913 年所说,"如果我不知道铁路像所有工业托拉斯和垄断企业一样,有令人沮丧的影响力,特别是对一个国家士气的影响,我就不会害怕这个托拉斯"。(Wright 1974,107)

阿根廷的油田也有工人罢工的情况发生。石油工人大部分是在外国出生的,他们抗议生活成本上升和里瓦达维亚海军准将城(Comodoro Rivadavia)恶劣的居住条件。私营公司如壳牌和英国铁路公司为工人供电、提供干净的宿舍,但国有企业没有。1917 年,工人在国有油田举行了为期 51 天的罢工。在谈判期间,海军管理着油田,但当工人一复工,警察马上就逮捕和驱逐了工人领袖。20 年代,政府

180

继续了其对国有油田罢工的严厉打击。阿根廷军方对西班牙、德国和罗马尼亚工人组成的"不爱国"的劳工组织没有好感。军队平息了1924 年和 1927 年两次短暂的罢工。如何解释政府对铁路工人宽大而对石油工人绝不妥协的态度呢？这是因为,铁路工人为外国企业工作。

同样的理由也可以用在英资肉类加工厂(frigoríficos)身上。为了满足肉类加工企业对优质育肥牲畜的新需求,地主已经改革了他们的养牛企业。他们自己淘汰了罗萨斯时代皮包骨头的瘦长的长角牛,竖起围栏、改善草场、修建牲口棚、雇用更多的工人来照料从英国花大价钱买来的短角牛。而且,全国的养牛庄园已经重新组织起一个新的牛肉市场体系。门多萨和科尔多瓦干旱一些的草原地区的庄园主擅长繁育牛。他们用英国人的铁路把 1 岁的小牛犊运到布宜诺斯艾利斯省湿润的潘帕斯草原育肥以供应市场,那里有适宜养牛的高密度的大片苜蓿草场。在英国肉类加工商给庄园的牛出个好价钱时,他们支持整个生产行业,但他们出的价钱并不总是很好。

1929 年一个铁路工会领袖抗议英资铁路公司的行为

门多萨的集会声势浩大,气氛热烈。

(工会领袖贝塞拉(Berrera)声称)"(门多萨铁路工会)指导委员会证明,今年公司比前一年多挣了 300 万比索,尽管这个公司 1928 年的利润已经相当可观,这就是我们为什么不能认同这个公司想要的结果。

"这个公司已经在欧洲收购了 50 万平方英尺的成品木材,毫无疑问,它追求的目标是有利于外国政府利益而损害我国政府利益。

"国民政府"贝塞拉在演讲中说,"责成我们的工业家利用比外国产品物美价廉的阿根廷木材,目的是发展我们的财富,为阿根廷工人阶级造福。该公司违反这些部署,阴谋破坏工人阶级的稳定。

"我们将通过斗争来保卫我们国家的工人——那些用他们的智慧和劳动为国家繁荣作出贡献的人的利益。

"该公司在我国赚取的钱应该投资,至少,投资于给阿根廷人民带来好处的工厂上。

　　"我们所保卫的,不亚于一个正义的目标",贝塞尔在演讲结束时断言,"我们要求对国家进步做出贡献的工人得到尊重和工作,而不仅仅是提高工资,这具有合法性。

　　"我们所生活的这个时代要求我们积极采取行动,阻止该公司效仿其他公司,实现反对我们工会的目的,迫使工人失去已经取得的胜利成果。

　　"令人高兴的是,我们的工会根深蒂固……资本家的反对不会使它倒下。"(El Obrero Ferroviario [Buenos Aires] March 16,1929)

　　英国公司毕竟是服务于世界市场的企业。国际市场价格决定它们的利润和它们能够付给阿根廷寡头的价格。国际市场需求的任何降低,如1885年、1892年、1902年、1908年和1914年,都削弱了英国肉类加工企业对高价肉牛的支付能力。牧场主指责外商垄断价格,把"超额"利润汇到国外,他们要求政府采取行动。20世纪20年代,激进党政府做出了回应,派警察没收公司账本,对英国肉类加工企业进行国会调查。当一些英国公司把股份出售给像斯威夫特(Swift)和阿莫尔(Armour)这样的美国肉类加工包装公司时,激进党政府对其加倍进行监督。许多阿根廷人相信,他们对付得了英国公司。但美国人有特别具有侵略性和生意垄断的名声。"当北美资本到来时",保守的报纸《新闻报》(La Prensa)1928年的编者按指出,"人们说……国家受到了侵略"。(Wright 1974,132)

　　然而,精英阶层对外国公司的施压是有限度的,因为外国公司仍然是阿根廷出口国外市场的必不可少的联系。正如一个农会发言人所说,"我们甚至从未想过,通过建设、购买或国有化冷冻企业,国家直接参与公司管理的可能性,我们确信个人主动性的优越性,这已经在这个国家令人钦佩的肉类加工业的发展上显示出来。对我们农业生产者来说,很可能是……官方管理所带来的财富毁灭会超过垄断组合带来的伤害"。(Smith 1969,123)但是并非所有的现代生产都供应出口。这就是自由主义时代的民族主义者在规范和拥有阿根廷石油工业上取得更大进展的原因。

182

石油民族主义

阿根廷是拉丁美洲第一个建立起国有石油公司与外资竞争的国家。这是这个国家随后在许多领域尝试涉足国有企业的最初阶段。

阿根廷非同寻常的增长速度使其成为最主要的石油燃料消费国，而所有这些燃料都是进口的。英荷壳牌公司和新泽西的标准石油公司（后来重新命名为埃克森［Exxon］）在布宜诺斯艾利斯建立办事处进口石油产品。石油开始与进口的英国煤炭竞争，为阿根廷铁路、电厂、肉类加工厂和军事设施提供燃料。此后，1907 年政府勘探人员在巴塔哥尼亚的里瓦达维亚海军准将城地区的联邦土地上发现了石油矿产。

政府阻止了外国公司进入巴塔哥尼亚的石油产地，一场政治大辩论随之而来，讨论如何正确处理阿根廷国家和私人外国公司在开发这种现代燃料资源上的关系。一方面，老牌保守派赞成开放市场，相对不限制外资。另一方面，不断上升的民族主义运动和阿根廷军队有共同的目标。在一次讲述中，阿根廷最早的军队飞行员之一，恩里克·莫斯科尼（Enrique Mosconi）上校详细描述了一个标准石油公司的职员如何拒绝给他的军用飞机加油，直到他付了现金。

对莫斯科尼和其他阿根廷军官来说，似乎外国公司正在控制国防。激进的政治家对此表示赞同。到第一次世界大战结束时，里瓦达维亚海军准将城国有油田的产量占阿根廷产油总量的近 80%，这意味着 20 世纪 20 年代的外国石油公司没有获得 19 世纪 90 年代英国铁路运营商所享受到的那种垄断。政府已经掌握了与外国企业家打交道的丰富经验，很快对新的外国石油企业采取了民族主义的立场。例如，一个英国集团试图与阿根廷政府谈判建立一个合资企业，经营里瓦达维亚海军准将城 12 350 英亩的国有石油开发。根据这个提案，政府将得到 65% 的净利润；然而，一个英国代理商报告说，伊里戈延总统不仅拒绝了这一提案，而且"也拒绝承认收到了备忘录或对此给予了答复，出于政治原因，希望避免留下任何与我们谈判的记录"（Brown 1989，16）。很明显，政治家担心给予外国人任何形式的领土让步。民族主义者对标准石油公司格外敌视。

马塞洛·T.德·阿尔韦亚尔(Marcelo T. de Alvear)政府把国有油田建成了拉丁美洲第一个国有石油公司,称为"YPF"。公司的首任经理,军队飞行员莫斯科尼,现在已经是一个将军,感到自己有道义上和民族主义的义务打破外国公司的销售垄断。他建立了YPF炼油厂和经销店,降低石油产品的价格,利用政治压力阻止私人公司扩大生产。莫斯科尼的民族主义观点适用于对待所有外国公司。但他特别对世界上两个最大的石油公司——荷兰皇家壳牌公司和新泽西的标准石油公司保持警惕。

1928年恩里克·莫斯科尼将军对外国石油公司的看法

有人曾经问我,荷兰皇家壳牌公司和北美标准石油公司这两个托拉斯从技术能力和工作方法、程序上讲哪个更可取?我的回答是,它们都反映了欧洲文化和北美文化的差异所在,这是合乎逻辑的。

北美集团不那么科学,更勇于冒险、更冲动,有无限的资金可以支配,因此其企业极具活力。这个公司属于在很短的时间里暴富的民族,有冲动、有资产、不受他人即使不是蔑视也是对其外部情感、行为方式和"新贵"特点的偏见的影响。(这些特点)不承认在追求(集团)目标中有限制,引起(这个公司)粗鲁程序的反应由此而来,它以个人表现开始,延伸到不承认和攻击他国人民的主权。

欧洲集团更科学些,比北美集团更尊重传统,更多地受到世界技术和科学文献的启示;由于不那么财大气粗,(荷兰皇家壳牌公司)行事更谨慎,更有计划性,在劳工系统中更温和,极端时几乎通过而没被注意到。依然如此的是,它用技巧、所有可能的手段和它的经营环境,成功地实现了自己追求的目标。

考虑了所有的方面,两个集团是一样的,北美公司可以比作一根麻绳,欧洲公司是一根丝绳;对向我提出的那个问题,我的回答是,这两根绳子,一条粗糙,另一条光滑,都会用来绞死我们……(Mosconi 1957,230-231)

这些英美公司在 20 世纪 20 年代遭到了政府的限制。在莫斯科尼的推动下，阿尔韦亚尔总统在 1924 年发布了一项法令，把巴塔哥尼亚变为联邦石油储备地。这个法案限制除 YPF 之外的所有石油公司在巴塔哥尼亚已经探明油田的地方扩大投资。这个法令对壳牌公司的打击比标准石油更为沉重，因为后者正在萨尔塔省积极开发其他地方的油田。那里的地方政府支持外国投资作为当地寡头的独立收入来源。1929 年，莫斯科尼对国际石油公司又发起了一次攻击。在扩大了 YPF 的零售和炼油设备后，他下令全国石油价格削减 17％，并建立了全国统一价格。私营公司被迫跟牌。

由于经济扩张和汽车、卡车的数量激增，阿根廷对石油的需求迅速增加，将外国公司从民族主义者的攻击中拯救出来。莫斯科尼的联邦石油储备公司根本无法满足所有的需求。而且，与标准石油公司相比，阿尔韦亚尔政府更青睐于英国石油投资，这既是阿根廷精英阶层亲英情感的流露，也是标准石油公司声名狼藉的后果。到 1927 年，仍然有 13 家私营石油公司在阿根廷经营。荷兰皇家壳牌公司是阿根廷最大的外资石油公司，但标准石油公司的成长最为迅速。

壳牌和标准石油公司主导着利润丰厚的布宜诺斯艾利斯省市场，但是 1929 年莫斯科尼建立的全国统一价格使内陆市场销售无利可图。壳牌和标准石油把那个市场留给联邦石油储备公司，和外国公司竞争首都市场的斗争削弱了国有公司。然而，由于没有炼油厂，壳牌公司被关闭在阿根廷许多成长性的市场之外。1927 年，壳牌终于获得阿尔韦亚尔政府的同意，在布宜诺斯艾利斯建造一个炼油厂，以便与联邦石油储备公司及标准石油公司竞争。但是第二年，伊里戈延开始其第二个总统任期，取消了这个许可。相反，他在国会面前推进一个石油工业全面国有化的提案，国有化将取消阿根廷石油生产和销售中的所有私营公司；然而，这个国有化提案太具争议性，后来伊里戈延让步了。最终，壳牌公司得到了建立炼油厂的许可，作为交换，壳牌公司要为布宜诺斯艾利斯大学新的石油学院的学生提供在职培训。

伊里戈延总统和民族主义者尚未具有使石油工业国有化的能力。

阿根廷需要外国石油公司,因为联邦石油储备公司无法生产、炼制和销售足够的石油供应国内市场,并且民族主义者无法把外国石油公司排斥在外,这同时也是为了能够保持国民经济的增长。民族主义运动的一个更有利的时机将会在以后到来。　　186

1922—1930 年阿根廷石油消费、生产及进口

年份	阿根廷消费总量/千立方米	消费总量中进口所占比重	阿根廷总产量/千立方米	消费总量中 YPF 生产所占比重
1922	1 495	70%	455	23%
1923	1 720	69%	530	24%
1924	2 031	64%	741	27%
1925	1 802	47%	952	35%
1926	2 348	47%	1 248	32%
1927	2 772	51%	1 372	20%
1928	3 142	54%	1 442	27%
1929	3 393	56%	1 493	26%
1930	3 431	58%	1 431	24%

资料来源: Carl E. Solberg in John D. Wirth(1985,66)

当那一时刻到来时,伊里戈延和激进党都已不在左右,无法引导国家进入工业化和民众主义时期。相反,大萧条率先降临,自由主义时期的所有缺点暴露无遗。

大萧条和军事政变

大萧条深刻地影响了阿根廷。从 1929 年开始,工业国家遭遇了投资和生产的严重下降。它们输送到国外的资本减少,从南美洲进口的商品也减少了。阿根廷出口价格暴跌,外国公司裁员数千人作为回应。寡头不得不遏制自己的炫耀式消费。甚至中产阶级也感到郁闷和不满,支付郊区房屋的抵押贷款和孩子们上大学的费用变得日益艰难。　　187

那些在政府官僚机构工作的人的日子也强不了多少。由于关税收入匮乏，伊里戈延无法签发他们的工资单。

所有的人都因为大萧条而指责激进党。伊波利托·伊里戈延，一个曾经被看作谜一般的、强大的男人，突然之间变得衰老而遥远。掌权的激进党内的阿谀奉承之徒现在被视为腐败、屈从外国利益，正如当年保守派一样。该怎么办？伊里戈延的总统任期还有 4 年，但他的声望和执政能力已经下降到令人难以置信的低点。如果在 19 世纪，这种时刻必定会有一个军事考迪罗站出来，抓住民众的想象力，"挽救国家"。但是，自 19 世纪 80 年代，在罗加将军和八〇代政治家的统治下，军队帮助开启自由主义时代起，军人就一直没有参与政治转型。但是现在，1930 年，军队将参与推翻自由主义统治。有些参加策划的军官说，他们在拯救宪法。

策划推翻伊里戈延政权的阴谋自 1929 年就开始了，但需要一年半的时间聚集军队内外足够的支持力量。何塞·F. 乌里武鲁（José F. Uriburu）将军代表了军队中的强硬派，他们反感伊里戈延干涉军队的提拔，以及为了激进党的利益利用军队干涉省内政治。阿古斯丁·胡斯托（Agustín Justo）将军率领由更多军官组成的温和派，随着伊里戈延变得越来越衰老、专制和蒙昧，他们的谨慎倾向消失了。这个军队中的温和派提出"用武器走宪政道路，并且在此基础上尽快恢复常态"（Potash 1969，I：44）。不断加深的经济危机无助于总统保住自己的位置。

这个阴谋并非秘密。知名人士在经济危机中清醒，也质疑伊里戈延的能力，呼吁以激烈的行动反对他；政敌希望从激进党倒台中获益，采取了袖手旁观的态度。甚至是伊里戈延的副总统也什么都没做，可能希望军队反叛者会推举他当总统。

1930 年 9 月 6 日，坚决的乌里武鲁部队采取了行动。600 名军校学员和 900 名来自"五月营地"（Campo de Mayo）军事基地的部队沿着布宜诺斯艾利斯的圣马丁大街向总统府——玫瑰宫行进。在大批人群向军人队伍欢呼时，伊里戈延逃往拉普拉塔。最终，军方和民间都没人公开反对这场政变。在被允许悄悄返回首都的家之前，伊里戈延被短

暂地监禁。公众舆论支持这次违宪,歌手卡洛斯·加德尔录制了一首
庆祝的探戈:

> 飞机穿过灰色迷雾,
> 它是革命胜利的曙光,
> 依旧在不朽的 1810 年,
> 人民,洋溢着骄傲,挤满街头。
> 万岁! 我们的人民! 万岁! 自由的光辉!
> 当我们描绘新的命运,
> 骄傲属于阿根廷人民。
> (Collier 1986,116)

　　然而,一旦执政,军政府就采取了自己的计划。将军们宣布他们已
经挽救了国家。

188

1930 年 9 月,大批人群出现在布宜诺斯艾利斯,支持何塞·乌里武鲁将军领导
的推翻伊波利托·伊里戈延总统的军事政变。(Archivo General de la Nación)

1930 年 9 月政变的军队宣言

为了响应人民的呼声，在陆海军的爱国援助下，我们已经控制了这个国家的政府。

作为秩序的代表者，我们受的教育是尊重法律和制度。在过去几年，我们吃惊地看到这个国家遭受着混乱。

我们一直安静地等待，希望能有补救行动，但面临将国家置于骚乱和毁灭边缘的痛苦现实。危局当前，我们承担起了避免国家走向崩溃的责任。管理的惰性和腐败、缺乏公正、大学的无政府状态、经济和财政管理不善、无计划性，官僚体系腐朽的偏袒、政治活动成为政府的主要任务，对陆海军破坏性、贬低性的干涉，蔑视法律的傲慢和明显表露出攻击性的粗鲁态度带来国家在国际声誉上的损害，对下属提升滥用职权、暴行、欺诈、系统性掠夺和犯罪，这绝不是对政府一直不得不支持的那些行为的苍白表达。

189

1930 年 9 月军事政变期间，示威者在国民大会前为军队的到来欢呼。
(Archivo General de la Nación)

在诉诸武力把国家从不祥的统治中解救出来时,我们一直受到一个高尚、慷慨的理想的鼓舞。事实将证明,指引我们的目标除了国家的利益外,没有其他。(Sarobe,1957,250 - 251)

大胆和成功使乌里武鲁能够在随后两年里按照自己的强硬路线哲学统治这个国家。当时没有人察觉到,这场政变标志着自由主义时代的结束,以及另一个时代犹豫不决的开始。在这个新的时代,政府变得更喜欢干涉,政治也变得不那么稳定。在 20 世纪的剩余时间里,国家元首中将军(14 人)比文官(11 人)多。

190

第八章　民众主义的兴起
（1930—1955）

　　1930 年是个转折点。我们不能指责自由主义时代领导人创造的经济增长和扩张太少。八〇代领导人成功地利用了国际市场发展的机遇,充分利用国外的人才和资金,解放了民众发展经济的潜能。在其他年代阿根廷没有经历过这样的经济繁荣。交通、食品加工和港口设施的技术变革为惊人的经济增长铺平了道路;农业出口多样化提高了农村生产力,像门多萨和图库曼这样的内陆省份也更加融入国家经济中;甚至国内制造业的生产力也得到了提高。即便如此,这个国家仍无法克服其他缺点保持经济活力免受大萧条的影响。

　　无论是八〇代政治家还是激进党都没能解决国家的社会和政治问题。一方面,自由主义领导人没能解决社会歧视、不断增长的等级和阶级之间的对抗以及日益严重扭曲倾斜的收入分配等问题。另一方面,他们也没有改变继承下来的克里奥尔政治。在整个自由主义时期,腐败、内部交易、操纵政治进程以及行政命令盛行。而且,港口的权力经纪人在全国征税,却把大部分税收花在布宜诺斯艾利斯,这种模式自总督区时代开始几乎没有改变过。这些弱点最终削弱了国家的经济活力,而且这些条件意味着经济增长不公正地偏向了极少数人。这使富人和穷人之间的积怨加深。

正当整个国家机构变得更加错综复杂地交织在一起,社会变得城市化和工业化之时,阿根廷却已无法延续其往日活力。50多年出口导向的发展模式在世界贸易萧条中走向尽头。活跃的农业部门停滞了。政治家把阿根廷的问题归罪到富有的寡头和外国人身上,转而把国家工业化当作灵丹妙药。1930年以后,为了满足中产阶级的需求,创造与其教育成就相当的工作岗位,国家的官僚机构扩大了。工人们渴望参与公共事务,用他们的政治忠诚交换在国家工业中已经组建工会组织的稳定工作。由于希望把满足工人的要求作为控制他们的手段,政治家们被迫将外国公司产权国有化。因此,民众主义在自由主义的废墟上兴起。

臭名昭著的 10 年

由于自由主义的破产没有立即显现,民众主义替代自由主义需要时间。对许多阿根廷人来说,乌里武鲁将军显得太僵硬和过于右翼。他任命自己的强硬派成员担任内阁部长,忽略了追随者中的温和派;他清理官僚机构中的激进党官员,以此作为削减公共支出的一个手段;乌里武鲁政府禁止激进党参与政治,宣布他亲自挑选的省长候选人参选失利的省级选举无效;作为代总统,乌里武鲁支持准军事性质的民族主义团体传播排外情绪,用大棒袭击罢工工人。一些12个月前游行抗议伊里戈延的中产阶级年轻人,重新走上街头抗议军政府的镇压政策。于是,军队中的温和派说服乌里武鲁举行选举,以便使阿古斯丁·胡斯托将军当选。

1932年,在反伊里戈延的激进党分子、老国家自治党保守派和布宜诺斯艾利斯城社会党的支持下,通过一些违规投票,胡斯托赢得了总统选举。胡斯托完成了6年总统任期,但是却通过大规模选举舞弊使他的支持者们留在省议会和联邦议会。似乎20世纪30年代的政治家正在倒退回1912年选举改革之前的日子。批评家把这称为"臭名昭著的10年"并非毫无理由。激进党伊里戈延派的支持者被排斥,尽管他们仍然代表着这个国家最大的单一政治群体,激进党将近10年时间里不能提名候选人。然而,他们有了一个绝好的抗议机会:1933 年伊里戈延去世,众多送葬者挤满了布宜诺斯艾利斯街头,悼念他的辞世。他们向伊里戈延公开表达敬意表明了公共舆论的又一次迅速转向,这也是对操纵政治的谴责。

193 　　在 1930 年军人干涉政治之后的 15 年里,只有另外两次集会与前总统逝世时公众表露出的对他的爱戴相当。一次在本章后面将提到,具有政治意义,即 1945 年 10 月 17 日的集会挽救了胡安·庇隆的政治生涯。另一次是 1936 年探戈歌手卡洛斯·加德尔葬礼上公众的表现。

　　1938 年的另一次明显的违规和舞弊选举选出了自伊里戈延以来的第一位文职总统。保守党的罗伯托·M. 奥尔蒂斯(Roberto M. Ortiz)总统屈从受制于上升的民族主义、不稳定的政治联盟和自己的健康问题。此外,第二次世界大战的爆发,切断了阿根廷农产品向欧洲大陆的出口。作为一种替代,政府试图寻求重建与大不列颠密切的外交和贸易关系,但是民族主义团体煽动公众舆论,反对向英国肉类加工商和铁路公司妥协。当大不列颠进口了阿根廷的肉和谷物,但在第二次世界大战期间推迟用英国的黄金储备支付货款时,南美生产商更加愤怒。由于英国工业已经转向生产战争用的机器,阿根廷人甚至不能用农产品交换工业制成品。因此,阿根廷大量的黄金储备在英国。

　　亲美政策也没有让民族主义者有一丝满意。由于 1942 年当其他拉美国家向轴心国宣战时,阿根廷政府态度含混,美国开始批评阿根廷亲纳粹。实际上,德国学说一直是阿根廷从军校到参谋学院每个军官培训内容的一部分。30 年代担当国家元首的将军们骄傲地身着军服

194 拍照,这些军装突出带穗的头盔、普鲁士式的披肩,类似德皇军官第一次世界大战时穿的军服。但对阿根廷而言,美国一直都不是一个好的贸易伙伴。美国农场利益游说团总是向国会施压,要求不让阿根廷的小麦和肉类进入美国国内市场。

1936 年布宜诺斯艾利斯公众举哀

卡洛斯·加德尔出生在法国的图卢兹(Touluse),在襁褓中与母亲来到

布宜诺斯艾利斯。年少时,他因嘹亮的声音、无瑕的表演和迷人的个性而闻名。在早期对高乔音乐有一时的兴趣后,他投入到 20 年代使阿根廷蜚声音乐世界的探戈热潮中。1928 年至 1930 年,加德尔和他的吉他伴奏在马德里、巴塞罗那、巴黎和纽约巡演。他的许多唱片和几部电影把他的名字传遍整个西班牙语世界。

这个移民探戈歌手在养育他的布宜诺斯艾利斯受到喜爱有许多原因。尽管出身卑微,他穿着无可挑剔,活跃在首都的咖啡馆和夜生活中。他很迷人,对阿根廷克里奥尔文化有浓厚的兴趣。而且,加德尔演唱的探戈节奏哀伤、讽刺,表达了大多数阿根廷人内心的渴望。他著名的探戈歌曲之一是《回归》:

> 尽管我不想回
> 人们总是回到自己的初恋……
> 回去,带着萎缩的额头,
> 时光的雪花镀银双鬓,
> 感觉生命只不过是一股清风吹过,
> 二十年的光阴了然无痕。
> (Collier 1986,239)

1935 年 6 月,在哥伦比亚巡演时,加德尔死于飞机失事。1936 年 2 月,他的葬礼在布宜诺斯艾利斯举行那天,全城停止工作,港口人涌上街头。他的探戈唱片充满渴望、怀旧和得不到回报的爱,今天仍然吸引着阿根廷人。从此以后,一直没有哪个艺术家能够替代加德尔在阿根廷人民心中的地位。

面对 40 年代早期出口急剧下滑,文人政府发现在两极化的政治氛围下,很难实施任何协调一致的政策。随着 1943 年总统选举的临近,权力的交接注定麻烦不断。总统奥尔蒂斯的健康状况恶化,于 1940 年辞职。副总统拉蒙·S. 卡斯蒂略(Ramon S. Castillo)接替总统职位,他

195

代表了亲同盟国的国内保守党寡头的利益。作为总统，卡斯蒂略正在为 1943 年另一次国内寡头当选做准备——大概是通过选举舞弊——这对民族主义者和激进党都没有吸引力。浓厚的悲观情绪困扰着 1943 年的政治环境，再次给军人干涉提供了机会。

探戈歌手、演员卡洛斯·加德尔和女演员阿尼塔·坎贝尔（Anita Campbell）一起表演。他是 20 世纪阿根廷最受欢迎的文化人物。（Archivo General de la Nación）

1943 年的军事政变，除了政变军方领导人决定政变后不与文人政治家分享权力，没有特别的计划。即使如此，文人还是卷入了。来自激进党派系甚至一些憎恨自己政党候选人的保守派两个分支的政治家们都与军方人士举行了会谈，讨论夺权的可能性。各种政治派别的官员——有些亲同盟国，有些亲轴心国，其他是民族主义分子，都多少有些支持。甚至总统都听到了军队密谋策划的传言，但是也做不了什么来避免政变。所谓的联合军官集团（Grupo de Oficiales Unidos，或 GOU）策划了整个事件，该集团是一个由校官和尉官组成的秘密分会，他们的军衔没有高于上校的。胡安·多明戈·庇隆上校在联合军官集团的领导人之列，当时他是个反共的民族主义者，有法西斯倾向，这归因于他曾在意大利当过武官。没有一个单一的方针把这个秘密团体联合起来。但是，他们鄙视腐败的文官，厌恶对军队事务的干预，担心政治动荡会导致工人阶级叛乱。

有 1 万多人的军队参加了 1943 年革命，在规模上远远大于 13 年前反对伊里戈延的运动。骑兵和步兵从郊外的营地涌出，他们列成 3 队，在玫瑰宫前会合。这次政变中没有出现大规模的公众庆祝活动，也没有遭到任何公开的反对。显然庇隆帮助拟就了一个宣言，用华丽的语言证明这场政变的正当性，谴责卡斯蒂略政府"受贿、欺诈、侵吞公款

196

和腐败"——常见的罪行。宣言也呼吁在国际事务中维护国家主权。
"我们支持我们的制度和法律",宣言指出,"因为我们相信,有过错的不
是它们,而是那些在应用它们时有不法行为的人"(Potash 1969,I:
197)。在军人实行管制的头几天里,联合军官团除掉了两个自封为临
时总统的将军,决定推举他们青睐的埃德尔米罗·费雷尔(Edelmiro
Ferrell)将军。

当时,几乎没人注意到费雷尔总统任命庇隆上校为劳工部部长的
通告。很快,庇隆就将充分利用阿根廷向工业社会转型的机会。

工业化和国家

20 世纪 30 年代见证了经济基础和阿根廷城市特有的社会结构的
持续、根本性转变。大萧条的结果是又一次刺激了国家的工业化。第
一次是第一次世界大战的刺激。消费者又一次地无法购买进口商品,
或者是由于欧洲工业低迷,买不到进口商品,或者是因为缺乏足够的收
入购买外国"奢侈品"。购买国内生产的商品成为一种替代选择。实际
上,国家长期的工业化过程使得工业生产逐渐掩盖了农业和牲畜养殖
的重要性。

尽管 1934 年政府竭力不失去农产品出口的英国市场并且取得了
成功,但国家工业化得到了政府的大力推动。为了应对经济大萧条,大
不列颠在英联邦国家内部实行贸易特惠政策,优先从加拿大、新西兰和
澳大利亚进口小麦及肉类,即使阿根廷的产品价格更低、质量更好。英
国的政策严重影响了阿根廷的出口,因此,胡斯托总统迅速派已故总统
罗加的儿子小胡利奥·罗加(Julio Roca,Jr.)去和大不列颠签订新协
议。《罗加—郎西曼条约》(The Roca-Runciman Treaty)保住了阿根廷
出口商品的英国市场,交换的条件是阿根廷承诺对英国生产的进口商
品实行优惠待遇,并且保护铁路和肉类加工工业中的英国公司。总之,
大不列颠对阿根廷经济健康发展的重要性在下降,这个条约最终证明
更多的是停留在口头上,但它的确有助于阿根廷经济最终从大萧条的
重创中恢复过来。出口很快恢复,并迅速超过 20 年代的水平。

197

1900—1955 年阿根廷国内生产总值及制造业的增长

（基于 1935—1939 年价格指数）

年　份	GDP(百万比索)	制　造　业
1900	2 226	244.9
1905	3 248	367.0
1910	4 196	549.7
1915	4 668	485.5
1920	5 424	634.6
1925	6 938	992.1
1930	8 206	1 198.0
1935	8 976	1 319.5
1940	10 257	1 620.6
1945	11 642	2 037.4
1950	14 709	2 662.3
1955	16 532	2 942.7

资料来源：Laura Randall (1978, 2 - 3)

　　然而,30 年代的政府政策倾向于优先发展国内工业,因为这样的政策具有广泛的吸引力。它激发了中产阶级民族主义者的自豪感,并且满足了工人阶级在现代经济领域寻找工作机会的要求。因此,政府继续对薄弱的工业实行关税保护和退税。为了促进工业机械和原材料进口,经济部竟然干涉外汇交易,政府通过其控制的银行体系给工业发放贷款及提供资金来源。外贸关税仍然提供了政府 70％的收入(由于没有有效的所得税),因此农业出口有为工业扩张提供资金的趋势。

　　军队也支持工业化,因为它提供了国防资源。实际上,国家有意让陆海军参与了发展进程。恩里克·莫斯科尼将军以同样的方式对开发阿根廷石油工业的生产和炼制能力起了很大的推动作用,1941 年,政府创办军工厂生产战争供应物资和发展相关产业。军方管理人员经营着生铁厂、军火工业和一个飞机制造厂。海军参与了造船业和炸药制造。唯一的问题是,这些国有企业的生产力水平从来都不高。从一开始,它们就有过多的行政管理人员和政府任命人员。

30年代经济民族主义继续呈上升趋势,由于民族主义者怀疑标准石油公司和壳牌公司干涉国内政治和煽动战争,外国石油公司仍然是攻击的对象。例如,许多激进党分子声称,1930年石油公司贿赂军方推翻伊里戈延总统。其他民族主义者指控这些石油公司推动了1932—1935年玻利维亚和巴拉圭之间的查科战争,以此作为竞争石油资源的一种手段。据称标准石油支持玻利维亚而壳牌支持巴拉圭(随着时间的推移,还没有证明查科的确出产丰富的石油,到目前也没人能证明外国石油公司的阴谋)。阿根廷外长卡洛斯·萨阿韦德拉·拉马斯(Carlos Saavedra Lamas)帮助了终止查科战争的和约谈判,结果赢得了诺贝尔和平奖。

1922—1940 年阿根廷石油工业的增长

年份	总产量(百万立方米)	联邦石油储备公司(%)	私营公司(%)
1922	0.5	89	21
1925	1.0	66	34
1930	1.4	58	42
1935	2.3	42	58
1940	3.3	61	39

资料来源：Solberg (1982, 389) and (1979, 174 – 175)

30年代国营的联邦石油储备公司产量扩大,足以减少对外国进口石油的依赖。1930年,阿根廷的进口石油占58%以上,10年内这个数字下降到37%。30年代壳牌和标准石油的产量加起来翻了一番,但是联邦石油储备公司的产量增长更引人注目。1934年,联邦石油储备公司和私营公司之间发生了问题。正当联邦石油储备公司试图扩大在布宜诺斯艾利斯的销售时,私营公司降低了零售价格。这招致民族主义者的强烈抗议,他们批评、控诉国际托拉斯为了毁灭联邦石油储备公

199

司,在阿根廷实行"倾销"。

1936 年政府裁定,今后联邦石油储备公司将以其认为合适的方式控制所有的石油进口和分配。但是胡斯托总统不想招致英国人的敌对,英国市场进口的小麦和牛肉一定程度上支持着阿根廷的经济复苏。1937 年政府撤销了进口石油控制。取而代之的是,在联邦石油储备公司、壳牌和标准石油公司之间达成了一个市场分享的协议,这个协议延续了 10 年。这两个公司把布宜诺斯艾利斯一半的市场让给联邦石油储备公司。同时,石油工业的扩张也刺激了阿根廷的工业现代化。

在石油工业扩张之时,铁路发展进入停滞期,服务和利润全面下降。30 年代货物运输下降了四分之一,铁路利润降低了近一半。蓬勃发展的公路建设和汽车运输分流了货物,迫使英国铁路公司降低价格。假如设备实现现代化和采用新技术,这些公司也许能够保持竞争力,但是英国经理完全停止了对轨道和铁路车辆的投资。截至 1940 年,他们一半的机车已经使用了 50 多年。一个英国外交官观察到,"铁路当局对事态的发展咎由自取……"(Brown 1997,138 - 139)

英国铁路公司不提高自身的服务,反而向阿根廷政府请愿,要求保护铁路免受不断增长的公路的竞争、要求免税、允许提高货物运费和旅客车票价格。政府并不总是认为满足他们的要求合适。英国大使试着自己解释阿根廷政府暧昧的态度:"我们必须记住",他说,"这里组成实质上的统治阶层的大多数地主,一定对他们可能使用的某个特定的铁路公司有自己的小委屈(恶劣的服务和高昂的运费)"(Brown 1997,141)。因此,除了劳工问题以外,政府抵制了铁路公司的要求。

阿根廷最大的工业家——托尔夸托·迪特利亚(Torcuato di Tella)

阿根廷的经济增长在几代地主和制造商中释放出引人注目的企业家机会主义精神。意大利出生的托尔夸托·迪特利亚(1892—1948 年)1895年与父母移民到阿根廷。18 岁时,迪特利亚抓住了卫生条例禁止用手揉面包面团的规定,开辟了新市场。他开始制造一种整个布宜诺斯艾利斯的面包房都使用的和面机。接下来,迪特利亚在不断扩张的石油工业上投资,制造油泵和储油罐,他和联邦石油储备公司以及壳牌公司都签订了合同。他的冶金公司得到多家银行的财政支持,特别是德国金融家。

20世纪30年代,迪特利亚的公司,S. I. A. M.在布宜诺斯艾利斯工业郊区阿韦亚内达(Avellaneda)建立了一个新厂,雇用几百名意大利熟练工人。他们开始生产电冰箱、洗衣机和电器。到1940年,他已经在巴西、乌拉圭和智利拥有了制造和销售分公司。尽管没有公开参与政治,但当他1945年10月对胡安·庇隆上校被捕发表评论时,表现出了自己的反法西斯情感:"人民的民主斗争已经开始,并且将继续下去,直到清除法西斯主义的最后遗迹。"(Cochran and Reina 1962,165)军政府结束了,但庇隆一直没有原谅迪特利亚的轻率言论。后来,在庇隆总统任期内,S. I. A. M在取得进口许可证和政府合同上遇到了困难。

迪特利亚死后,他的冶炼工程公司业务扩张到生产电扇、发电和汽车制造。1960年第一批1 500辆迪特利亚轿车下线。这是唯一与国内组装的外国车竞争的阿根廷汽车品牌。出租司机特别喜欢它内部宽敞,载着许多乘客沿着宽阔的林荫大道行驶,收音机里常常播放着探戈音乐。

当然,国家规范外国公司的权力增大也滋生了新形式的腐败。在 201
1934年《罗加-郎西曼条约》签订后,由于政府的偏袒,剩余的英国肉类加工商盈利。他们从政府退税中获利,并且享受其他外国企业享受不到的优惠汇率。这种关系并没有给地主带来高额利润,30年代他们销售肉的平均利润不到4%。一项国会调查显示,英国人的肉类加工厂还伪造账目以逃避另外的税收,但政府佯装看不见。为什么? 因为农业部长本身是个牧场主,形成了和英国企业主的特殊关系。英国人以高出其他养牛户10倍的价格购买部长牧场的所有肉牛。这种情况再次说明了掌握政治权力的人享有经济特权。

社会问题

胡安·庇隆时期政治和社会方面出现了各种可能性,这归因于阿根廷从主要是农业社会向工业社会的转型。在一个1 600万人口的国家里,产业工人从1935年的43万人扩大到1946年超过100万。70%的工人住在大布宜诺斯艾利斯,这个地区的人口从1935年的340万上涨到1947年的700万。来自阿根廷内陆省份的农民工居住在城市的工业区,作为廉价的非熟练工人来源对南欧和东欧移民进行补充。新来的劳工在纺织厂和冶金厂工作,其他人在蓬勃发展的建筑业或为欧洲供应阿根廷牛肉的巨型肉类加工厂工作。

尽管经济扩张了,但是工人居住在拥挤的社区,饱受房屋短缺和实际工资下降之苦。大多数产业工人遭到雇主任意处置,而政府袖手旁观,不愿执行已有的劳动法。同时,文官政治家中的选举舞弊和腐败,使工人阶级难以在政治舞台上发出有效的声音。

大萧条结束了阿根廷的大规模移民时期,尽管此后有一些欧亚移民在阿根廷城乡安顿了下来。20世纪30年代和40年代的新工人是本土出生的农民工。第一波农村移民潮包括欧洲移民和外国人的儿女,他们的父母来到阿根廷作为佃农从事种植,但是作为第二代,他们选择搬到城市生活,特别是布宜诺斯艾利斯。这种趋势开始得很早,并且持续到20世纪30年代。然而,越来越多的内陆混血克里奥尔人来到城市和首都寻找工作机会。迪特利亚的制造厂经历了一场大规模的劳工流动:它的4 000名工人由原来的意大利熟练工人变成了半熟练和非熟练的阿根廷工人。

新涌入的克里奥尔工人增加了城市社会中的文化和种族对抗。当外国人的子女上升为中产阶级,深色皮肤的国内移民接过了他们在工厂的工作。这些新来的工人挤进被称作"贫困小镇"(villas miseries)的不健康的棚户区。由于他们的印第安和黑人特征,他们在街上被轻蔑地称为"黑脑袋人"(cabecitas negras)。特别是中产阶级,有新的理由担心在迅速变化的城市社会出现的犯罪问题和社会控制问题。他们认为这些国内移民不守纪律,随意进行狡猾的欺诈行为,并称之为"克里奥尔式的狡猾"(viveza criolla)。

在工作场所,外国中产阶级监工和多元文化工人之间的关系也紧张起来。第二次世界大战爆发时,铁路公司雇用了2 000名英国人,公司把英国人放在最高位置上的政策必然影响大多数工人。在其余的铁路雇员中,49 516 人是阿根廷人,19 515 人是意大利人,12 063 人是西班牙人。英国雇员和非英国雇员之间的紧张关系并不是唯一上演的种族冲突。阿根廷人和移民之间,非熟练国内移民工和熟练工人之间也相互仇视。

为了弥补铁路的技术停滞和日益老化,经理们试图提高工人的劳动生产率。要做到这一点,他们需要保守派的支持,取消以前的激进党政府制定的劳动规定。1930 年军政府采取的第一批措施之一是,废除在政变前刚刚立法的 8 小时工作日的规定。随后胡斯托总统宣布,允许这些公司削减工资和违反惯例。失去了政治保护的工人把寻求工会的帮助作为维护自己利益的主要手段。

到 20 世纪 40 年代早期,20%的阿根廷工人有工会卡,与大多数拉丁美洲国家相比,工会主义意识较高。铁路工人仍然拥有全国最强大的工会,他们占了劳工联合总会(Confederación General del Trabajo, CGT)或其附属工会成员的三分之一以上。共产党劳工积极分子一直在劳动密集型企业如肉类加工和建筑企业中,积极组织低技能工人。他们也把自己的工会发展到农业部门,特别是图库曼省的克里奥尔糖业工人。共产党领导的工会吸纳了 90%以上的工会新成员。他们的工会因此引起了警察的注意,警察们骚扰劳工积极分子,禁止工会开会并且逮捕罢工工人。共产党渗入劳工运动令新成立的军事委员会感到担心。

10 月 17 日

1943 年的军事政变起初可能是回应统治阶级内部的日益僵化和缺乏共识,但结果却深刻地改变了劳工与国家之间的关系。军人干预引发了工人阶级对社会变革的期待,但也引发了对其中一些领导人的新法西斯主义倾向的普遍担忧。胡安·多明戈·庇隆上校作为劳工部长包含了这两个方面的性质。

在与工会代表数百次的会面、参观工厂、访问工人社区时,庇隆上校常常就工人阶级日常生活中遇到的问题发表演讲。在谈论这些时,他常常用阿根廷下层人使用的语言,这增加了他在民众中的受欢迎程度。认识到工人阶级潜在的政治力量,庇隆用他的官方地位调解不断增加的劳工冲突。劳工部执行已有的劳工立法,谈判提高工资和改善劳动条件的集体协定。为了弱化战时通货膨胀的影响,国家降低了公共交通车费、冻结租金、控制食品价格。这些措施很快赢得了普通劳工的拥护,但是许多工会领袖怀疑庇隆有更大的企图。

促使庇隆对劳工要求做出让步的背后动机是破坏劳工的自主行动能力。庇隆上校作为劳工部长寻求把工人组织成国家控制的工会,并且从劳工运动中消除反军国主义的持不同政见者。军政府对共产党员和其他拒绝与庇隆合作的工会领袖实行的镇压不断升级。新的工会出现,已有的工会被改组,它们被置于庇隆派(Peronist 正义党)追随者的领导之下。然而,最重要的是,庇隆把自己和工人阶级的热望联系在一起的能力,为他赢得了蓝领工人的忠诚。

205　　庇隆上校一取得劳工部的领导权,就选择铁路工会作为其政治纲领的主要受益者,并且向他们作出重大让步。一个新的法令恢复了 8 小时工作日和其他大萧条前劳工已经赢得的规定。铁路公司的主人放弃了他们只通过要求工人承担代价来使铁路经营合理化的努力。在庇隆的帮助下,阿根廷铁路工人已经成功地抵制了这些计划。"法令正在发布,强迫铁路公司作出我们过去一直反对的重大让步",一个英国经理说,"我们在这个国家要经历一段严格的极权政府时期"。(Brown 1997,146)

成为劳工部长后,庇隆被任命为副总统,成为军政府最耀眼的人物。他也成为不断扩大的中产阶级反抗运动的靶子。到 1945 年,中产阶级要求用民选政府替代军政府,并且在第二次世界大战中支持盟军,这使阿根廷社会日益分裂。在战争中,军政府因同情德国而臭名昭著。

随着反抗游行声势的增大,其街头示威和集会越来越多地隐含反劳工内容。1945 年 9 月,20 多万阿根廷人从富有的北区出发,向布宜诺斯艾利斯中心进军,要求回归立宪政府。许多人举着旗子抨击乌合之众(chusma)——这是一种对工人阶级"暴民"的蔑称。10 月上旬,一些军官联合起来迫使军政府逮捕和监禁庇隆,似乎终止了他的迅速上升的声望。

阿根廷工人担心庇隆的被捕会废除和逆转他们已经赢得的社会改革和物质所得。由于感到一场大规模的民众动员已不可避免,劳工联合总会号召于 10 月 18 日举行一场大罢工,但是阿根廷工人提前一天在布宜诺斯艾利斯南部的工业区阿韦亚内达走上街头;与此同时,糖业工人在图库曼的市中心会合;同样,抗议者从郊区工业区出发,在科尔多瓦、罗萨里奥和拉普拉塔集合。他们要求释放庇隆,并袭击了象征精英文化的所在地——马球俱乐部、大学建筑物(和学生)、银行和报馆。

在布宜诺斯艾利斯,无数工人阶级的男人、妇女和孩子汇集在国家的政治中心——五月广场。军政府对各种选择方案进行了讨论,最终决定释放庇隆。30 多万工人在玫瑰宫门口高呼"庇—隆,庇—隆!"来迎接这个消息。当庇隆自己登上玫瑰宫的平台,向他的支持者们发表演说时,已经将近半夜了。1945 年 10 月 17 日的工人动员撼动了阿根廷的社会和政治基础。

206

1945 年 10 月 17 日,这些是成千上万的工人,为了他们的英雄胡安·庇隆走上街头举行游行示威。(Archivo General de la Nación)

民众主义纲领

考虑到出现这样一个形成虚幻的"民族团结"的机会,庇隆正式汇集起一个被称作民众主义的政治纲领,用他自己的话说是"正义主义"。这既不是美国式的资本主义,也不是东欧式的社会主义,正义主义代表了"第三条道路"。庇隆本人也许受到了他在墨索里尼时期的意大利担任武官时遇到的法西斯主义和法团主义政策的影响,但民众主义在阿根廷本土有牢固的根基,不需要从外国引进植物进行杂交授粉。实际上,有人认为"庇隆牌"的民族主义、发展主义、军国主义和对民众的吸引力可以在胡安·曼努埃尔·德·罗萨斯的政策中找到先例。

基本上,民众主义是一个由中产阶级和军队领袖形成的多阶层政治联盟,纳入不断壮大的工人阶级参与国家事务。在阿根廷,新的民众主义联盟使残余的寡头政治黯然失色。庇隆也把第一次世界大战以来一直在发展的政治战略结合起来,包括经济民族主义、国家工业化、文官与军队联盟、国家与劳工谈判作为控制民众的手段。庇隆得到了很多军官的支持。他表示,军队在工业化过程中要起更大的作用,未来的庇隆总统将使军队现代化并且巩固国家安全。就在他为了竞选总统而放弃军衔之前,心怀感激的军队授予他将军军衔。

庇隆的纲领对中产阶级也有吸引力。他支持工业化迎合了受过教育的年轻人,他们希望获得随着国家向经济事务扩张所产生的管理和政治权力。庇隆的民族主义总是暗示着强烈的仇外情绪。庇隆派的反寡头政治宣言可能会造成一些中产阶级的疑惧,不过这并不太严重,因为在历史上精英地主们总是阴谋阻止城市资产阶级获得权力。

此外,寡头政治历来阻止天主教会干涉政治事务。早在 1884 年,罗加总统主持制订了一系列的反教士法律,把宗教教育从公立学校中去除。许多城市中产阶级团结起来支持新天主教行动组织,这个组织在 20 世纪 30 年代兴起并成为保守派重新恢复政治声望的制衡力量。1943 年,当庇隆赞成军政府恢复天主教在公立学校的教育时,得到了天主教行动成员的支持。实际上,一直到 1950 年,天主教神父出席了所有的庇隆派劳工集会。

庇隆最终作为工党的候选人竞选总统。这个党由庇隆担任劳工部长时支持他的工会领袖组建并领导。工人们也把庇隆看作一个承认他们对工业化做出宝贵贡献的人。他称赞而不是贬低他们的体力劳动。庇隆去除了无衫人(los descamisados)这个词的贬义。这个词曾经被穿着考究的精英阶层和中产阶级用来轻蔑地指代工人,现在变成了荣誉和公民的象征。因为当庇隆脱去他的西装外套时,他会说:"现在我们都是无衫人!"

但是在庇隆的第一次总统竞选中,是美国给庇隆缔造的民众主义大厦加上了最后一块砖。美国驻阿根廷新大使斯普鲁伊尔·布雷登(Spruille Braden)为军政府行动迟缓、没有兴趣加入第二次世界大战同盟国阵营而感到不安。他起草了一份"蓝皮书",详细描述了军政府成员的同情和亲纳粹行动,其中庇隆是最突出的。这本蓝皮书恰恰在 1946 年 2 月选举之前摆在了全国各地的报亭里,其用意是损害庇隆的支持率,但起了反作用。他的对手看起来似乎是依靠外国利益,而庇隆声明 1946 年的选举相当于在"庇隆和布雷登"之间进行选择,动员了民族主义情绪。在 20 年代以来最透明的一次全国大选中,庇隆赢得了 5 年总统任期,他得到了 54% 的选票。

庇隆掌权

然而,当庇隆及其后继者试图平衡社会公正和国家工业化时,民众主义联盟却被证明非常脆弱。庇隆相信,和谐的阶级关系将促进工业增长。为了限制工会的自主性,庇隆当局寻求集中劳工运动,他们相信,这样有助于约束普通劳工,避免成本高昂的劳工争端。然而,即使是庇隆也认识到,"在建立公正之前,没人能保持和实施纪律"。(Brown 1997,165)

在随后 4 年里,庇隆政权扩大了对国家主要劳工联合会的组织和领导权的控制。政府干预现有工会的内部事务,用庇隆派的支持者替换了持不同政见的工会领袖。劳工联合总会演化为实质上附属于庇隆政府。政府赞助的组织吸纳了没有联合起来的产业工人，劳工联合总会的成员扩大了。1945 年至 1950 年之间，参加了工会的工人从大约50 万蹿升至超过 200 万。甚至是家里的佣人和擦鞋匠也在劳工联合总会内组织了工会。

209　　第二次世界大战后工业生产的扩张给工人阶级提供了实现愿望所必需的谈判实力。欧洲和北美的工厂还没有转向和平时期的生产，这暂时保护了阿根廷工业免受外国竞争。庇隆派继承了经济增长，在1945 年至 1949 年间，经济年增长率接近 6％，工业产量上升了 25％，同期就业水平提高了 13％。工人们抓住有利的经济条件，从 1946 年至 1948 年发动的罢工创历史纪录。他们期望庇隆的容忍。国家逐渐剔除非庇隆派工会领袖并没有终结蓝领工人的战斗性。劳工联合总会没能成功地遏制肉类加工行业和金属行业工人的罢工，这意味着这些激进分子仍然能保持一定程度的工会活动的自主性。

　　1947 年的一次庇隆派集会，纪念 1945 年 10 月 17 日那场使庇隆掌权的示威两周年。（Archivo General de la Nación）

在庇隆政府早期,普通工人如愿以偿。1945 至 1948 年熟练工人和非熟练工人的实际工资相应增长了 22% 和 30%。更重要的是,工人收入占国内收入的比例从 40% 上升到 50%。大多数产业工人享受到医疗补偿、产假、带薪假期和免受任意解雇。然而,他们对庇隆的眷恋不能完全用物质利益来衡量,就像一个工会领袖所说的那样,工人阶级的忠诚也反映了他们因获得了"寡头政治一直拒绝给予我们的尊严"(Brown 1997,172)的感激之情。

铁路国有化不得不被看成庇隆政权最精彩的举动,因为它几乎让民众主义联盟中的所有人满意——工人、民族主义者、军官和中产阶级。新任总统不是一个只通过象征性法案的人,因此,1948 年,他用价值 25 亿金比索的阿根廷牛肉和黄金储备交换了英国公司所有 16 000 英里的铁路。无论人们是否知道铁路破旧不堪,公众都对庇隆的民族主义行为欢呼叫好。然而,一旦英国人拥有的铁路变成阿根廷产业,问题就产生了。工人们批评新铁路局充斥着没有企业管理经验却得到任命的中产阶级,特别反感强加给他们的新工会领导人,这些领导人"只配在某个政治部门使用他们的影响力,对与铁路产业有关的事物一无所知"(Brown 1997,176)。政治家们试图以牺牲工人利益为代价提高铁路管理效率。为了降低运营成本,政府保留了大部分新雇用的政治任命者,但是裁掉了 17 000 名工人。1950 年末,持不同政见的工会领袖组织了几百次野猫式罢工[①]使铁路行业陷入瘫痪。最终,庇隆向罢工工人让步,提高工资,放弃了裁员的努力。

尽管出现了这些问题,大选时民众主义者仍然能够动员起民众的支持。在工人社区创立庇隆派政治俱乐部的网络和政府 1947 年决定给予妇女选举权都对此产生了帮助。也许由于庇隆的妻子埃娃·杜阿尔特·德·庇隆(Eva Duarte de Peron)(人们通常称她为埃薇塔)的突出政治作用,妇女成了比男人更热心的庇隆支持者。1951 年末她们帮助庇隆赢得了第二个总统任期,这次他得到了 64% 的选票。一年之内,

---

① 野猫式罢工,指未经工会允许的或自发的罢工。——译者注

一场彻底的衰退将威胁民众主义联盟的凝聚力。

部分经济问题可以追溯到国家赤字的不断上升，因为庇隆派正在发现，通货膨胀成了民众主义的致命伤。为了满足和平衡中产阶级选民，庇隆政府实行赤字开支。管理人浮于事及生产效率低下增加了落后的铁路系统以及石油、电力、电话、肉类加工行业国有企业的开支。政府会计人员用官僚主义的花招，把不断增长的赤字转到下一年的账上。

腐败以前是少数人的特权，现在变得大众化，也进一步增加了庇隆派的赤字。庇隆的当选标志着劳工领袖和来自工人阶级的党务工作者首次收到出席政治盛宴的邀请。庇隆的公共住房举措就是一个例子。他提出了一个非常需要的计划，建设工人可以以优惠条件购买简单住房。但是庇隆派中坚、听话的劳工领袖和官僚内部纷纷把手伸向尽可能多的公共住房。

而且，常见的内部交易和腐败行动持续发生，当国家接管了一个又一个行业时，尽管受益人改变了，但机会以几何数字增长。许多人指出埃娃·庇隆的慈善基金是正义党腐败的主要例子。的确，埃薇塔及其工作人员事实上从企业和工会强取几百万比索，也不做账，心血来潮地慷慨分发给穷人，但这不是公款。更有害的是，被政治任命到臃肿的官僚机构和国有企业的人越来越多，他们通过见不得人的交易来补充自己微薄的工资。一个汽车销售商用他的政治关系获得进口免税汽车的许可。然后他把每年 22 000 辆汽车进货的一半以成本价卖给政治家，每个人可以再把这些车以更高的市场价卖出去。庇隆家甚至从他那里买车。然而，政府失去了关税收入来支付不断上升的赤字。

与此同时，正义党主导了民众主义联盟的解散。由于政府为城市工人和中产阶级压低价格，食品产量下降了。基本商品匮乏很快变得十分明显。庇隆政府不得不禁止在某些"无肉日"销售牛肉——这居然发生在阿根廷！没有实行管制的商品价格上涨了，工厂生产的商品质次价高，中产阶级和工人阶层开始感觉到实际工资的损失。这是民众主义的通货膨胀成本。工会工人的福利和稳定工作以及不断扩大的中产阶级在政府的工作岗位无法持续,尽管投资所得财富从农村转向城市。

　　第二次世界大战结束后传统农业出口的下降也是造成 1952 年经济衰退的很大原因。不断增加的国内消费和 1951 年、1952 年的严重旱灾造成农业出口显著下降。外汇收入的急剧下降破坏了阿根廷进口工业发展所需的资本货物和原材料的能力。仅仅 5 年,通货膨胀率从 4% 增长到 40%,损害了工人收入。1952 年布宜诺斯艾利斯非熟练工人平均实际工资比 1949 年的平均水平低 21%。

　　庇隆政权用紧缩计划来应对危机:冻结了工人工资。从长期看,这个紧缩计划是有效的,因为 1954 年的通货膨胀率下降到个位数。然而这次经济危机沉重地打击了劳工。1952 年大约有 4 万纺织工人和 2.5 万肉食加工工人被裁员。国家也放弃了承诺,在罢工中不再做出对工人有利的调解。庇隆宣布工人应该通过提高生产力来提高自己的生活水平。"今天,一如既往,"他说,"我们的口号是生产! 生产! 再生产!"

1953 年罢工中的铁路工人。经济衰退使阿根廷工人阶级的许多人生活困难,他们常常以罢工和示威游行来做出反应。(Archivo General de la Nación)

正义党圣徒埃娃·杜阿尔特·德·庇隆

埃薇塔·杜阿尔特在正义党运动中迅速成名引发了关于她在阿根廷历史上的作用的许多争议和传说。她20世纪20年代出生于南美大草原的一个小镇上，是她的单身母亲和一个"值得尊敬的阶层"的已婚男人的产物。她在自己所处的社会环境中能提供给一个年轻漂亮女人的唯一出路上前行。1935年，她和一个男伴来到布宜诺斯艾利斯，开始了演艺事业。显然，她利用与有权势男人的关系在广播行业取得了进步。到1944年，埃薇塔有了自己的广播谈话节目，成为新的军政府军官们的情妇。她在电影中的几次亮相没有获得什么好评。随后埃薇塔在一次筹款义演中结识了胡安·多明戈·庇隆上校，在他宣誓就职总统后不久两人结婚。

由于其"平民出身"，有身份的中产阶级回避新的第一夫人。精英人物厌恶、嘲笑她，即使她和他们一样穿着名师设计的昂贵衣服和皮大衣。但是活力四射的埃薇塔热切接受了丈夫分派给她的使命：作为庇隆总统与其工人阶级支持者之间的桥梁。埃薇塔立刻成为无衫人和黑脑袋的女赞助人，创立了一个慈善基金为穷人提供孤儿院、诊所和托儿所。在演讲中，埃薇塔称赞庇隆的美德，并服从他的指导。1947年埃薇塔倡导通过一项正义党新法令，给妇女选举权，并形成了正义党中的妇女力量。庇隆第二任总统任期内，在国会就职的女性数量超过自那以后的任何时候。

50年代早期，埃薇塔的健康状况恶化，在庇隆第二次宣誓就职总统后不久，她死于癌症。公众的悲痛和葬礼的队伍甚至超过了伊里戈延总统和卡洛斯·加德尔的葬礼。她死后如同生前，饱受争议。教皇严厉拒绝了为赞扬她为穷人做出的贡献而宣布她为圣徒的努力。

1952年埃薇塔的死也给庇隆派运动投下了阴影。埃薇塔象征了庇隆政权对捍卫劳工和穷人权利的承诺。尽管传说使她的历史作用变得模糊，但工人们还把埃薇塔看作最同情工人阶级的官员。她去世时，政府正开始对民众抗议采取严厉态度。

这次衰退暴露了庇隆政府无力在推动工人阶级利益的同时长期保持工业增长。1954年末，内乱再起。大学生和教会成为反对庇隆派统治的中产阶级核心。10 月大学罢课蔓延遍及全国,许多学生面临被逮捕。这也是政教紧张关系上升之时。

当 1946 年庇隆在公立学校重建宗教教育时,天主教教士最初是支持他的;然而 50 年代早期,教会撤回其支持。当天主教行动在工人街区劝诱改宗时,庇隆指控教会试图破坏正义党劳工联盟。政府停止了对天主教教会学校的补贴,国家控制的报纸开始大肆鼓吹反教会。随后由于许多中产阶级天主教徒加入学生的反抗行动,当局开始逮捕神父、关闭教堂。

事情开始接连发生。1955 年 5 月,政府提出一项宪法修正案,从法律上实行政教分离。6 月,10 万中产阶级抗议者走上布宜诺斯艾利斯街头游行示威。几天后,几千名正义党工人在五月广场举行反示威游行集会。军官哗变反对庇隆,派战斗机向在开阔广场上的正义党工人投掷炸弹并扫射,杀死 156 人,数百人受伤。忠实的军官最终阻止了政变。此后,正义党人群洗劫了广场周围的几个教堂。

几周之内,爱德华多·洛纳尔迪(Eduardo Lonardi)将军发动了解放革命,这是一次军事政变,目的是结束正义党"对(阿根廷)文化和经济的破坏"(Verbitsky 1987,61)。9 月,庇隆辞职,逃往乌拉圭。

军队再次干预了国家的政治和社会危机。也许一个严格的宪政主义者不会指责 1943 年的军事政变,用一个同样没有代表性的军政府代替了一个腐败的、没有代表性的政府。然而,20 世纪到现在军人已经有两次推翻了在透明和自由选举竞争中产生的民选总统(伊里戈延和庇隆)——都是以挽救国家的名义。在军方看来,文官政治家又一次激起中产阶级的叛乱,从而使国家处于危险中。

反对派给庇隆打上法西斯和独裁的标签。的确,他修订了宪法使自己可以再次当选,并且不经指控就监禁人,其中一个是拉美最重要的女作家维多利亚·奥坎波(Victoria Ocampo)。庇隆还试图操纵民意,没收反正义党的新闻媒体,沉醉于蛊惑人心的言论,为增加他在选举中的多数选票,通过了妇女选举权法,用警察镇压罢工和控制中产阶级的抗议。但是庇隆牌民众主义没有没收寡头的财产。他没有欺骗选民。他没有把生产工具公有化,也没有谋杀大批反对派。

五月广场上的示威者，支持洛纳尔迪将军在他们所谓的"解放革命"中夺取权力。（Archivo General de la Nación）

具有讽刺意味的是，当时主流的发展理论把工业化和受过教育的中产阶级的增多等同于民主的发展。如果这个理论正确，阿根廷早已拥有南美最民主的政府。实际上，大规模的中产阶级公民的不服从先于军人政变发生，如果预计到工人阶级将会取得选举胜利时，中产阶级就会与寡头一道抨击选举。然而，在 1955 年庇隆失势后很久，庇隆主义将仍然是草根阶层社会认同的坚定来源以及工人阶级反抗文化的基础。新的军政府很快就会发现这一点。

1955 年爱德华多·洛纳尔迪将军的解放革命宣言

致阿根廷人民和祖国的士兵：

作为此次革命的指挥，我求助于人民特别是所有武装部队中我的同志，请求你们协助这次行动。

为了干预国家的公民生活,祖国的海陆空三军再次离开基地和兵营。我们的行动是出于对自由的热爱,对一个受压制民族荣誉的热爱,人民希望按照自己的传统生活,他们不会无限期地听任一个独裁者的反复无常,他滥用政府权力来羞辱同胞。

他用保障假定的社会正义为借口,因为当下这是全体阿根廷人民的共同愿望,无人反对,废除了宪法规定的公民权利和保障,用个人的专制意愿取代了司法秩序。所有可怕的象征,焚烧教堂和祖国神圣的档案、奴役法官、将大学降低为不诚实的官僚机构、用交出国家的财富来源,危及共和国未来的悲惨惩罚,这种卑鄙的压制只会加剧腐败以及文化与经济的毁灭。

……经过深思熟虑,我们这样简单地说。为保卫国家的准则而出鞘的剑,没有荣誉无法完成使命。我们对没有荣誉的生命不感兴趣,我们保证为了我们孩子的未来和家庭的尊严而行动。

"*Primer mensaje del general Eduardo Lonardi* ,"September 17,1955(Verbitsky 1987,60－62)

1953 年维多利亚·奥坎波在一所正义党监狱

尽管在其漫长的职业生涯里,维多利亚·奥坎波一直不关心政治,但她最后还是被关进一所正义党的监狱。奥坎波出生于一个旧寡头的显赫家庭,在首都以北拉普拉塔河岸的一所豪宅长大,在父亲的牧场或度假别墅度过夏天。她经常和父母到国外旅行。年轻的维多利亚始终保持着对文学的热情,她写诗歌与散文。她如饥似渴地阅读欧洲和拉丁美洲文学作品。她嫁给了一个盛气凌人的丈夫——这在当时男性主导的环境下并不少见,婚姻不幸福。这场婚姻以合法离婚形式结束。

由于个人很富有,奥坎波过着一种绝大多数阿根廷妇女所得不到的独立生活方式。她创办了文学评论杂志《南方》(*Sur*)并且与同时代的其他文学家阿尔韦特·卡穆斯(Albert Camus)、奥尔德斯·赫克斯利(Aldous Huxley)、豪尔赫·路易斯·博尔赫斯(Jorge Luis Borges)等有交往。奥坎波也宣扬妇女的权利。然而,当胡安和埃薇塔·庇隆通过了给妇女选举权

217

利的法案时,她拒绝支持他们。她把庇隆主义等同于法西斯,并且告诉朋友说她无法容忍女庇隆主义者头脑中的阿根廷女权主义。1953 年在一次针对总统的暗杀之后不久,她因私下里对庇隆表示蔑视导致被监禁。奥坎波被关押了 26 天,直到智利女诗人、诺贝尔奖获得者加夫列拉·米斯特拉尔亲自请求庇隆释放她。

囚禁的经历并没有扑灭奥坎波对女权主义事业的热情。"星期五我要上电视谈论我的监狱经历,以及我认为应该如何对女子监狱进行改革,"庇隆下台后她对米斯特拉尔吐露心声,"我关心所有这些事情,这让我很忙碌,就像你能想象到的一样"(Meyer 1990,167)。1979 年奥坎波去世。

第九章　去庇隆化的失败
（1955—1983）

1955 年 9 月推翻庇隆政权的将军们上台执政，阿根廷进入了一个政局不稳且优柔寡断的时期。将军们无须对付国会中的反对派或者是强大的司法机构（传统上阿根廷法庭很弱小），本应该能够制订出一套统一的政策，但情况并非如此。他们彼此之间意见不一，在是否应该镇压庇隆派、如何对待劳工、应该与协助他们的文人官员分享多大的权力等诸多问题上存在争执。例如，在一个盛大的展示政治团结的活动中，军政府的第一任元首爱德华多·洛纳尔迪欢迎激进党和社会党领袖到玫瑰宫。随后，为了赢得工会对新政权的支持，他试图与劳工领袖达成和解。一些劳工领袖欢迎这种姿态，但普通劳工仍然寻求采用罢工来重新获得在经济衰退中损失的工资。持续的劳工骚动刺激了军官中的强硬派。他们在军队内部发动了一场运动，用佩德罗·E. 阿兰布鲁（Pedro E. Aramburu）将军替代了洛纳尔迪。

军政府和去庇隆化

1955 年 11 月阿兰布鲁将军成为总统。在他的领导下，政府对庇隆派实行打击。他清除了政府中的正义党支持者，干预工会、监禁反对政府的工会领袖和罢工工人。新的强硬派军政府试图在工作场所推行

219　工业合理化,从劳工联合总会中解雇庇隆派积极分子。数百名被认为在庇隆担任总统时期过于服从的军官提前退役。为了破坏流亡在外的庇隆的名誉,政府展出了胡安和埃薇塔拥有权力时收集的奢侈品——名家设计的衣柜、皮大衣、昂贵的汽车和摩托车,以及埃薇塔的首饰。他们散布谣言说,庇隆已经把几百万美元转到了瑞士银行账户上。

　　阿兰布鲁将军把阿根廷去庇隆化的热情也延伸到亡人身上。他命令一个军队下属把经过防腐处理的埃薇塔·庇隆的遗体搬出其在劳工联合总会总部的安息地,使遗体不知去向。在随后的 17 年里,没人知道埃薇塔的遗体到底发生了什么。阿兰布鲁将军不打算让庇隆主义信徒拥有他们强有力的反抗象征,但是当时他对这个举动将使他后来成为下一代庇隆派分子的攻击目标一无所知。

　　阿兰布鲁领导下的将军们并不打算无限期地控制政府,他们只是想设法把权力交给“可以接受的”平民政治家。这个战略类似于 30 年代激进党(当时全国最大的政党)受迫害时的情形;现在,50 年代后期,军队将正义党分子(庇隆派)排除在政坛之外。在 1958 年的选举中,正义党分子不能代表自己参选。这种排斥本来应该有利于激进党总统候选人;然而,这个全国第二大政治团体刚刚分为两个部分。一部分由候选人阿图罗·弗朗迪西(Arturo Frondizi)领导,他已经和当时流亡在委内瑞拉的庇隆签订秘密协定。为了增加胜算,他提出用允许正义党候选人参加随后的国会和政府选举来交换总统选举中庇隆派的投票。弗朗迪西击败了激进党内的竞争对手,在充满不确定性的阴云笼罩下就任总统。

　　在 5 年总统任期中,弗朗迪西统治了 3 年半。支持他的将军们充满怀疑地观察着他的每一个决定是否暴露出他们听到的关于“秘密”协定的传言。弗朗迪西成功地对美国进行了国事访问,与约翰·肯尼迪总统在华盛顿会面,并带回新“争取进步联盟”计划的经济援助承诺;然而,当弗朗迪西与被流放的革命者埃内斯托·切·格瓦拉会面时,将军们变得很警惕。激进党总统开始履行诺言,遵守他与庇隆的协议,允许

220　正义党候选人参加 1961 年的政府选举。正义党在 14 个省的选举中取

得了 10 个省的胜利,这对军方来说太多了。将军们宣布选举作废,并逮捕了弗朗迪西,用一个文人看守政府代替了他。

1961 年切·格瓦拉回到阿根廷

埃内斯托·格瓦拉在科尔多瓦省一个式微的小康家庭长大。据他的玩伴后来讲述,格瓦拉的童年充满了只有特权才能支持的挑战式的不守规矩,但也受到致人衰弱的哮喘病的折磨。除了支持胡安·庇隆反对外国利益的民族主义立场,年轻的格瓦拉对政治没有一点直接兴趣。1953 年他通过了医学考试,和一个朋友骑摩托车游历拉丁美洲。由于目睹了美国中央情报局支持下的危地马拉军事反革命,格瓦拉的旅行经历刺激了他的政治观点。

他接下来到了墨西哥,在那里见到了古巴律师和持不同政见者菲德尔·卡斯特罗。当 1955 年庇隆失势时,格瓦拉正和古巴革命者一起训练,当古巴同志用外号"切"来称呼他时,他答应着。格瓦拉踏入古巴山区后,成为一个赢得了传奇地位的游击战士。当卡斯特罗执政后,格瓦拉被证明是一个很有作用的革命发言人。

在这种情况下,阿根廷总统阿图罗·弗朗迪西不会放过与格瓦拉会面的机会,后者刚刚到达乌拉圭参加美洲外交会议。1961 年 8 月 19 日,格瓦拉秘密进入阿根廷,乘总统的专车到玫瑰宫与总统进餐,秘密穿过布宜诺斯艾利斯的大街去探望一个生病的姨妈,并在夜幕降临之前离开。之后格瓦拉再也没有踏上自己的祖国。

当天晚上,一枚炸弹在格瓦拉一个叔叔居住的公寓前门爆炸。他叔叔告诉记者,很不幸他没有见到他著名的侄子。"我正准备出去和一些朋友吃饭,"他说,"如果不是一枚炸弹放在了我的引擎盖底下"。(Anderson 1997,521)

此时,军队中的派系斗争到达了顶点。斗争的问题是军队应该如何对待支持庇隆派的民众力量。军人中的一个派别称为蓝派(Azules),主张恢复和解的方法。他们建议就"温和派"工会领袖作为

221

军队同盟——一种没有庇隆的庇隆主义——重返公众舞台进行谈判。另一个派系"红派"(Colorados)坚决反对这个战略，并且建议军队取得对政府的正式统治，如果必要的话，一劳永逸地摧毁庇隆派和他们的劳工运动。

当军队中的两个派系开始斗争的时候，软弱的临时总统只能无助地旁观。蓝派和红派在拉普拉塔及首都周围的几个陆军和海军设施发生了几次小冲突。蓝派的坦克部队占了上风。他们通过让强硬派军官退役再次清洗了军官团，但也在其他的军官中引起敌意。然而，由于工人们拒绝没有庇隆本人参与的任何合作，蓝派的政策也失败了，正如我们在以下会看到的那样。

1963 年的新一届选举没有摆脱动荡的恶性循环。军队禁止弗朗迪西、庇隆或一个庇隆派代理人参加竞选。获胜候选人阿图罗·伊利亚在只得到四分之一选票的情况下成为总统。伊利亚来自弗朗迪西激进党派系的反对派，还没准备好由他来处理动荡的政治局势。控制政府赤字和通货膨胀需要有坚决的政治决断力，但是伊利亚做出比索贬值的决定对进一步降低工薪工人收入的影响立竿见影。1964 年末，工会用大规模罢工做出回应。此后，许多正义党国会候选人在 1965 年的选举中避开军队的排斥，在国会中赢得席位，攻击伊利亚总统提出的所有立法提议。

尽管早期犹豫不决，但此时蓝派却决定完全控制政府。蓝派军事领袖——留着小胡子、爱打马球的坦克司令胡安·卡洛斯·翁加尼亚(Juan Carlos Onganía)将军派一群军官请伊利亚总统腾空总统办公室，以避免暴力行为。"你们在谈论什么暴力？"据报道伊利亚总统这样回答，"你们已经在共和国发动了暴力……你们与圣马丁和贝尔格拉诺的军队毫无共同之处；你们已经给我们的国家造成了巨大的伤害，并且会继续用这种行为伤害下去"(Potash 1996, III: 192)。看起来军官们的回答很有说服力，伊利亚走出玫瑰宫，回到了他作为科尔多瓦一个乡村医生的生活。将军们已经得出结论，只有不借助文官统治的宪政幌子，军政府才能够实现阿根廷的去庇隆化。但是翁加尼亚将军遇到了

222

几个棘手的全国性问题。庇隆统治时开始的通货膨胀问题现在已经流行，并且不断恶化的政治和经济形势正在激起工人阶级的强烈反抗。

动态停滞的经济

自 20 世纪 30 年代以来，两种相互矛盾的现象一直在发生，两者结合起来最终破坏了 60 年代持续的工业主义。一方面，由于历届政府采取有力措施刺激国家工业，甚至到了接管经济基础设施如石油、铁路、电力、电话甚至肉类加工的程度，经济中的国有企业迅速发展。但是由于国有企业的规模和重要性上升，政治环境愈发不稳定。1930 年至 1983 年间，只有 3 任国家元首完成了他们的任期。平均每个总统执政时间只有两年。可谓典型的例子是，经济部长的任期更短：每个总统由于经济问题平均每年更换一次经济部长。

所有的政治动荡自然使社会走向了罗加将军的旧统治格言的反面：罗加在 1883 年开出的药方是"和平与管理"，但是这些混乱只产生了很多政治斗争，没有产生有效的管理。执政的时间如此之短，每个政权往往尽可能地向其支持者多分发好处，由此联邦官僚机构的扩张经常超过国内生产总值的增长。政治家使国有企业中的白领和办公室工作人员人满为患，这些人中很少有人有任何相关的管理经验或受过任何相关培训。受到青睐的工会领袖也向有保障和高工资的工作上安插冗员。这些公共实体开始充斥着低效率、高额的成本和设备故障。国有企业非但没有产生出利润来投资新设备和技术，反而陷入了赤字之中，只能维持服务。为了让国营电话公司安装一条新电话线，顾客得等上两年，而且电话经常串线。缺乏监管也使这些企业中腐败泛滥。

这造成的结果是通货膨胀。甚至在庇隆第一任期届满之前，阿根廷比索已经开始贬值。1948 年和 1952 年的经济衰退进一步降低了比索的价值，工人和中产工薪阶层不得不花更多的钱购买消费品。作为一个民众主义者，庇隆冻结了大众消费中基本商品的价格，如面包和牛肉，这为他赢得了城市工人的感激，但造成了地主不愿种植更多的小麦

223

和养殖更多的牲畜。在经济部长们挣扎着寻找最没有异议的政策来纠正这个问题时，通货膨胀变得非常普遍。维持比索的价值意味着城市消费者仍然能够以合理的价格购买进口商品和国内产品，但是阿根廷的出口商品价格会过高，外国消费者转而购买澳大利亚小麦和美国牛肉。如果经济部长胆敢让比索贬值，农业出口将再次变得有竞争力，但城市居民将遭受消费品价格猛涨的痛苦。通货膨胀率每两年左右就对比索的价值带来严重压力，迫使政府做出另一个不得人心、无人得利的经济决定。每两年一个周期正好与阿根廷总统任职时间预期相符。

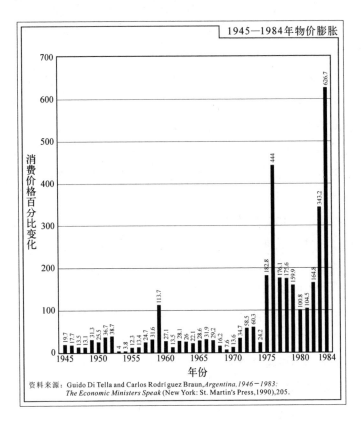

1955 年革命后的军人和文官政府基本上延续了庇隆的民众主义经济政策。陆军和海军官员们把他们的一部分职业生涯花在国有工业

上。有些产业传统上由一个将军或海军上将管理。他们所有的人都把工业化看作事关国家安全的重要问题。无论是军人总统还是文官总统都没有认真考虑过削减公共部门,因为他们脆弱的权力经受不起因此失去工作的管理人员和工人的强烈抗议。甚至是在私营部门,工业家们也要依靠政治偏袒来保护对市场的垄断和获得进口技术与外汇许可。当政府表现出软弱无力时,国内投资者通过削减投资、把钱汇到国外来保障资本安全。当玫瑰宫的主人显得强大有力时,私人企业家们把储蓄带回国,投资国内的经济扩张。

然而,外国投资以牺牲国内工业家的利益为代价,在这个动荡的环境中蓬勃发展。跨国公司资金来源独立,不受政府偏袒影响的优势。他们在本国的经济体中形成自己的技术,受益于以前高效生产最新消费品的经验。20 世纪 50 年代和 60 年代,当阿根廷公司向跨国公司出售时,国际商用机器公司(IBM)、棕榄(Palmolive)、杜邦(DuPont)和孟山都(Monsanto)都在阿根廷扩大了业务。1962 年至 1968 年,海外投资者购买了近 40 家阿根廷企业,分布在银行、香烟制造和化工行业。

像英国人投资的时代一样,这些新的跨国公司带来了自己的非阿根廷人高级管理人员。然而,中层管理人员、监工和体力劳动工人大多数是阿根廷人。新企业中外国人的存在不像自由主义时期那么普遍。对跨国公司而言,从充足的受过教育的阿根廷人中培训管理人员和工人是个好买卖,因为这样节省了外国人要求的高工资。最终,在像 IBM 这样的公司中,总经理也会变成阿根廷人,尽管来自国外的总部管理顾问会经常视察他的工作。

美国投资在阿根廷增长非常明显。截至 1969 年,美国资本家对工业企业的投资从庇隆下台时的 2.3 亿美元上升到 7.9 亿美元。美国公司控制着流入阿根廷的外资的将近一半。1972 年,美国总投资达到 18 亿美元。

此时,阿根廷汽车工业迅速扩大,但是建立新组装线的是 23 家外国汽车公司,而不是国内汽车制造商(S. I. A. M. 除外,在未来 10

225

年,23 家汽车公司中有 9 家倒闭了,S. I. A. M. 1964 年卖掉了它的汽车厂)。为了发展内陆各省,政府决定选择科尔多瓦省作为新建汽车厂的所在地。菲亚特和恺撒(后来被雷诺收购)在这个省建立了工厂。1960 年代,其他几家美国和欧洲汽车公司在布宜诺斯艾利斯建立了组装厂。福特、克莱斯勒、通用、雪铁龙和奔驰都对把阿根廷送上城市交通堵塞和空气污染的道路作出了贡献(有些说话风趣的人开始把首都叫做"马洛斯艾利斯"[Malos Aires],意思是糟糕的空气)。

石油是外国投资在阿根廷成功故事的一个例外。自莫斯科尼将军时代起,阿根廷的政治家们一直对跨国石油公司保持警惕。国营的联邦石油储备公司(YPF)在政府的支持下扩大,但是卡车、公交车和轿车数量在阿根廷迅速增加,YPF 的生产能力受到汽油需求旺盛的压力。阿根廷石油生产落后于需求,拖了经济发展的后腿。为了刺激经济恢复,庇隆在 1954 年建议与标准石油公司签订合同,与 YPF 共同开发巴塔哥尼亚的新油田,1962 年弗朗迪西再次提出这个建议。阿根廷的许多民族主义者被这个消息震惊了。庇隆和弗朗迪西不是一直批判外国公司吗?庇隆本人曾经将英国铁路公司国有化;而弗朗迪西因批判庇隆 1954 年与大石油公司眉来眼去而提高了自己的政治声誉。由于民意强烈反对向外国石油公司做出任何新的生产让步,两位总统不得不撤回自己关于石油的建议。标准石油公司仍然留在阿根廷,但主要是作为进口商和炼油公司。

阿根廷经济表现出走走停停的模式。由于投资者往往随对机遇产生决定影响的政治风向而摇摆,每次经济增长只能持续 2—3 年。国内生产总值可能在一年内增长高达 4％到 5％,然而就在下一年经济出现紧缩。经济下滑和政权转换同步发生,分析家们很难衡量由于经济下滑造成了政府垮台还是由于政府垮台造成经济失败。但这是阿根廷学者们喜欢的那种不合常理的情况,其中一个学者把这种情况称为"动态停滞的经济",这个术语,言简意赅地说明了 20 世纪 60 年代阿根廷的特点。

226

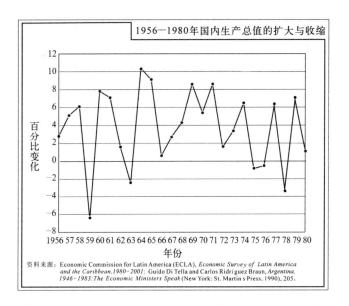

1956—1980年国内生产总值的扩大与收缩

资料来源：Economic Commission for Latin America (ECLA), *Economic Survey of Latin America and the Caribbean, 1980–2001*; Guido Di Tella and Carlos Ridri guez Braun, *Argentina, 1946–1983:The Economic Ministers Speak* (New York: St. Martin s Press, 1990), 205.

庇隆派工人的抵抗

可以这样说,当1955年军政府迫使庇隆流亡后,阿根廷大多数工人变成了孤儿。的确,他们避免为"那个老人"拿起武器,甚至像1945年那样走上街头,但他们在内心里仍然是庇隆主义者。由于工厂中的一线老工人正在被新来的人所代替,老工人们的忠实不足以把庇隆带回国。50年代和60年代,从农村到城市的迁移模式仍然在继续。另有100万左右的农村移民来到布宜诺斯艾利斯寻找在工业企业就业。

移民在组成阿根廷城市工人阶层中再次扮演了重要角色。这批移民的新特点一直保持到20世纪剩余的时间,这次移民潮不是来自欧洲,而是来自相邻的拉丁美洲国家。巴拉圭和玻利维亚一直为图库曼和萨尔塔的制糖业提供季节性工人,智利南部的马普切人穿过安第斯山脉到门多萨收获葡萄,到巴塔哥尼亚剪羊毛。现在这些邻国人在阿根廷定居下来,年轻的马罗洽(marochas,黑皮肤妇女)在中产阶级家庭做女佣,男人在工厂工作。似乎克里奥尔人①正在要求重新收回阿根廷。

227

① 此处指北部土著人。——译者注

　　这些新移民和居住在布宜诺斯艾利斯南部工人街区的阿根廷农村移民，以及40年代庇隆派工人的子女，将为庇隆的形象增辉。军队也在无意中帮助了他们。工人们很快看清了掌权的将军们希望抛开工人阶级来推行他们的发展计划。他们镇压罢工、囚禁激进的工会领袖，允许工业家不和工人代表协商重新组织生产……最重要的是，将军们推行一种滴入理论的计划，鼓励雇主积累利润而压低工业工资。1955年之后，阿根廷工人丧失了所有他们在庇隆政权下取得的收益。当然，工人可以在选举时通过投票反对，但是军人统治者们确保工人阶级想选的正义党候选人的名字不会出现在选票上。工人们感到被抛弃了。

　　尽管如此，年轻一代工人抵制来自上面的法令，为获得承认而斗争。在工厂和工作地点，工会成员坚持投票给正义党工会领袖。他们在工作中进行破坏和怠工。他们的罢工成为政治声明，抗议在发展过程中处于从属地位以及因通货膨胀和工资冻结造成的贫困。1956年一场前所未有的罢工潮在布宜诺斯艾利斯造成了750万工作日的损失，1957年造成330万工作日的损失。很明显，老一代保守的领袖已经失去了对工会的控制权，而年轻一代更激进的领袖赢得了工人的信任。

　　然而，自20世纪开始工人运动中表现出一些相反的传统，在工会组织中产生了一些保守的趋势。年轻激进的领袖一旦掌握了权力，为了维护权力他们会变得更保守。20世纪60年代的工会仍然是强有力的组织。雇主仍然从工人工资中扣除会费来维持工会机构。工会用这些资金来经营诊所、管理养老金存款和维持位于拉普拉塔海（Mar de la Plata）和科尔多瓦山中的工会度假宾馆。许多年轻激进的领袖开始习惯分配可随意支配的资金，并且为了保住领袖的地位而弄虚作假、诉诸暴力。工会政治落到了使用强盗手段的名声。有时工会领袖和雇主及军方领导人协作。一个工会领袖如果得到劳工部官方认可，有助于巩固其对普通工人的控制。正如一个科尔多瓦工人后来回忆说，有的劳工领袖会"背叛罢工，被老板收买，像有权势的人那样生活奢侈，有山上的房子、好车和女人"(James 1994,229)。

　　更多基层工人的战斗和罢工,特别是在 1966 年以后,逐渐削弱了许多看起来脱离了庇隆、生活舒适的劳工领袖的影响。由于镇压他们的军队反对庇隆,工人们得到了力量并认定他们的利益与"那个老人"的利益一致。在工会大厦里,他们选举那些他们认为更接近庇隆思想的人。这个运动在没有组织的和穷苦的阿根廷人中也有追随者。在农村移民刚到城市时居住的贫民区,许多简陋的小屋突出摆放着胡安和埃薇塔相片的屋角祭坛,相片四周点着蜡烛。

　　科尔多瓦的第一代工人也已经形成一种鲜明的特性。每年有多达8 000 名农村居民从农场或村庄搬到这个不断扩张的工业城市。仅仅一代人的时间,科尔多瓦的人口就增加了将近一倍。庇隆时期形成的工会总是抵制来自布宜诺斯艾利斯的劳工联合总会的指导,形成一种强烈的地区和草根意识。20 世纪 60 年代的青年工人们改变立场支持庇隆,因为他们认为自己被反庇隆的军队剥夺了公民权利。新一代工会领袖对寡头和外国公司采取了批评态度,他们认为这样做是庇隆本人所赞同的。

　　1966 年,当胡安·卡洛斯·翁加尼亚将军在一次军事政变中掌权时,有些工人希望与之形成政治联盟。翁加尼亚曾经是军队中的温和派领袖,这个派系寻求操纵劳工的办法,因此一些工会支持了他的政变,以后他们会为此而后悔。但是翁加尼亚及其劳工部长决定采取反劳工的发展政策,这个政策试图强迫提高工人的生产力,如果必要的话可以采取武力,同时压低工资。新任军政府下令比索贬值,增加了工人的生活成本。为了降低成本,军政府对国有企业裁员,宣布罢工为非法。在科尔多瓦,雷诺公司削减工资并且裁掉持不同政见的工人。翁加尼亚的镇压政策在科尔多瓦汽车工人和其他人中激起了强烈抗议。

　　1969 年 5 月,一群金属工人举行集会,抗议将周工作时间强制延长 4 小时。警察的干预激怒了工人,他们到科尔多瓦市中心游行抗议。此时激进的大学生们也加入了示威的行列。抗议进行了几天,警察撤

229

1969 年 5 月科尔多瓦市民起义中的骑警和示威者（Archivo Página 12）

出了市中心区,由抗议者占领。施乐公司和雪铁龙的办事处被纵火,闹
事的人推翻汽车,砸烂市中心企业的窗户。工人们逐渐地撤出了,但是
学生又接了上来。随后军队赶到,在为期 3 天的血战中,他们杀进学生
和工人街区。最后,多达 60 人死亡,几百人受伤,1 000 人被捕。

被称为科尔多瓦市民起义(Cordobazo)的科尔多瓦骚乱中的暴力
行动动摇了国家。强人翁加尼亚将军被迫在一年内辞职,一个更为温
和的洪他(军政府)掌握了政权。科尔多瓦市民起义鼓舞了全国各地的
工人和学生,坚定了他们的反抗决心,并要求军队允许庇隆返回祖国。
不久,为了安抚要求庇隆回归的越来越激进的人们,军方考虑再次举行
选举。在这个过程中,大学生从曾经促成 1955 年庇隆下台的右翼天主
教行动的热情支持者,变为 70 年代早期为把"那个老人"带回国而战斗
的左翼游击队员。阿根廷不缺少富有讽刺意味的事情。

游击队运动的兴起

就业前景暗淡的中产阶级青年因持续存在的社会弊病而变得激

进。他们受过教育,为自己的传统感到骄傲,但是为笼罩着他们的未来政治、经济上的无能感到羞耻。科尔多瓦大学的学生已经对镇压者实施了一次打击。科尔多瓦市民起义之后,在10多个抵抗组织中,一小群200人左右的活跃战斗人员发展成为一支有5 000名游击战士的准军事部队。游击队员用引人注目的挑衅标志宣告自己的存在。一个游击队绑架了退休的军政府首脑阿兰布鲁将军,他曾经令埃薇塔·庇隆的遗体"失踪"。游击队在一个藏身处的"人民监狱"对阿兰布鲁进行讯问后,处死了他,把尸体送还给他的家人。军方现在面临了一群全新的庇隆派——中产阶级青年。

在50年代早期作为反庇隆派的打击力量——天主教行动成员时,老游击队首领已经培养了他们的战斗性。一些人与社交活跃的神父们在贫民窟做志愿工作时,思想开始变得"左倾"。他们在那里看到了阿根廷穷人对胡安和埃薇塔·庇隆的崇敬之情。一些人认为,只有庇隆才能实现阿根廷所需的根本性变革,因此转变成了庇隆派。游击队员"并非来自群众",两个了解他们的神父对公众透露说,"他们从出生到长大一直听着长辈辱骂庇隆主义。是什么驱使他们强烈反对自己所生长的社会环境?……只有暴力才能够扫除社会不公正的信念……"(Moyano 1995:27)

许多学生和工人一样遭受了镇压,在这样的经历中,他们变得富有战斗性并且更激进。1966年发生了一次决定性的事件。翁加尼亚取消大学自治和清洗大学管理人员及教授后,警察袭击了布宜诺斯艾利斯大学学生的抗议活动。军政府用典型的野蛮暴力镇压了学生对大学的接管。200多名学生被监禁,30人住院。这个事件被称为"长铅笔(警棍的婉称)之夜"。

目击者对1966年长铅笔之夜的描述

警察闯入(布宜诺斯艾利斯大学精确科学系)发射催泪瓦斯,命令所有人面对墙站立、举起双手……我们靠着教室的墙站着,被催泪瓦斯熏得头昏眼花。警察……开始殴打我们。随后,我们被一个接一个地带出去,强迫在间隔 10 英尺的警察行列中来回跑动。就在那时，我（沃伦·安布罗斯，Warren Ambrose）被痛殴了七八次，一根指头断了。没有人反抗，在咒骂和催泪瓦斯中，我们都吓坏了。拉普拉塔大学新无线电观测台主任卡洛斯·瓦尔萨夫斯基（Carlos Varsavsky）当时颅骨骨折。大约 70 岁的著名地质学家费利克斯·冈萨雷斯·博诺里诺（Félix González Bonorino），满头鲜血。在受到夹道鞭打后，我们那些还能站立的人被赶上卡车，送到一个警察局……我在凌晨 3 点被释放，但是和我一起被抓去的人几乎没有人那时被释放。我们没有在任何时间得到任何关于警察殴打我们的解释，这对我来说，是难以理解的。

麻省理工学院沃伦·安布罗斯教授在《纽约时报》上的发言，1955 年 8 月 1 日（此处似乎时间有误，原文如此——译者注）（Moyano, 1995, 19）

232 随着古巴革命和阿根廷同胞切·格瓦拉在其中的影响，知识分子接受了对国家弊病的一种新批判，它们有力地吸引了这些年轻人。这种学说被称为依附理论。阿根廷陷入由西欧工业国特别是美国主导的世界资本主义的边缘。在阿根廷"依附性"的社会，军队和精英阶层与外国资本家联合。那些有权势的"出卖祖国的人"或"卖国贼"从处于边缘的工人那里榨取资本，并出口到工业化国家。因此，为了工业大都市的发展，依附性的经济关系导致了阿根廷的不发达。

根据依附理论，只有革命才能打破这些依附性的束缚，把国家从外国资本的奴役中解放出来。这样就可以理解，为什么学生激进分子崇拜格瓦拉和古巴革命。1967 年格瓦拉在试图向玻利维亚传播革命时辞世，这使他成为殉难者。但是游击队员采用庇隆主义来表达阿根廷革命。他们的理由是，如果精英阶层和军队如此强烈地憎恨庇隆，那么他一定是代表了革命。埃薇塔因其对寡头的猛烈抨击而著名，成了这些青年的守护圣徒。他们不辨埃薇塔的革命概念，在全城的墙上，到处刷上像"庇隆主义是革命，或者什么也不是！"的埃薇塔口号。对埃薇塔的崇拜驱使他们打击那个曾经使她的遗体失踪的人。因此，1969 年阿兰布鲁将军成了游击队主持正义的第一个牺牲品。

　　但是,像其他任何阶层和政治群体,包括军队一样,各游击队之间也有分裂。革命可能有任何含义,从人民革命军(ERP)所赞同的托洛茨基式的革命主张,到"蒙托内罗斯"(Montoneros)①推崇的模糊的民族主义革命主张。后者成为二十个游击队组织中最大的一个,部分是由于他们成功地袭击了阿兰布鲁,也由于他们的思想十分模糊,足以吸引许多追随者。流亡在外的"那个老人"赞扬他们所有人都是庇隆战士。蒙托内罗斯的名字取自 19 世纪精英阶层使用的贬义称谓,指深得人心的考迪罗的那些骑兵追随者。

　　翁加尼亚将军把权力交给温和派军官并没有阻止游击队的行动,反而鼓励了他们。他们开始对外国汽车公司展示厅和迷你大卖场(属于美国政治家洛克菲勒所有)食品连锁店实行炸弹行动。他们暗杀了与军政府合作的臭名昭著的工会领导人和强硬派军官。他们绑架外国公司的管理人员,榨取数百万美元的赎金。有些游击队袭击军事基地,

1973 年 5 月,蒙托内罗斯成员向五月广场进发。(Archivo General de la Nación)

---

　　①　全称为 Movimiento Peronista Montonero,是 20 世纪 60 年代和 70 年代活跃在阿根廷的一支左翼庇隆主义游击队。

而另一些占领省里的小镇,作为他们大胆和政府软弱的象征。众多游击队派别 1969 年发动了 114 次武装行动,1970 年 434 次,1971 年 654 次。

为了与庇隆派工会的抵制行动保持一致,游击队把阿根廷变得乱得无法治理。他们只给军政府留下了一个选择:1973 年召开另一次选举,并且允许正义党候选人参加竞选。军政府归还了埃薇塔的遗体,试图与庇隆和解。流亡在西班牙的庇隆在意大利的一个国家公墓里找到了埃薇塔的遗体,她已经以一个意大利出生的寡妇的假身份在这里埋葬了 17 年。尽管军政府做出了这些让步,但仍向所有总统候选人蛮横地提出一项居住法令来操纵选举,将庇隆排除在总统选举之外。然而,经年的军队镇压和游击队的暴力活动给政治环境留下了苦涩的后遗症。在阿根廷,法律以外的行为似乎比以往任何时候更加合法化。

234

混乱的庇隆回归

不出所料,正义党在 1973 年的选举中大获全胜,党的候选人埃克托尔·坎波拉(Hétor Cámpora)在一派欢欣中宣誓就职。人们希望将军们再也不会重掌政权。行人在大街上向军官吐口水。在所有的游击战士中,坎波拉对蒙托内罗斯游击队的回报最多。他从监狱释放了所有 371 名政治犯,大多数是恐怖分子的中坚。其他蒙托内罗斯成员和庇隆派工会领袖及长期党务人员一道得到政府任命。蒙托内罗斯举行了盛大的庆祝活动,他们和着贝斯鼓(bombos)的节奏舞动,青年观众挤满了这个职业足球队的体育馆。但是正义党右翼和许多工会领袖讨厌与这个专横的新来者分权。

庇隆站在右翼这一边,特别是在他的胜利归来日出了岔子之后。"那个老人"和他年轻的第二任妻子马利亚·埃斯特拉(伊莎贝尔)·马丁内斯·德·庇隆(María Estela[Isabel]Martínez de Perón)计划在 6 月 20 日抵达埃塞萨国际机场。在这前一天,几乎整个布宜诺斯艾利斯城陷入了瘫痪,几百万祝福者前往机场。由于交通堵塞得水泄不通,许多人不得不步行前往。正义党和工会领导人负责设置庇隆站着上面向欢迎者致意的台子。当一队蒙托内罗斯人员在鼓声和旗帜的伴随下，作为庇隆的好战士为占据台前的位置向前冲时，枪声大作，一场骚乱和枪战随即在庇隆派右翼和左翼展开。愤怒的庇隆不得不把飞机转到一个空军基地降落。所有的人都认为，官方统计 16 人死亡、433 人受伤这一结果大大地隐瞒了这次事件中受害者的数目。此后不久，庇隆迫使坎波拉辞职，并且要临时总统号召举行一次特别选举。庇隆在其第三次总统竞选中获得了 61％的选票。他的妻子伊莎贝尔当选为副总统，一个曾经把埃薇塔排除在外的职位。

庇隆新政权在向反对派、工业家和军方做出和解姿态的同时，清除了政府官员中所有蒙托内罗斯组织的人。甚至是中产阶级也兴高采烈，他们中许多人相信，只有庇隆能够治理这个国家。通货膨胀率下降了一些，资本开始流回阿根廷。但是庇隆也会死，隆冬季节，1974 年 7 月 1 日，他死于心脏衰竭。庇隆的国葬甚至超过了伴随伊里戈延、加德尔和埃薇塔葬礼的巨大悲伤。成千上万的人站在冰冷的雨中等待他的棺木经过，悲伤的情绪中夹杂着对未来的不确定。在这种情况下，伊莎贝尔·庇隆成为美洲第一个女性国家元首。

然而，庇隆的遗孀并没有接受过足够的训练，也没有足够的声望来应对总统之职的挑战。说实话，当蒙托内罗斯对政府宣战时，也许没有哪个在世的人能满足这两样中的一个。接下来的两年，公众的信心不断丧失；受到惊吓的富人和外国投资者再次将他们的钱汇到国外的庇护所。通货膨胀率和国家宿命论一道上扬。庇隆派工人再次遭受实际工资的损失，这是伊莎贝尔提高工资的法令永远也弥补不上的。工人们不像以前那样频繁出现在庇隆派忠诚集会上。他们的呼喊声"伊—莎—贝—尔，伊—莎—贝—尔"再也不像过去充满敬意的"庇—隆，庇—隆，庇—隆"历时那么长。伊莎贝尔向已故丈夫的一个亲信求助，请他帮助她管理国家。社会保障部部长何塞·洛佩斯·雷加(José López Rega)在给她建议之前都占卜星相，并且安排把联邦预算的大约四分之一分配给自己的部门。人人都知道洛佩斯·雷加资助了臭名昭著的

235

阿根廷反共联盟,AAA 组织(the Triple A)。AAA 组织的暴徒在国家
中积极采取罗萨斯式的恐怖统治,杀害涉嫌游击队员和左翼政治家,威
胁中左派演员和民歌歌手,把残缺不全的尸体留在郊区的道路上或者
埃塞萨机场附近燃烧的车上。

　　游击队再次采取恐怖行动,用炸弹爆炸、绑架人质索取赎金和暗杀
进行反击。1975 年发生了 723 起游击队活动事件。"我们的事业得到
伟大的阿根廷和伟大的拉丁美洲指挥官切·格瓦拉正直榜样的指引,"
一个游击队公报申明,"(这个政权的)傀儡将军们——其行刑警察上演
了一出滑稽剧,认定我们的暴力是可耻的……他们仅仅是以自己的方
式和习惯来表现革命战斗人员的形象。"(Moyano 1995,61 - 62)

　　没有哪一方能够轻易战胜对方,因此无辜的人夹在中间受到打击。
然而,游击队与 AAA 组织不同,他们永远都不缺乏想象力。1974 年,
他们打开阿兰布鲁将军的坟墓,把尸体作为人质,直到伊莎贝尔和军方
把埃薇塔的遗体从在西班牙安息的地方运回。"如果埃薇塔还活着,"
他们在全国墙上四处喷涂油漆,"她会成为一个蒙托内罗斯战士。"有
790 人——士兵、警察、商人、政治家和无辜的路人死于游击队暗杀者
的手中。AAA 组织杀死了成百上千人作为报复。

1975 年一个记者对一次蒙托内罗斯组织新闻发布会的报道

　　马里奥·菲尔梅尼西(Mario Firmenich),一个南斯拉夫移民的后裔,是
蒙托内罗斯的最高指挥官。他是受过各种不同政治训练的创始人之一。
在这 12 名(1969 年 5 月末)参与绑架后来谋杀了一位阿根廷前总统的青
年男女中,大多数有右翼民族主义的来历,他们的行动指南不是《资本论》
而是《圣经》……

　　游击队首领发言时控制着自己的兴奋。召开这个新闻发布会是因为
那天是阿根廷国旗日,也是胡安·庇隆结束在西班牙的流亡回国两周年纪
念日。"监禁"博恩兄弟(两个富有的商人)证明了"我们现在是一支值得认
真考虑的力量,一个不容忽视的政治组织……"

　　菲尔梅尼西举起一只手说,他想告诉大家一个特别的消息……"几分

钟后,豪尔赫·博恩先生将被带到这里。我们把他带到媒体面前;他将在今天得到释放……"

"为了释放博恩你们得了多少钱?"有人问。菲尔梅尼西微笑了,洋洋自得似乎笼罩了他,"我们打算得到 6 000 万美元……"

有人大喊"他出来了!"豪尔赫到了,他小心翼翼地走下一段没有扶手的石阶,有些困难地眯着眼睛从墨镜里往外看。似乎很简单,他看起来很平常;我不太清楚我(安德鲁·格雷厄姆·尤尔,Andrew Graham Yooll)期望看到什么。一个人被关押了 9 个月之后一定和同类有些不同……

记者们簇拥着他,当德国或瑞典电视台的工作人员打开摄像灯,聚焦他们的镜头时,记者们让开了。博恩盯着镜头,强烈的灯光、情况的不确定性和拥挤的人群让他惊呆了——尽管看守警告过他会遇到这些。终于灯熄了。和他在一起真令人兴奋;他值 6 000 万美元。

(Graham-Yooll 1986,43 – 45)

从左至右:海军上将埃米利奥·马塞拉(Emilio Massera)、豪尔赫·魏地拉(Jorge Videla)总统和奥尔兰多·阿戈斯蒂(Orlando Agosti)将军,他们都是实施"进程"的执政的军政府成员。(Archivo General de al Nación)

1976 年初,公众舆论再次鼓噪军事政变。报纸编辑、反对派领袖甚至工人们都渴望从内乱和三位数的通货膨胀中得到喘息。那些 1973 年被吐口水的军官,在 1976 年被认为是大多数阿根廷人唯一能求助的救星。然而,将军们在等待时机。他们希望能够为东山再起建立真正的共识。1976 年 3 月当通货膨胀率达到 600％时,他们认为已经有了这个共识。军方迅速结束了伊莎贝尔的宪法总统统治,给担忧的大众带来了宽慰。当然很多人一定怀疑阵发的暴力还远远没有结束。

肮脏战争

1976 年获得权力的将军们制订了一个意义深远的严苛计划,他们称之为"国家重组进程",或简称"进程",他们模仿 10 年前翁加尼亚的例子,在官僚机构的最上层填充了军官。清洗随之而来。还没来得及藏起来的正义党党员被解除政府职务,参议员和众议员被锁在办公室外面。尽管军队高层仍然有温和派和强硬派之间的派系之争,温和派巩固了对军政府的控制。陆军首脑豪尔赫·魏地拉(Jorge Videla)将军获得了军政府的总统之职,军政府也包括海军和空军首脑。"进程的目的,"魏地拉宣布说,"是意识的深刻变革。"(Feitlowitz 1998,19) 新一届军政府在得到大众广泛支持的两个政策上取得一致意见。军政府承诺抑制通货膨胀,发誓消除游击队问题。

为了解决通货膨胀问题,军政府把经济政策交给何塞·马丁内斯·德·奥斯(José Martínez de Hoz)负责。马丁内斯·德·奥斯出身旧地主家庭、是受过哈佛训练的经济学家。由于他颁布的经济政策支持开放市场,缩小公共开支,立刻鼓舞了国内外投资者的信心。马丁内斯·德·奥斯也在合适的时机欢迎外国投资。1973 年阿拉伯石油禁运成功地将国际石油价格抬高了 4 倍,导致世界石油出口国获得巨额利润。高昂的石油价格损害了阿根廷经济,其国有石油公司甚至无法给缺乏活力的经济提供燃料能源。然而,此时国际银行有几十亿美元的石油美元存款,并且雇用了几十名讲西班牙语的金融代理在拉美搜寻贷款机会。马丁内斯·德·奥斯的法令给国际贷款人留下了深刻印象,他们也对军政府"约束"游击队和工人的能力有信心。新政府急切地抓住了机会,通过国外贷款实现在低通货膨胀率下的经济增长。

在贷款的冲击下,将军们决定反对精简政府机构,每个军方省长和负责国有企业的军官都寻求与外国贷款人会面,作为提升个人权力的一条途径。他们甚至用更多自己的朋友和支持者替换正义党官僚。阿根廷经历了使军政府大受欢迎的经济繁荣,但是将军们屈服于一种古老的倾向,受托管理国家利益的政府官员可以逍遥法外,这种豁免权使他们堕落腐败。布宜诺斯艾利斯市长奥斯瓦尔多·卡恰托雷(Osvaldo Cacciatorre)是个很好的例子。在军队政治中,他代表了强硬派。他的政府借了 10 亿美元修建从埃塞萨机场直达首都中心的高速公路。在公路建设过程中,他的下属用推土机推平了 32 个棚户区,使近 30 万贫民流离失所。公路还没建好,钱就花完了。卡恰托雷还设想用 2 亿美元的成本建造一个宏大的主题公园因特拉马(Interama)。在钱消失之

239

布宜诺斯艾利斯新港(Puerto Nuevo)区的一个城市贫民区。(Archivo General de la Nación)

前,公园里建成了一些游乐设施和展品。一份会计报告后来发现"城市提供和从银行贷款筹措来建造公园的公共资金大部分已经进了瑞士和卢森堡的存款账户"(Simpson and Bennett 1985,203)。在卡恰托雷的管理下,布宜诺斯艾利斯市政府背上了 25 亿美元的债务。但是,由于军政府宣布所有公开批评政府的行为属于非法,新闻媒体无法提醒市民警惕这种趋势。

阿根廷外债急剧攀升,伊莎贝尔·庇隆政府在 1975 年发现难以支付总额 80 亿美元债务的利息。在军政府统治下,1979 年债务上升至 180 亿美元,随后在 1982 年达到 400 亿。经济沙皇马丁内斯·德·奥斯对降低外债无能为力,因为他无法控制将军和海军上将们的其他计划。充裕的国际资本使这个国家在军政府统治的 7 年时间里保持了 4 年虚假的经济繁荣。在阿根廷人的记忆里,那是个"轻松挣钱"(plata dulce)的时代,当时甚至是中产阶级都负担得起出国旅游和购买一切。尽管这透支了国家未来经济的健康发展,此刻的经济繁荣使军政府能够实施其第二个目标:打败游击队运动。

将军们用医学术语来解释自己行事的原因:国家得了癌症(左翼恐怖主义),必须进行手术切除。他们认为,共产主义选择阿根廷作为侵入南美洲的通道,并且为了国家安全要求采用严厉的对策。

魏地拉将军和军政府对各省的指挥官、军队领袖和军事官僚机构没有多大约束力,因此对游击队的斗争取决于军队领袖的个人性情。这种国家镇压的分散格局有其自身的动力,因此实际上成为非常直接的手术工具。为了消灭大约 2 000 名剩余的左翼游击队中坚分子(AAA 和其他右翼恐怖分子不在政府镇压的游击队之列),军队杀害了多达 19 000 名阿根廷人。他们的战略如下:"首先,我们杀死所有的危险分子,"伊韦里科·圣琼(Ibérico Saint Jean)将军说,"然后我们会杀掉他们的同伙,接下来是同情他们的人,接下来……那些保持冷漠的人;最后我们会杀掉胆小的人。"(Anderson 1993,226)他们还监禁、严刑拷打和强奸了成千万人。另有 200 万阿根廷人可能已经逃亡。

反游击队的主要手段是利用巴多达(patotas),由 6 至 20 名士兵、水手或警察组成的逮捕队。他们常常在夜晚突袭,当受害人睡着后,用政府发给他们的标志——绿色福特汽车包围房子。他们小心翼翼地提前告知街区警察,这样巡逻车就躲得远远的。逮捕队首先抓到受害者及其家人,然后在房子里彻底搜查寻找证据。随后他们把受害者带走审讯。随着他们豁免权的增大,这些逮捕队变成了常见的强盗。他们袭击那些并没有窝藏恐怖分子特别嫌疑的中产阶级家庭,仅仅是为了在卡车上装满家具和个人物品,拉到跳蚤市场出售。有些巴多达光天化日下抓捕、强奸漂亮的女青年。这些策略相当迅速地击败了游击队,但是巴多达继续活动,不是为了国家安全,而仅仅是为了滥用权力。

一位母亲的证言

241

我的儿子是拉普拉塔大学的学生。但是在政变时期,由于大学里太乱,他住在门多萨这里……(一天)在回家的路上,他们开车遇到了军警部队的行动。他没带身份证,因此他们逮捕了他……结果,他失踪了……

在他被绑架一个月以后,那帮人又来到家里。那时,我们的女儿比奥莱塔在家,她在拉普拉塔大学念书,最小的女儿,念中学的安娜·马利亚也和我们在一起。那天是 1977 年 1 月 22 日。那帮人大约晚上 11—12 点乘几辆汽车来到这里,他们蒙着脸,手里拿着步枪。他们踢开门,从前后侵入房子。他们没说自己是谁,但是即使在黑暗中,我们也看出其中一辆车是警车。他们在谈论毒品。

他们……把我们扔在地上,威胁和侮辱我们,特别是侮辱我们的教师职业。他们带走了我们 16 岁和 18 岁的女儿。女儿们绝望地大哭。我的神经崩溃了。不知道出了什么奇迹,他们把最小的女儿带了回来。

……就在同时,其他人把所有东西都搬出房子,所有他们能带走的东西。而且,他们带走了比奥莱塔……

在女儿被带走时,我们听到了她的哭泣声……

一个星期以后,一天晚上,我丈夫听到窗外有动静,往外看了看。他手里已经拿了一根棍子,准备保护自己,痛击试图闯进来的任何人。那是我们的女儿比奥莱塔。她裸着身子,趴在地上,别问我情况怎么样——眼睛感染了，满身瘀伤、脸上带着恐惧……但是她回来了。她告诉我们，那些人把她带到城外的一个地方，整天把她锁在一辆车里。她缩在那里，手被捆着，眼睛被遮着……她听到遭受酷刑的人在惨叫，他们也折磨了她。

(Fisher 1989, 15 - 16)

逮捕队向拘留所的长官报告，在布宜诺斯艾利斯，军队控制着绝大多数拘留中心，并把兵营和军事教室变成拘留室。在多数情况下，警察居于次要地位，AAA 完全退出了。这些行动的战略有了一些改变，因为军队进行秘密拷打和杀害，并且谨慎地处理尸体，而旧的 AAA 组织喜欢用罗萨斯的方式，公开展示这些暴行作为警告。海军在海军机械学校建立了最臭名昭著的拘留中心之一。

每个拘留所长官都有自己的嫌疑犯名单，电击折磨囚犯后获得的信息经常会扩大这个名单。多个名单造成的混乱意味着成千上万无辜者毫无理由地被拘留。亲人们永远也不知道那些被捕的人到哪里去了，使追踪已经是秘密记录的过程更加复杂。民权律师们也失踪了，没有法官和记者敢于对随意逮捕提出质询。三分之一的受害者是工会领袖，这证实了军政府试图再次摧毁工人阶级的反抗。医生们经常参加刑讯，使受刑者能够清醒足够长的时间以得到更多的信息。拘留所把受害者的尸体埋在偏僻的地方，没有任何标志，因此兴起了"失踪者"这个词。有飞机的军事单位给受害者打上麻药，带着他们飞到一大片水域，把肚子剖开，这样就能沉下去，然后把他们扔到水中。随着时间的推移，施刑者继续着自己的嗜好——还是有完全豁免权——仅仅是为了体会权力的感觉或者是这种感觉带来的性欲。

恐惧和经济繁荣结合起来使公众对不断增加的失踪证据保持了沉默。政府严厉处置那些对失踪人员情况询问过于密切的律师、法官和新闻记者。报纸上对已经显著下降的游击队运动和政府的镇压只字不提。许多人不想知道是怎么回事；然而，一群妇女——主要是失踪者的母亲和妻子组成了一个抗议群体。军官们拒绝回答问题，他们告诉母亲们，她们的儿子很可能和妓女私奔了；告诉妻子们，她们的丈夫出走了,和别的女人过日子去了。解释失踪的女儿去哪了比较困难。1977年4月,这些妇女中的一小群人在玫瑰宫前的广场上集会,举行静默守夜。有些路人咒骂她们,保安人员威胁她们。自此以后,每个星期四她们都到五月广场游行,今天依然如此。

这个群体逐渐被人们称为五月广场母亲组织,这个组织的领导人之一埃韦·德·博纳菲尼(Hebe de Bonafini)相信,国际媒体和国外的外交压力保护着这些每周的抗议活动,这个抗议活动随着口口相传力量在不断成长。《纽约时报》、瑞典、西班牙和法国政府在这方面起了突出的作用。由于军政府侵犯人权,美国总统吉米·卡特1979年暂停了与阿根廷的贷款谈判。然而,玛格丽特·撒切尔首相领导下的英国政府和美国的罗纳德·里根总统政府忽略,甚至赞扬"进程"。实际上,1981年,里根领导下的中央情报局邀请阿根廷军官训练最早的尼加拉瓜反革命武装(the Contras)。

1983年一次集会中的五月广场母亲组织。(Courtesy of Asociación Madres de Plaza de Mayo)

军队经受住了国际人权组织的批评。1978年,魏地拉将军成功主持了阿根廷主办的世界足球锦标赛。在这次比赛中,东道主队首次赢得了世界杯。然而在国内，为了把军政府的总统职位交给另一个温和派，他不得不与温和派平息一场发生在科尔多瓦的强硬派哗变，这次哗变由卢西亚诺·梅嫩德斯（Luciano Menéndez）将军领导。尽管越来越多的证据显示军政府严重侵犯人权，但它并没有放松对权力的控制。直到 1980 年，经济严重收缩，通货膨胀率再次急剧上升。

　　除了五月广场母亲组织外，产业工人也发起了反对军政府的重要斗争。1976 年和 1977 年，普通工人发动了一系列的野猫罢工，甚至就在逮捕队大批杀戮工会领袖的时候。新一代的激进劳工领袖号召 1979 年 4 月举行一次总罢工。随后的铁路工人罢工和汽车工人罢工都带来了工资上涨而不是遭到军方的严厉镇压。劳工领袖在最早要求恢复民主的人的行列中。"只有通过民选政府"，他们宣称，国家才能实现"期待已久的民族团结"（Cox 1995,82）。急剧的经济收缩持续到 1981 年，再次引起了军政府的大改组以及对其侵犯人权的更多质询。在另一次总罢工中，工会领袖宣布，"阿根廷人民，以及表达人民意愿的机构，将必然对 1976 年 3 月开始的进程失去信任"（Cox 1995,95）。

　　在这个低潮期，莱奥波尔多·加尔铁里（Leopoldo Galtieri）将军接任军政府总统，抓住一个危险的时机来恢复阿根廷军队的名誉。最终把将军们赶下台的不是因为他们侵犯人权，不是因为劳工骚动，也不是因为不断增长的债务和通货膨胀，而是和大不列颠争夺马尔维纳斯群岛的灾难性战争。

马岛之战

　　1982 年 4 月，加尔铁里将军命令陆海军攻占马尔维纳斯群岛（简称马岛），这个群岛在英语世界中被称为福克兰群岛。那些受强风吹袭的南大西洋岛屿上的小股英军驻军很快屈服。消息传来后，成千上万的阿根廷人挤满街头，不是为了抗议军政府，而是为了向其欢呼。1833 年英国海军占领了人口稀少的马尔维纳斯群岛作为加煤站，并从此以后把持着马岛。使用煤油作燃料的战舰出现后，这个帝国前哨就废弃了,但仍然有 2 000 名英国公民居住在马尔维纳斯群岛。联合国已经通过了决议,要求英国将群岛还给阿根廷,但是两国间有关岛上养羊的英国公民权利的谈判不断破裂。尽管如此,每个小学生的阿根廷地图上都有马尔维纳斯群岛,爱国自豪感就蕴藏其中,甚至是一个半世纪之前,自由主义时期政治家吸引英国投资时也是如此。

尽管外交权利可能属于阿根廷人民,但是加尔铁里将军打错了算盘。在发布攻占命令的那天晚上,加尔铁里给他的"好朋友"里根总统打了电话。美国总统对于加尔铁里希望他能坚持门罗主义感到震惊,这是一个 19 世纪的准则,声称任何欧洲国家对任何美洲国家发动攻击,将被视为向美国开战。美国政府赞成阿根廷反对"共产主义",但是里根政府不想和英国产生分歧,更不想因为如此不重要的南大西洋上的某个群岛产生分歧。里根总统和英国首相玛格丽特·撒切尔在思想上有强烈的亲近感。里根没有支持加尔铁里,而是在撒切尔夫人迅速派出一支英军特遣队收回群岛时给她道义上的支持。

245

当被要求保卫马尔维纳斯群岛,反对英国人的占领时,阿根廷军队装备不足,缺乏训练。(Archivo Página 12)

　　加尔铁里及其军政府成员任命马里奥·梅嫩德斯（Mario Menéndez）将军，一个重要的强硬派成员为"解放"马岛的军事司令官，并且把他的防御部队、阿根廷最精锐的作战部队重新部署到与智利的安第斯边界上。尽管这两个接壤国家的军政府在追捕对方外逃的左派分子上进行合作，但智利和阿根廷对火地岛（Tierra del Fuego）的某些地区仍然存有争议，特别是比格尔群岛（Beagle Islands）。阿根廷担心奥古斯托·皮诺切特（Augusto Pinochet）将军的智利军队入侵，因为他是南美洲唯一宣布支持大不列颠的国家元首。结果是，派到马岛的替换部队都是缺乏训练和装备的应征士兵。当他们蹲在潮湿的散兵坑里等待英国部队时，许多人没有被发放足够的衣服抵御寒冷而被冻伤。而与此同时，梅嫩德斯将军和他的同事们设在斯坦利港（Port Stanley）更命名为阿根廷港（Puerto Argentino）的司令部，贮藏了大量肉和葡萄酒补给。

246

一个应征士兵描述 1982 年马岛战役

　　当我们飞往马岛时，一路上很拥挤，我旁边的一个男孩开玩笑说："别发牢骚了，回来的路上我们会更舒服一些。""为什么？"有人问他。"嗯，到时候我们就没这么多人了。"他回答。周围一片静默……

　　我们终于到达指定地点。但是一到那儿，我们和军官都不知道该如何设置我们的位置。起初我们试图睡在帐篷里，修建防御工事，从散兵坑射击，就像在布宜诺斯艾利斯省受训时挖的那种坑。但是岛上的土很糟糕；挖一个坑，两天之内里面就全是水……

　　但那时候我们士气低落，不是因为害怕英国人，而是因为缺少食物。并且当食物送到的时候，冰冷的口粮装在已经打开过的袋子里，装着少量罐头和一点糖果。我（丹尼尔·科恩，Daniel Kon）从来没见过作战口粮盒……

　　在英国人袭击的最后一天，他们从陆地上和 4 艘护卫舰上，从四面八方发动进攻……夜里 10 点半，对我们阵地最后的炮轰开始了。简直难以置信，大约每秒钟 3 发炮弹。我们做了能做的事情；我们所能做的就是保护自己,并且不时地还击一下……这些士兵都是来自科尔多瓦的男孩,刚刚从里瓦达维亚海军准将城来到这里。他们真的吓坏了;他们以前从来没听过炮弹声,就这样被送进了地狱中……

(我们作为英军的俘虏被关在前阿根廷司令部)就在那时我们开始发现一屋一屋堆到房顶的食物! 当我们去偷吃时,已经发现了三四个仓库,但是结果有40多个。仓库进不去,那儿有那么多食物……

最后,我们和一些英国士兵变得相当友好。在一次谈话时,我告诉他们,我只经过5次射击测试,受过50天训练时,他们直把头往墙上撞。他们无法理解……所有的英国士兵至少接受了3年训练。无论投入多少爱国主义,你无法与之战斗。(Kon 1983,12,17,26 - 27,31,38 - 39)

英军几乎没有遇到任何有效抵抗。在登陆马岛之前,一艘英国潜艇击沉了阿根廷战舰贝尔格拉诺号(Belgrano),800 名船员消失在冰冷的海水中。一次阿根廷空中反击炸沉了一艘英国驱逐舰,上面有 200 名船员。然而,当英国舰队靠近马尔维纳斯群岛时,大部分阿根廷军事装备仍然安全地留在大陆的基地上。英国海军陆战队遇到的抵抗很 247

马岛战役中的阿根廷医务人员（Archivo Página 12）

小,更别提来自阿根廷军官阶层的抵抗。不久因在海军机械学校侵犯人权而臭名远扬的海军上尉阿尔弗雷多·阿斯蒂斯(Alfredo Astiz),只是看到英国战舰就把外围的乔治亚岛(Georgian Islands)拱手相让。英国军队占领了马尔维纳斯群岛的主要岛屿,梅嫩德斯将军很快在其舒适的司令部升起白旗投降。第二天,加尔铁里在布宜诺斯艾利斯宣布战败,并且从军政府辞职。

起初,爱国的阿根廷人民被这个消息惊呆了,随后他们怒火中烧。他们突然认识到,当武装部队设法令公民消失、掩盖自己的腐败与侵犯人权行为、阻止正义党掌权、恐吓知识分子、占据国家预算的最大份额和浪费可观的国际贷款收益时一直颇为高效,却无法完成宪法赋予他们保卫国家的使命。

豪尔赫·路易斯·博尔赫斯的政治哲学

马岛的军事溃败如此震惊全国,甚至阿根廷最著名的文学家豪尔赫·路易斯·博尔赫斯也欢迎军政府的垮台。他一直因反庇隆主义的观点而著称。这个著名的小说家和诗人一直认为,他属于像文学杂志《南方》的创始人维多利亚·奥坎波那样的知识分子,把庇隆与希特勒和墨索里尼相提并论。他拒绝接受庇隆在工人阶级中受到支持的事实,认为那是蛊惑人心的产物;不顾庇隆在 20 世纪三次最透明的选举中获胜的事实,把他称为独裁者和暴君。博尔赫斯甚至借用他祖父时代的古典两分法(他的祖父很著名,曾经反对罗萨斯):庇隆主义是野蛮战胜文明。博尔赫斯的观点 1946 年使他丢掉了政府里的一个小闲差,当时正义党政府把他从一个图书馆职员"提拔"到公共市场上当鸡兔检查员。

博尔赫斯随后与许多当权军人站在一起,赞扬像西班牙的弗朗西斯科·弗朗哥(Francisco Franco)和智利的奥古斯托·皮诺切特这样的领导人。他评论说,在阿根廷,将军们是"唯一有能力报效国家的绅士"。他还因为说了这样的话被引述,"我知道我没有资格谈论政治,但是也许你得允许我说,我不相信民主,那种对统计数据的奇怪滥用"(González 1998, 196)。

尽管如此,马岛溃败使他清醒了许多,在他生命最后阶段的一次访谈中,他提到,劳尔·阿方辛的当选恢复了他对民主的信仰——也许也因为这是半个世纪以来庇隆派第一次没有获胜的自由选举。

看守军政府认识到其统治已经无法继续了。中产阶级各党派终于发展了足够的骨干,可以跟进五月广场母亲组织和工人阶级的先期抗议者。军方试图用最后一刻宣布大赦来免除自己在国家重组进程中对军官所犯的罪行应负的责任。1982 年 12 月,诺贝尔奖获得者阿道夫·佩雷斯·埃斯基维尔领导 10 万人进行了声势浩大的游行示威,谴责军方的"肮脏战争"。随后,将军们宣布 1983 年 10 月举行总统选举,他们充分预期正义党会取得胜利。与预期相反的是,总统候选人劳尔·阿方辛(Raúl Alfonsín)联合激进党中的许多派别,拒绝宽恕军方罪行,指控正义党分子和将军们进行大赦交易,并且以 52％ 的得票率大获全胜。甚至是臭名昭著的民主怀疑者,在世的阿根廷最伟大的文学家豪尔赫·路易斯·博尔赫斯也不得不承认,阿方辛的当选代表了一个被困扰和战败的国家最好的希望。

第十章　新自由主义时期的开始

对阿根廷而言,1983年的选举标志着许多重大转变:军人重新回到军营;自伊里戈延以来第一位自由选举的激进党总统就职,正义党在总统选举中首次失利。更重要的是,劳尔·阿方辛总统及其顾问们不得不面对军政府遗留下来的问题。他们现在不得不清点肮脏战争中死亡和失踪的受害者,起诉那些折磨和杀害阿根廷公民以及在马岛战争中指挥不力的军方人员。1983年,新一届文官政府面临的挑战还有经济。背负着超过300%的通货膨胀率和军政府期间增加了5倍的国际债务,阿方辛政府不得不设法发展经济。

在阿根廷,很少有人因为当时没有认识到另一个更加根本性的变化也在形成而受到指责。民众主义以破产告终。赤字支出已经不再能刺激国内需求和工业增长。国家再也负担不起用伤害传统农业出口的关税壁垒来保护效率低下的工业。迟早国家不得不面对自己在有效管理核心企业方面的失败,把企业卖给私人投资者。如果没有外国资本和技术的输入,经济无法得到增长。最终政府不得不降低通货膨胀率、减少债务;事实上,国际货币基金组织把财政责任作为向阿根廷进一步发放贷款的条件。除了古巴,所有其他有高额外债和高通货膨胀率的拉美国家也都脱离民众主义经济,参与到这个趋势中。

新自由主义时期由此诞生。之所以如此命名,是因为这一时期的经济原则与一个世纪之前自由主义时期占统治地位的经济原则类似。新自由主义的特点是开放市场、外国投资、出售国有企业、降低贸易壁垒、放松劳工流动性、重视出口、精简官僚机构、放松政府管理、采纳新技术。在国际货币基金组织赞许的目光下,政治家宣誓忠于这些原则。但是在像阿根廷这样断裂的、存在歧视的社会里新自由主义有其自身的敌人,结果将证明,文官政治家在追求新自由主义计划时与他们追求民众主义时同样无能。

攻击豁免权

1983 年各个阶层的阿根廷人都把军人的豁免权看作国家的头号问题。五月广场母亲组织的每周游行在民选政府时期仍然持续,公众要求对肮脏战争的受害者负责,问责施暴者。因此,阿方辛总统创建了全国调查失踪人员委员会,小说家埃内斯托·萨瓦托(Ernesto Sábato)(《论英雄与坟墓》的作者)主持这个委员会的工作,120 名工作人员赴全国各地搜集文件,并且从受过酷刑的受害者和失踪人员的家人那里收集证词。军政府的以前流亡囚犯回国作证。

阿方辛原本预计全国调查失踪人员委员会将会在 6 个月内结束调查,并向民事法庭呈交调查结果,以便迅速起诉肮脏战争中的高级军官。如果总统想迅速处理失踪人员问题而不激起军方的武装反对,那他就想错了。

从一开始,阿方辛的政策就遭到各方的抵制。右翼批评派提出,国家重组进程降低了武装游击队给国家带来的危险。军官们现在把激进党看作一群共产党,尽管之前激进党曾经支持军方的去庇隆化。左派的反对来自五月广场母亲组织和诺贝尔奖得主阿道夫·佩雷斯·埃斯基维尔,他们怀疑总统的真实意图是限制对失踪人员的调查,并且把起诉限制在那些发号施令的军官,而不是数千名更多的执行酷刑和

一个遭受过酷刑的人 1984 年回到阿根廷　　　　252

1977 年 4 月,记者哈科沃·蒂默曼(Jacobo Timerman)在自己的公寓被

20 名武装人员逮捕。蒂默曼试探性地报道了失踪人员和游击队行动，这是军政权禁止宣传的两个题目。蒂默曼还是犹太人，执政军官中的极端分子是众所周知的反犹分子。武装人员在他头上套上面罩，把他捆起来放进一辆轿车的后部。一个绑架者用枪指着他的头，威胁说，"说再见，亲爱的哈科沃。你完蛋了"(Timerman 1981, 10)。有人缓慢地数到 10，随后抓他的人爆发出一阵大笑。

在接下来的 3 年里，蒂默曼被安全部队人员关押和拷打。通过国际人权组织的抗议，他最终获得释放，并离开阿根廷，写了一本关于他的监禁生活的著名回忆录《无名的囚犯，无号的囚室》。1984 年民主恢复后，蒂默曼回到阿根廷。对这个前军政府的囚犯来说，这是一个痛苦，或者说苦乐交杂的体验。

回到阿根廷，蒂默曼施压指控两名将官，并动身找到他被捕后大部分时间关押的秘密监狱。他在一个小囚室照了张相，在那里他曾经与世隔绝、遭受电击，而且食不果腹。他反思国家民主的重建，并且寻找前军政权侵犯人权的真相。蒂默曼表达了希望追求公正，反对发动了肮脏战争的军官；但他也认识到，并非所有的人都谴责过去的侵犯行为。

甚至在 1984 年蒂默曼回国访问前，替军方叫屈的人开始在报纸上铺天盖地地编造故事，说这个国际著名的阿根廷记者以前和涉嫌蒙托内罗斯的银行家有联系。曾经拷打过他的人，拉蒙·坎普斯(Ramón Camps)甚至出版了一本书，把蒂默曼和"共产主义恐怖分子"联系在一起。这种破坏蒂默曼名誉的宣传在阿根廷有为绑架和折磨他辩护的效果。

253　谋杀的军官。除此之外，母亲组织反对总统实际上半心半意地指责的游击队。他曾经说过，游击队的领导人也应该被起诉。但是失踪的蒙托内罗斯的家人希望把他们的亲人塑造成民族英雄，而不是像军官那样的罪犯。"未来将追忆这些人民的英雄和烈士，如同我们追忆他们一样，"一份母亲组织的出版物如是说，"因为他们是正确的。"(Norden 1996, 89)

阿根廷不完备的司法体系使所有的情况更加复杂。1853 年宪法保留了殖民时期的某些司法原则,当时军队享有自己的司法管辖权。几个世纪以来,武装部队的军官只在军事法庭答辩刑事和民事诉讼,这些军事法庭因对平民的敌意而臭名昭著,并且最初听证人权指控的军事法庭往往开脱军官。新政府试图解决这个古老的难题。阿方辛和国会通过了一项法令,允许民事法庭评审军事法庭有关"镇压恐怖主义"的判决。

军方几乎无法避开这些对其长期享有的特权的侵犯。马岛溃败后,军官团严重分裂。在最后的日子里,军政府已经赦免了其军官打击游击队暴动中犯下的所有罪行,但是马岛战争的失败使即将离任的军政府名誉扫地。阿方辛政府快速、轻易地推翻了大赦,使阿根廷军人独裁政府成为南美洲唯一放弃权力时没有得到这个豁免权的军政府(20世纪80年代,巴西、秘鲁和智利的兄弟武装在同意选举之前,成功地实施了这样的赦免)。此外,政府的经济措施削减军队预算,使武装部队无法替换退役人员。军队工资如此落后,以至于许多军官和军士每天下午都离开岗位去做第二职业。

1984年全国调查失踪人员委员会公布了调查报告,为法庭起诉军官做好了准备。这超越了阿方辛政府建议的手段。这份题为《永不再》(*Nunca Más*)的报告有5万页。《永不再》提供了原始档案,列出酷刑和谋杀具体受害者的细节。它记载了酷刑和失踪的方法并确定了发生地点。《永不再》把"已知"失踪人数定在8 961人。在大量证据的基础上,司法部确定起诉前军政府成员670人。然而,人权组织不接受这种有限责任的概念,他们声称实际失踪人数达到19 000人,是官方数据的2倍多。而且,到1986年,幸存的受害者和失踪者亲属采取独立行动,在民事法庭起诉了1 700名军官。指控现在已经深入到执行任务的下级军官和军士。

对从1976年到1983年曾在3届军政府任职的9名将军的第一次民事审判表明,审判过程将会漫长而招致分裂。在长达8个月的审判中,9名将军中只有5人被定罪。两名前军政府总统,豪尔赫·魏地拉将军和罗伯托·比奥拉(Roberto Viola)将军和其他3人被判监禁。马

254

岛战役领导人,加尔铁里将军和其他 3 人被赦免。人权活动分子谴责法庭判决"太宽大"。

阿方辛的顾问们担心,司法程序历时过长并且太过深入到军官团的低层,因此他们通过两个法令限制起诉。一个法令规定,所有的新指控必须在 60 天内提出方才有效。第二个立法《依法服从法》(Due Obedience Law),规定低于上校军衔的人不能被起诉,因为他们仅仅是执行命令。强有力的政府和俯首帖耳的国会这两个权力部门实际上合谋用这些法令进一步限制第三个、最软弱的权力部门——司法权的自主。

尽管政府的行为有利于军方,但军官团仍然执迷不悟。"我到这里不是为自己辩护,"海军上将埃米利奥·马塞拉(Emilio Massera)说,"没人需要为赢得了一场正义的战争替自己辩护;反对恐怖主义的战争是一场正义的战争。"(Lewis 2002,219)如马塞拉在海军机械学校的下属阿尔弗雷多·阿斯蒂斯那样的下层官员,不满自己必须在民事法庭出庭,即使阿方辛的《依法服从法》将最终免除他们被进一步起诉。而且,军方畏惧对恐怖分子的宽大处理。蒙托内罗斯领袖马里奥·菲尔梅尼奇被判长期监禁,但其他被指控杀死警察、军官,有时甚至是他们家人的游击队员全部逃脱了惩罚。有些前人民革命军成员甚至得到政治任命,加入了阿方辛政府;其他人回到了自己在大学的岗位。士兵的薪俸却一直在下降。

涂面人

1987 年复活节周,低级军官行动了,既反对自己将官的软弱,也反对阿方辛总统。一个被称为"涂面人"(Carapintada,那些人脸上涂上颜色便于伪装)的精锐突击队占领了布宜诺斯艾利斯郊区的坎波梅奥(Campo de Mayo)步兵学校。他们由拒绝出庭的低级军官带领。忠实政府的部队拒绝与他们哗变的兄弟武装对抗。30 万人权支持者在五月广场的反示威使局势更加恶化。阿方辛总统到坎波梅奥与哗变首领阿尔多·里科(Aldo Rico)中校协商,他要求停止"诋毁武装部队的运动"(Norden 1996,129)。

1987 年复活节周占领了布宜诺斯艾利斯郊区坎波梅奥步兵学校的涂面人突击队成员（Archivo Página 12）

　　总统后来宣布，涂面人已经无条件地和平放弃，然而政府随后很快采取了几项亲哗变分子的行动。国防部长和几个将官辞职，由涂面人更喜欢的提名人代替。随后是依据《依法服从法》，免除了武装部队中所有上校以下军衔人员的反人类罪行。到 1988 年末，只留下 20 个军官被起诉侵犯人权。

　　涂面人还不满意。1988 年 1 月里科中校率领一个步兵团在科连特斯省第二次哗变，不过他和同伴很快被捕。最后，1988 年 12 月，另一个涂面人指挥官领导了第三次哗变。里科哗变时穆罕默德·阿里·塞纳丁（Mohammed Alí Seineldín）上校还是巴拿马国民警卫队的顾问。当塞纳丁上校回到突击队，他因亲正义党反激进党的观点而有了名气。他还是个虔诚的天主教徒，每次结束一天的训练时，他会带领部队颂玫瑰经。有 1 000 多人参加了塞纳丁的哗变，哗变以和平解决告终，迫使另一个将官退役并且提高了所有士兵的薪俸。随后，涂面人运动又从一个出乎意料的方面得到了支持。

256

在塞纳丁哗变一个月内，1989 年 1 月，一股 60 人的装备精良的左翼游击队员袭击了布宜诺斯艾利斯郊外的拉塔夫拉达(La Tablada)陆军基地。游击队轻易地控制了拉塔夫拉达，但很快发现他们被警察和军队所包围。经过 1 天枪战，28 名游击队员和 11 名军方人员死亡。14 名恐怖分子被抓获，其他人逃跑了。公众舆论很快转向反对人权活动分子，五月广场母亲组织因拒绝谴责这次袭击而伤害了自己的事业。此时阿方辛总统的任期已经接近尾声，却没有带给他的国家他所追求的公正和民族和解。他把这些重任留给了自己的继任者。

新的正义党总统卡洛斯·萨乌尔·梅内姆(Carlos Saúl Menem)的确提供了军队和人权问题的解决办法，尽管没能令所有的人满意。在其成功竞选总统的活动中第一次争取涂面人的支持之后，梅内姆决定这种政治联盟的风险太大。他没有提拔涂面人军官，也没有任命他们提名的人做国防部长或其他军事长官。最后，梅内姆的国际主义外交政策令涂面人大失所望。他特别靠拢美国，塞纳丁上校对此发自内心地厌恶。美国总统乔治·H. W. 布什很快就对阿根廷进行了国事访问。梅内姆也提出和英国恢复外交关系。

257 涂面人的受挫激发了另一次军队哗变，与其他几次不同，这次哗变以军队发生伤亡结束。1990 年 12 月涂面人占领了玫瑰宫附近的陆军总部大楼，要求彻底清理将军们，并提升塞纳丁当陆军司令。随即发生在涂面人和忠诚部队间的枪战造成 14 人死亡，55 人受伤。后来，塞纳丁因其在这次血腥哗变中的作用而被判终身监禁，其他 13 人被判 2—20 年徒刑。

梅内姆总统试图结束人权和军方罪责问题。尽管 14 名涂面人和 11 名袭击拉塔夫拉达的游击队员被关押在监狱，梅内姆赦免了军政府所有成员以及其他因反人类罪被判刑的将官。梅内姆总统也释放了蒙内托罗斯的马里奥·菲尔梅尼奇，试图弥合过去的敌意。没有一个游击队员或军官因他们在肮脏战争中的行为而留在监狱。此时，军方仍然不思悔改，五月广场母亲组织仍然在每个周四在布宜诺斯艾利斯的主广场发动抗议游行。

断断续续开始的经济改革

如果经济问题没有破坏阿方辛政府并且转移其注意力,也许通过对人权罪犯问责来建立公正的斗争会更加成功。通货膨胀不可收拾,外债也无法偿还。阿方辛总统的确尝试了正统的、国际货币基金组织赞成的财政补救办法,但他无法在政治上采取更大胆的措施,如精简官僚机构和对国有企业私有化。预算赤字仍然相当于国内生产总值的15%。政府欠外国债权人逾期未付贷款 320 万美元。在前 10 年人均国内生产总值下降了 15%。在 19 个月冻结工资和价格不起作用,并且第一任经济部长辞职后,政府开始实行一个大胆的稳定计划——"奥斯特拉尔计划"(Plan Austral 南部计划)。

阿方辛 1985 年的南部计划旋即取得成功。政府废弃了没有价值的旧比索,创造了一个新的货币单位,称作奥斯特拉尔。同时,决策者和有组织的工会及商人集团冻结了工资和消费品价格。为了削减政府开支,阿方辛总统下令冻结所有公务人员的工资,武装部队裁员并降薪。奥斯特拉尔计划再次致力于开发巴塔哥尼亚地区,建议将首都从布宜诺斯艾利斯搬到内格罗(Rio Negro)河畔的别德马镇(Viedma)。此举的目的是吸引港口人离开布宜诺斯艾利斯的舒适生活,开发南部未使用的资源。此外,政府发誓要加强税收征管程序,消除历史悠久的逃税者策略。政府赤字短期内降低了,通货膨胀率从 360% 减低到24%。1986 年,国内生产总值上升了 10%。然后现实再次来到面前,政府和经济学家无法维持足够的自欺欺人。

258

逝者奇特的政治象征意义

争议往往伴随着阿根廷的权势人物,甚至延续到他们死后。1829—1852 年间担任布宜诺斯艾利斯省省长的胡安·曼努埃尔·德·罗萨斯在失势后逃往英国。在 112 年里,政治反对派一直阻止他的遗骸返回阿根廷。卡洛斯·萨乌尔·梅内姆在竞选总统时承诺,要把罗萨斯带回阿根廷。他言而有信,在梅内姆统治时期,罗萨斯的遗骸得到了总统式的葬礼,葬礼以身着传统服装和独立战争时骑兵制服的高乔人组成的一个骑马游行结束。梅内姆总统设计了 19 世纪臭名昭著的考迪罗的遗骸回国，以帮助国家"把怨恨抛在身后"。他在为即将赦免因肮脏战争期间的行为而定罪的将军们和游击队员进行公众舆论的准备。这并非第一次也不是最后一次活人围绕阿根廷名人的遗体进行斗争。

就在两年前，梅内姆政府遭遇了第一次逆转，不明身份的人掠夺了胡安·多明戈·庇隆墓。他们偷走了将军的军刀并割去了他的双手。窃贼要求 8 百万美元的赎金才归还这些。司法和警察当局花了 5 个小时才重新打开棺木，因为由 12 个三重组合锁固定住的沉重的玻璃罩子仍然保护着庇隆失去双手的遗体。

埃薇塔·庇隆的故事是这个国家对逝者政治化的最著名的例子。1952 年埃薇塔去世后，庇隆总统雇用了一个西班牙法医对其遗体进行了一年的防腐处理，准备使其身体不朽。此后盛放埃薇塔遗体的灵柩安放在劳工联合总会的总部。庇隆失势后，军方 1955 年把埃薇塔的遗体秘密运走，埋葬在意大利。直到蒙托内罗斯首次杀死了对她遗体失踪以及后来偷走尸体负有责任的阿兰布鲁将军后，她的遗骸才返回阿根廷。埃薇塔和阿兰布鲁都在 1974 年到达自己的最终安息地。

埃内斯托·"切"·格瓦拉 1967 年去世后也遇到同样的争议和磨难。玻利维亚军官处决了这个试图在他们国家点燃一场革命的人后，很快拍摄了那张著名的尸体照片。为了确认切的身份，他们后来砍掉他的手去验指纹。随后，尸体失踪了。1998 年，菲德尔·卡斯特罗得到玻利维亚政府的合作，找到埋葬在一个军用机场停机坪下的尸体。格瓦拉遗骸运回古巴举行了英雄的葬礼。他曾经带领一支胜利的革命游击队走出山里，他就安息在这座山脚下一个宏伟的墓里。

到 1988 年，阿方辛的经济决策者承认失败。经济(和政治)已经恶化到如此地步，官员任命增加了，而不是减少了。1980 年代，公有部门的就业人员从 48.4 万上升到 60 万，这个数据代表了国家每 5 个就业人员中就有 1 人是在公有部门就业。国有公司继续每天亏损几百万美元,私营工业也减少了。政府赤字增加,由于担心引起政治上的反对,政治家们无意严格执行国家税法。1989 年 3 000 万阿根廷人中居然只有 3 万人交纳任一种所得税。工人的工资遭遇了通货膨胀抬头(见 252 页图表),他们没有被动地接受这一点。阿方辛政府时期,工人发动了 13 次大罢工。此外,庇隆派赢得了国会选举和大部分省的省长之职,因此阻碍了激进党的许多改革计划。随着通货膨胀抬头、涂面人哗变和庇隆派势力的恢复,阿方辛总统的政府似乎走向失败。

1989 年庇隆派熟练地运用选举。其总统候选人梅内姆曾是家乡拉里奥哈省省长。尽管在竞选中曾与"涂面人"眉来眼去,但梅内姆有曾经为人权作斗争的证明:他在肮脏战争期间被监禁。尽管梅内姆是个叙利亚移民的儿子,但他以内陆省克里奥尔的形象出现,在利用政治象征主义方面像庇隆一样。他喝马黛茶,留胡安·曼努埃尔·德·罗萨斯考迪罗式的连鬓胡子,发誓要让罗萨斯的遗体从英国运回阿根廷安葬。作为省长,他曾经扩大了拉里奥哈省的官僚机构,用赤字支出开展了多项公共项目。梅内姆在民意测验中领先,私人投资者的热情冷却,

260

拉里奥哈省 1989 年"国际货币基金组织策划的骚动"中被抢劫一空的超市
(Archivo Página 12)

他们认为庇隆派的梅内姆会提高工人工资，采取浪费性支出，并且保持国家对经济发展的控制。

在 1989 年选举中，梅内姆得到 47％的选票。1853 年宪法规定，当选总统在 5 月份选举到 12 月份宣誓就职之间有 8 个月间隔，但是经济危机的加速使即将离任的总统无能为力。1989 年 6 月，通货膨胀率超过 1 000％。在经济学家看来，阿根廷处于"恶性通货膨胀"。工人们呼吁总罢工，在被称为"国际货币基金组织策划的骚乱"中，暴徒洗劫全国各地的杂货店。梅内姆迫使阿方辛提前 5 个月让出总统之职。

261　　　梅内姆的宣誓就职立即使国家安定下来。新总统本人用具有政治象征的礼物缓和与反对派之间的矛盾。例如，加德尔去世后阿根廷最著名的探戈艺术家和作曲家阿斯托·皮亚索亚（Astor Piazzolla）在竞选

1989 年 6 月劳尔·阿方辛（左）把总统职位交给卡洛斯·萨乌尔·梅内姆（Archivo Página 12）

期间强烈批判庇隆派，并宣布如果梅内姆当选，他将离开阿根廷。因此，当选总统参加皮亚索亚的音乐会，并且公开请求他不要离开。"留下来吧，阿斯托，"他请求说，"留下来，因为我们需要您。"（Christian 1989，4）这个举动赢得了音乐家的心，他一直留在自己的祖国，直到 3 年后去世。

梅内姆拯救行动

所有人都对梅内姆将采取的经济政策的方向措手不及。这个庇隆派领导人采用了新自由主义。他任用曾在前军政府就职、有自由主义名声的经济学家。私有化成为总统的政策选择；例如，新的国家电话公司董事长宣布要把行业资产卖给私人部门（结果使自己丢了工作）。梅内姆还承诺通过私有化其他国有企业，减轻国家外债负担，如国有石油

公司 YPF、国有铁路和国有的阿根廷航空公司。出售国有企业的收益将用来减少外债。此外,梅内姆公布了降低关税、精简官僚机构和取消外国投资障碍的计划。与这些改革同样重要的是,解决通货膨胀问题形成了梅内姆经济改革的核心。

1989 年 10 月对卡洛斯·萨乌尔·梅内姆总统的采访

问:您为什么鼓励市场的力量?

答:阿根廷原材料、食品、能源和人力资源都很丰富,我们必须解放这些资源,打开国门,让外资进来帮助我们发展。

问:批评派说,从政治上讲,您只用几个月时间就可以看到结果。

答:有些部门,特别是工人们,正面临着严重的困难。但他们正在接受这一点,除了那些还不明白阿根廷已经发生了改变的一些群体。

问:您的政策很可能激起罢工。对此您将如何应对?

答:我们将采取措施,在法庭上指控工会领袖。那些不工作的人将会被想工作的人所代替。令人遗憾的是,我们不得不态度强硬。

问:那些仍然要求补贴的工业家怎么办?

答:补贴没有了。他们将像拿养老金的人一样得不到保护,如果养老金超过 170 美元,坐地铁就不再免费。对那些付打折电费的电厂工人也是如此。这些补贴将永久性消失。

问:您如何看待庇隆主义在国外的消极形象?

答:(看起来很生气)我们不能整天谈论庇隆主义究竟是什么。庇隆主义就是现在正在阿根廷发生的事情。

问:谁会购买那些正在被私有化的公司?

答:谁想买都行。这是对国际招标人开放的公开投标。

问:您计划让私人外国资本拥有石油资产。这在拉丁美洲是第一个吗?

答:我认为,我们正在对阿根廷国有石油公司采取的措施具有如此的革命性,在拉丁美洲是第一个。

("与卡洛斯·梅内姆的谈话"1989, 46)

263　　　梅内姆选择在哈佛受过训练的经济学家多明戈·卡瓦略(Domingo Cavallo)当经济部长。卡瓦略采用了诺贝尔经济学奖得主米尔顿·弗里德曼的芝加哥经济学派的一些货币主义概念。智利的"芝加哥小子们"因帮助皮诺切特军政府抑制通货膨胀、使经济恢复增长而闻名。卡瓦略采用了芝加哥学派的策略来管理阿根廷比索。他的《兑换计划》收回了阿方辛政府时期发行的、没有价值的奥斯特拉尔，发行了与美元等价的新比索。而且，卡瓦略取消了政府(总是倾向于暂时受到欢迎)的货币控制。如果没有等价的美元储备，央行就不能发行新纸币。这次货币改革给通货膨胀提供了直接的解药，3年内通货膨胀率从将近3 000％下降到不到20％。

1980—2001年阿根廷的价格通货膨胀

年份	百分比/%	年份	百分比/%
1980	101	1991	172
1981	105	1992	25
1982	165	1993	7
1983	343	1994	4
1984	627	1995	3
1985	672	1996	0
1986	90	1997	1
1987	132	1998	1
1988	343	1999	−1
1989	3 079	2000	−1
1990	2 314	2001	−1

资料来源：Economist Intelligence Unit(1980 – 2002)

　　另外，新经济管理团队寻求与国际社会发展密切的贸易关系，特别是与邻国。1991年，梅内姆会见巴西、巴拉圭和乌拉圭总统，与这3国组成了南方共同市场(Mercado Común del Sur)，即人们熟知的南共市

（Mercosur）。智利和玻利维亚后来作为联系国加入了南共市。这个区域性市场降低或取消了成员国之间的关税，建立了与其他国家进行贸易的标准。阿根廷的小麦和牛肉生产商很快就获准进入了超过2.15亿消费者的市场，尽管现在制造商不得不和巴西强大的工业竞争。20世纪90年代，南共市国家间的贸易额增长了5倍。

264

　　这不是阿根廷人从一个民众主义竞选人那里期望得到的经济计划。评论家们讲笑话说，梅内姆政府两年内在去庇隆化上取得的成就超过了军政府20年的成就。工会领袖就梅内姆主义产生分裂。那些批判新自由主义政策的人预言，政治家的弱点会再次令工人受苦。他们的悲观是有道理的，因为刚刚私有化的企业甩掉过剩的工人，并且雇主再也不用担心政府偏向劳工。官方失业率上升到20％；贫困率也高居危险的40％。阿根廷经济以前从来没有过如此高的失业率。至少通货膨胀不再威胁那些仍然在职的工人的实际工资。

　　梅内姆的新自由主义改革也吸引了一批支持者。"政府根本就不是好商人，"《纽约时报》的一篇文章引用一个国际货币基金组织官员的话说，"阿根廷仅铁路系统每天就损失5 000万美元，卖掉（国有企业）之后，政府可以摆脱成千上万生产力低下的工人。"（Nash 1993,6）中层阶级、精英阶层、外国银行家对此也赞成，外国政府也是如此。阿根廷总统不遗余力地支持美国对拉美和世界的政策，这在历史上还是头一次。在拉美邻国反对时，阿根廷站在美国一边谴责古巴领导人菲德尔·卡斯特罗的人权记录，支持1989年美国入侵曼努埃尔·诺列加（Manuel Noriega）将军领导下的巴拿马。梅内姆还派阿根廷军队协助1991年美国反对伊拉克的"沙漠行动"。作为回报，美国在整个拉美地区的外交官都高度赞扬阿根廷的经济改革模式。1997年，比尔·克林顿总统访问阿根廷，对梅内姆的改革表示敬意。

　　梅内姆利用其在经济上的成功进行第二任总统竞选。国会为了配合他，修改了1853年宪法，允许他有重新当选的可能性（正如庇隆为了1952年选举所做的事）。经济状况也配合他。20世纪90年代阿根廷经历了自20世纪40年代以来最强劲、最持续的经济增长。因此，在1995

年的选举中,选民们以 55％的多数选票把梅内姆送回了玫瑰宫。选民们这样做的时候,忽略了他们将很快不得不面对的一些令人不安的信号。

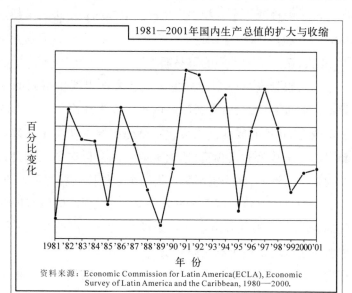

1981—2001年国内生产总值的扩大与收缩

百分比变化

年 份

资料来源：Economic Commission for Latin America(ECLA), Economic Survey of Latin America and the Caribbean, 1980—2000.

新自由主义的阴暗面

每一届政府——无论是军政府还是文官政府,保守党、激进党还是正义党都表现出政治腐败的症状。在历史上,由于司法缺乏制度性权力并且不独立,未能把腐败的部长们和立法者绳之以法,豁免权一直为腐败服务。然而,阿根廷的确有一套曝光高层腐败的机制。印刷媒体(相对于受到更多管制的电视媒体)行使公共监督,人们总是可以在全城的报亭找到全面的政治讨论和分析。强有力的政府如 20 世纪 50 年代的庇隆政府和 70 年代后期的军政府有效地钳制舆论、威胁新闻界,但其他各届政府很少能如此成功地控制媒体。梅内姆当然希望新闻界更为顺从,但是他没有成功。

从一开始对高官腐败的质疑就一直困扰着梅内姆政府。总统任命其亲属就任政府的高级职务,记者们指称他们利用职务为毒资洗钱。对进口外国豪华车免税也引起质疑。梅内姆总统喜欢跑车,一群意大利商人送给他一辆崭新的法拉利。美国驻阿根廷大使不顾梅内姆和美国的关系(一名官员开玩笑地将其称为"肉欲的"而非"热情友好的"),认为有必要把外国商人不得不支付的贿赂数额公之于众。他指控政府官员阻挠肉食加工设备的进口,要求斯威夫特－阿莫尔公司(Swift Armour Company)先给他们"大量付款"。同样,如同《纽约时报》登载的系列文章一样,阿根廷航空公司的一份会计报告揭示,"与销售有关的成本"收费为 8 000 万美元 (Christian 1991, 10; Verbitskv 1992, 21)。许多人开始怀疑,私有化只不过增加了腐败的机会,即使收受贿赂的确不是它的目的。记者们还发现,经济部长卡瓦略每月的薪水比其政府工资单高 4 倍。其中的差额来自一个由 400 家在阿根廷经营的公司所支持的智库。

司法再次被证明过于软弱无力,无法解决行政和立法部门成员享有的豁免权问题。有些案子到了梅内姆本人任命的法官那里。总统还扩充了最高法院,任命了大部分法官。一些被指控腐败的公务员起诉揭露他们的报纸和记者诽谤。政府电视台的时事评论员习惯性地攻击写报道揭露贿赂和腐败的媒体记者。在梅内姆总统第一任政府期间,有一阵子几乎 12 个内阁级别的高级官员都被指控腐败。"梅内姆在司法部门的权力太集中,对此我很担心,"《纽约时报》引用一个著名律师的话说,"但是最令我害怕的是,人们似乎根本不在意。似乎他们只关心通货膨胀率是否低。"(Nash 1991, 15)实际上,检察官最终撤销了对政府官员的所有指控。

总统本人逃脱了这些指控的大部分——即直到他卸任。那时,有报道开始显示梅内姆与非法向外国销售阿根廷制造的武器有关联。他的名字也被提起和一笔封口费有关联,据称他收受了国外恐怖分子的封口费来掩盖发生在布宜诺斯艾利斯市中心的一起爆炸事件。1994年,一辆汽车炸弹在布宜诺斯艾利斯的犹太人社区中心外爆炸,86 人死亡。后来,据说梅内姆的瑞士银行账户汇进了 1 000 万美元的贿赂。2002 年,前总统一度因非法销售武器被软禁,但指控后来被撤销了。

267

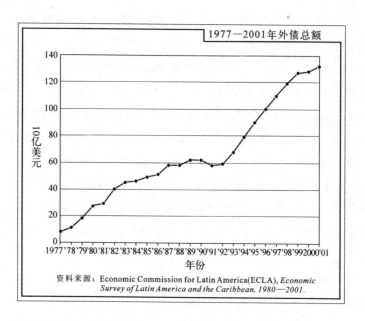

资料来源：Economic Commission for Latin America(ECLA), *Economic Survey of Latin America and the Caribbean, 1980—2001.*

　　结果表明,梅内姆总统仿照军政府的做法,把经济繁荣建立在国外借贷的基础上。在新自由主义的改革者梅内姆的领导下,阿根廷的外债从 620 亿美元攀升至 1 270 亿美元(见数据)。具有讽刺意味的是,政府采取私有化的目的是清偿外债;然而梅内姆总统既没能减少政府支出也没能劝诱富人纳税。国外贷款弥补了公共支出和税收收入短缺之间的差距。梅内姆和卡瓦略的新自由主义言论显然迷惑了国际货币基金组织与国际银行家。他们每年都向阿根廷政府提供新的贷款。

　　新自由主义改革使每 5 名市民中有 2 名受害。20 世纪 90 年代早期,在国有企业快速私有化过程中,成千上万的雇员失去了他们在石油、铁路和电话业的工作。1990—1998 年,阿根廷以总价 230 亿美元的价格卖掉了 55 家国有公司。在外国投资者购买 YPF 的资产时,巴塔哥尼亚超过 4 000 名工人失业。外国人也大量购买巴塔哥尼亚的牧场和林地。"我过去常常去野营或钓鱼,"一个石油工人说,"但是现在我听说,特德·特纳(Ted Turner)在这里,兰博(Rambo)在那里,特梅内特尔(Terminator)在其他某个地方。我说,不,这不是我的阿根廷。"

268

(Cohen 1998,A7)

　　失业率直线上升成为国家面临的最严峻的社会问题。1997年，17％的劳动人口得不到就业。当贫困水平上升到人口的50％时，工人阶级成员即使有一份工作也不能保证脱离贫困。中产阶级也深受其害。大学毕业生出国或者开出租车。有些批评家谈论"消失的"中产阶级。梅内姆第二任任期内最大的公众示威出现在1997年。据报道4万名失业工人从全国各地向五月广场进军。同时，富裕的阿根廷人在乌拉圭的海边度假胜地埃斯特角(Punta del Este)大量购买地产。"到现在为止，"科尔多瓦的一个劳工领袖说，"我们只看到了失业与贫困，而且外债在不断上升而国家却束手无策。"(Brown 1997,382)

1997年当国家警察准备把他们清理出去时，失业示威者在萨尔塔封锁了一条道路。(Archivo Página 12)

　　公众对梅内姆的排场和奢华感到厌倦(他还有玩弄女人的名声，尽管这并不总是妨害他的受欢迎程度)。在他再次当选后，梅内姆增加了公共支出、政府就业和赤字支出，造成了阿根廷的外债急剧上

269

升。因此,在 1998 年的选举中,选民们忽略了没有得到梅内姆强烈支持的正义党候选人,而是选举了冷峻严肃的激进党候选人费尔南多·德拉鲁阿(Fernando de la Rúa)。这仅仅标志着正义党第二次在总统选举中失败。然而,很明显这个激进党总统打算继续推行新自由主义经济计划。德拉鲁阿再次任命多明戈·卡瓦略为经济部长。

这次,卡瓦略不得不应对恶化的经济形势,这种经济形势部分是由他自己在前 10 年的《兑换计划》所造成的。生硬地将比索和美元挂钩,使阿根廷相对于世界其他国家而言价格高昂。随着美元在世界范围内与其他国家货币的比值上升,比索也坚挺并且开始出现通货紧缩。到阿根廷的旅游者发现,宾馆和饭菜都很贵。在国际市场上阿根廷的出口农产品变得昂贵,而进口外国商品变便宜了。结果是出口下降而进口上升,损害了本土产业。贸易赤字飙升。与其南共市合作伙伴的贸易以这种方式进行:巴西工业出口受益而阿根廷工业失去阵地。1999年初经济开始收缩。

2001 年,德拉鲁阿总统和卡瓦略部长也面临了外债达到 1 320 亿至 1 410 亿的情况。他们不得不拿出越来越多的政府税收用来偿还外债利息,却没法给政府工作人员发工资支票。没人想让过高估值的货币浮动,因为贬值将影响那些仍然有工作的人的实际收入。尽管如此,公众的抗议向德拉鲁阿施加压力,要求他采取措施。在他任期的头两年,工人们发动了超过 8 次大罢工,失业者举着埃薇塔·庇隆的画像在街上游行。中产阶级的家庭主妇们在抗议时敲击着空锅。与此同时,企业纷纷破产,越来越多的人失去工作。卡瓦略辞去了经济部长的职务。

抗议活动最终在 2001 年 12 月达到临界点,暴徒们再次抢劫全国各地的超市。这些行动再现了 10 年前"国际货币经济组织策划的骚动"。在玫瑰宫的一次大规模抗议游行导致了与警察发生暴力冲突。35 人死亡,几千人被捕。德拉鲁阿总统提出辞职,搭乘直升机离开玫瑰宫,躲避了周围的骚乱。

270

"*平底锅之夜*"(The Night of Saucepans),2001 年 12 月中产阶级的一次反德拉鲁阿的示威(Axel Laveglia)

随后出现为期两周的宪政不稳定,以国会接二连三地挑选了 3 名临时总统为标志。第四位临时总统,也是最后一位,爱德华多·杜阿尔德在 1999 年总统选举时曾经是正义党候选人。2002 年 1 月,他除了维持不得人心的冻结数百万公民的银行账户外,别无选择,以便使资本逃离不会进一步打压已经很疲弱的比索。由于比索和美元之间的挂钩最终断裂,储户被冻结的资产随后下降了 40%。与此同时,国际货币基金组织和美国的冷漠刺痛了许多阿根廷人。尽管在 1995 年墨西哥货币危机中,美国曾经帮助墨西哥摆脱困境,美国财政部部长保罗·奥尼尔(Paul O'Neill)拒绝帮助阿根廷,他说阿根廷必须自己解决自己造成的问题。奥尼尔还宣称,阿根廷的出口行业几乎没有机会,并且宁愿保持这种方式。犯罪率上升,不稳定随之而来。为了回到祖国,意大利人、犹太人和西班牙人的孙辈和曾孙辈们在大使馆门前排起长队。然而 2002 年中期经济企稳,尽管比索疲弱,但对比索的需求上涨,直到 2003 年中央银行不得不在外汇市场采取预防措施,减缓其快速升值。破纪录的出口额很快证明了那些宣称阿根廷出口经济无力的人是愚蠢的。2003年随着生产率上升，通货膨胀率下降，就业旺盛，经济开始改善。

关于2001年德拉鲁阿总统下台的来自互联网的一个匿名观点

您是否曾经想到过收到一枚炸弹？……注意：

首先：4年的经济衰退；

第二：40%的人不可能找到工作；

第三：3 700万公民中有1 450万生活在贫困线以下。

慢慢地再添上微不足道、没用的小家伙如发布不受欢迎的法令的总统。

最后，与一个阴险的、谎话连篇的、冷酷的、狂妄的并且"权力超级大"的经济部长严密结合，这个经济部长在国际货币基金组织的荫庇下，伙同国会吞噬、浪费了储备金。

您的人民将会骚动、饥饿，国家会一触即发。

2001年12月19日和20日，阿根廷经历了最黑暗的两日。成千上万的饥民为了得到食物抢劫超市。总统下令进行戒严。中产阶级不顾自我封闭的政府发布的戒严令，自发地、冷静地走上布宜诺斯艾利斯街头。他们在五月广场和国会集会，手里只拿着长柄平底锅作为武器，用敲打锅底发出的噪声表示抗议。

这就是"平底锅之夜"以及体制陷落的开端……

问题出在哪里？是谁制造了这枚炸弹？

无能的政客，

糟糕的管理人员，

腐败的众议员与参议员，

变节的工会领袖，

贪婪的企业家，

还有您（因为您容忍了以上这些人），

但是从12月20日以后，一切都改变了……这取决于您。

拿起您的平底锅。当您再次见到无能的政客、糟糕的管理人员、腐败

271

的议员、变节的工会领袖和贪婪的企业家时,别允许他们再激活一枚新的
炸弹。

愿上帝为阿根廷人民照亮道路。

阿根廷万岁!

("Argentina — Diciembre 2001" e-mail)

2003 年,在决胜轮选举中,梅内姆退出,庇隆派的内斯托尔·基什 272
内尔当选,使阿根廷重新获得国际货币基金组织和外国领袖的信任,推
动了经济明显好转。这对在国家一半人民生活在贫困线以下时入主总
统办公室的人来说,是一个十分紧迫的任务。随着重新谈判以前拖欠
世界银行贷款的偿还协议取得成功,当开始建设一个曾经摇摇欲坠地
处于金融崩溃边缘的国家时,阿根廷人民展望未来时可能会带着一些
希望。

第十一章 结论：历史的破坏性

有这样一个老笑话：在上帝创造地球后，他发现南锥体已经得到了所有的财富：辽阔的大草原、丰富的石油储量、雄伟的山脉、迷人的丘陵与湖泊、肥沃的河谷和多样的气候。于是，为了平衡，他让这个地区住上阿根廷人。

阿根廷人怎么了？

为了解答这个长期存在的"阿根廷之谜"，历史学家可能会提起一句古老的南锥体格言："过去是个破坏者。"（Feitlowitz 1998, xi）胡安·包蒂斯塔·阿尔韦迪表示，19 世纪他的许多同胞似乎背负着历史遗留的包袱，被"老习惯"打败。《阿根廷简史》提出了充分的证据支持这个观点。破坏性的过去长期以来以两种状态笼罩着阿根廷居民。在日常生活中，社会歧视已经变得如此根深蒂固，以至于阿根廷人很容易忽略甚至否认其后果。与此同时，有权有势的人，特别是有政治权力的人逍遥法外，使得暴力和腐败成为阿根廷社会的痼疾。这些问题并非起源于 20 世纪最后 25 年；450 多年前，它们随着欧洲殖民者来到拉普拉塔河地区就已经开始了，并且这两种状态相辅相成。

社会歧视

自西班牙探险家首次沿巴拉那河航行起，阿根廷社会就一直处于严重的分裂和冲突中。在那里，西班牙人被土著查鲁亚人的箭射得满身窟窿，由此开始了长达数世纪的两种文化的相互竞争——土著文化和欧洲文化之间的冲突。两种文明在边界线两侧自主地并行发展，既有互利贸易的时候，也有野蛮残酷的时刻。只有在代表"现代文明"的胡利奥·A. 罗加将军借助武力一劳永逸地摧毁了所有印第安文明后，印第安战争才在 1879 年结束。旷日持久的冲突使得倔强的双方在解决争端时更惯于采用武力。

274

与此同时，拉普拉塔河地区的欧洲文明正在建立起最初的基于种族和权力等级基础上的社会秩序。西班牙出生的白人垄断了像商人和政府官员这样的重要位子。为了巩固地位，他们经常利用职权，通过欺诈和腐败行为增加自己的财富。本土出生的殖民者阶层迅速扩大，填充了略低于白人精英的位子。但是，当看到欧洲人有更多的机会享受财富时，没有伊比利亚亲属联系的克里奥尔人（Creole）感到愤怒。在独立战争期间，他们用武力取代了西班牙人，报了此仇。

像精英之间一样，殖民时期的工人阶级也从不平等的各阶层发展起来。欧洲工匠往往能得到高收入的工作，而印第安人和梅斯蒂索人只得从事卑微的仆从工作。尽管如此，殖民地经济如此充满活力的扩张仍然带来了劳动力的短缺。17 世纪，商人们开始输入非洲奴隶。在殖民时期的最后一个世纪，这个地区的奴隶数量增加了。奴隶在各种经济部门劳动，他们在图库曼和门多萨耕地，在科尔多瓦和圣菲的西班牙人和克里奥尔人家庭当仆人，在布宜诺斯艾利斯和萨尔塔的工匠铺干活，在潘帕斯的农场和牧场上劳作。奴隶制也依赖武力和暴力，奴隶主迫使非洲人干活，用武力和暴力威胁来替代支付工资。

殖民地时期的社会结构把种族和工作混淆在一起，以至于把苦力等同于黑皮肤，反之亦然。贫困也成了肤色的代名词。如果白人不得不从事手工劳动，他就会失去身份。黑皮肤的人在社会等级中上升程度有限，因为他们的肤色表明了他们作为佃农和工人的身份。相反的情况也存在，一个从事仆从工作的浅色皮肤的人也会被当作有色人种对待。受尊重的、出身于富裕家庭的白人妇女习惯于用有色人种女仆长时间地劳动。过些时候，即使女仆的皮肤颜色事实上是浅色的，那也没什么关系，女主人仍然用她长时间地工作。

275   这就是 19 世纪末开始的欧洲移民的社会关系与固有行为变化如此少的原因。阿根廷地主和商人更喜欢外国人，而不是本地工人，尽管这些地主和商人使用起移民女仆和外工来好像他们是梅斯蒂索人或黑人。一旦移民地位上升，获得了适量的财富、教育和家族威望，他们往往对劳工和有色人种采用同样的态度。因此，不平等的社会阶层之间旧的敌意和反感一直存活到 20 世纪。要想理解那些体力劳动者如何拼命地想获得尊重与尊严，无论他们是本土出生的工人还是外国人，只需援引工人阶级对工会好战性的兴趣，以及胡安·多明戈·庇隆的亲"无衫人"言论就行了。

最近的阿根廷社会已经获得了更大的异质性和多样性。目前的经济困难已经迫使中产阶级中最好的、最聪明的人移居海外，而来自玻利维亚、巴拉圭、乌拉圭和智利的梅斯蒂索劳工已经形成了新一波移民。在持续不断的歧视的协助和支持下，社会秩序的多样性和分化强化了另一种历史的破坏——威权冲动。

有罪免罚

暴力和腐败在阿根廷有漫长的历史，因为那些在公众生活中使用武力和行贿的人不受惩罚。这些情况仍然起源于欧洲殖民者。多种族社会秩序的发展要求进行严格的社会控制。那些被授予印第安劳力的早期移民必须管束他们的仆从，向他们展示新的工作方式。随着时间的推移，除了那些想挣几个比索的流浪高乔人，那些出生在这种语言和文化里的人学会了如何躲避工作。奴隶制为社会控制增加了新的要求，每个地主、雇主、商店经理、值得尊敬的女主人必须指导其雇员的行为。每个有财产的人都害怕民众阶层违反纪律，因为后者在数量上大大超过前者。为了了解工人阶级不满的破坏性潜力，精英阶层不得不对独立战争期间何塞·赫瓦西奥·阿蒂加斯民众起义造成的劫掠展开调查。

威权主义开始于殖民时期和 19 世纪的精英们,但是到 20 世纪,中产阶级也采取了这一倾向。中产阶级青年以 1919 年洗劫布宜诺斯艾利斯犹太社区,加入像阿根廷爱国联盟和后来的天主教行动这样的右翼团体等行为来回应国家危机。甚至是蒙托内罗斯卓有成就的、受过教育的首领马里奥·菲尔梅尼奇,在领导游击队恐怖分子时也没有丝毫表现出对民主原则的实践。毫无疑问,军方是威权价值观最大的中产阶级资源库。军官们一次又一次地自我任命为宪法的"保护人"和国家的"救星"。每当工人掀起"混乱",立刻有军队采取行动。并非所有的工会领袖都持续表现出对民主的支持,他们中的许多人对自己的工会实行铁腕管理,并且似乎更愿意用最反动的管理制度。

至于暴力,殖民者和土著人之间漫长的战争证明了使用暴力的合理性。殖民者始终面临危险,因此威权领导要求完全忠诚首领。后来,当后独立时期的克里奥尔考迪罗彼此争夺资源的控制权时,他们寻求用暴力解决争端。权力往往流向那些成功地吃掉竞争对手的人,例如利用迅速处决或暴徒来恐吓对手的考迪罗胡安·曼努埃尔·德·罗萨斯。不幸的是,在肮脏战争中出现了罗萨斯使用过的国家恐怖的必然结果。巴多达逮捕队像现代版的马扎卡,让那些威胁国家"统一"的人失踪。归根到底,政治暴力已经进入 21 世纪。

读者可能已经从本书中看出殖民时期和后殖民时期的腐败在政治上的关联。从 17 世纪西班牙省长勾结船长非法进口货物,到现代企业家串通公职人员进口免税豪华汽车,从利用地位要求边境地区大片土地的 19 世纪政治家,到要求外国买家为他们在私有化中的服务支付数百万美元的现代政客,这个国家的领导人在公共服务中中饱私囊。然而,有一个因素随着时间的推移发生了变化,现代的受贿机会将会令殖民时期的管理者羡慕不已。随着国家变得越来越强大以及外资银行变得更积极,贿赂比外债增长得更快,然而,像过去一样,很少有腐败官员和带来暴力的人不得不为自己的犯罪负责。

威权冲动在历史上阉割了阿根廷的司法机构。阿根廷不缺律师,当然,公正和法治是另一回事。例如,劳尔·阿方辛总统如此成功地干预对肮脏战争罪行的法庭起诉,以至于审判结果是只有几个将军和游击队领袖被定罪,即使是这几个人后来也被赦免。从本质上讲,谋杀了成千上万公民的凶手和对更多人使用酷刑的人逍遥法外。这种有罪不罚也扩展到腐败的政客。

竞争的政客不妨揭露彼此的受贿情况,以扩大自己的政治影响力,但他们不起诉受贿者,否则他们也可能最终走上法庭。卡洛斯·萨乌尔·梅内姆在任期间进一步削弱了司法体系到了如此程度,以至于阿根廷人不得不对 90 年代流行的一个笑话中的讽刺意味一笑了之。这个杜撰的故事是这样的:梅内姆到玻利维亚进行国事访问,玻利维亚总统向他介绍自己的内阁部长,"这是我们的海军部长。""海军部长!"梅内姆喊道,"玻利维亚是个内陆国家,没有海军,你们为什么有海军部长?""哦,"玻利维亚总统回答说,"就像你们有个司法部长。"

积极趋势

上述分析也许会令读者,特别是热爱阿根廷和在阿根廷有好朋友的人,所有这些人都太沮丧。但是,透过这些纸背也闪耀着一些光芒,特别是阿根廷人在世界文学、音乐、体育和国际事务中取得的巨大成就。别忘了,阿根廷产生了 5 个诺贝尔奖获得者。在政治上,选举进程已经取得令人鼓舞的结果。在许多情况下,党派之间成功地实现权力的和平交接,包括在经济危机时(无可否认,经济危机远未结束)。然而,还有一个主要的成就值得一提。

南锥体的居民们已经创造了一个非政府环境,鼓励商人和工人创造巨大的经济增长;事实上,因历史上的腐败、暴力、内战和扼杀创新的政府管理,其经济纪录更引人注目。在殖民地时期的大部分时间里,西班牙国王接二连三地发布法令,试图限制拉普拉塔河地区的贸易。尽管如此,商业和生产的发展如此显著,王室官员最终采取了新的政治管理——建立总督区,试图既刺激增长又可以对增长征税。为了把经济增长推向新高,殖民者进行边疆地区垦殖和扩大内部经济交流作为回应。

革命和内战当然中断了前总督区内的经济交流。然而，地主、商人和佃户利用新的北欧市场，共同努力使养牛业遍及南美大草原的土著人狩猎场。最终大西洋贸易间接刺激了圣菲、科尔多瓦和门多萨，即使没有深入到旧殖民地的西北部。到19世纪末，当可以得到欧洲的技术和资金时，阿根廷劳工和地主再次对市场机会作出了回应。他们引进必要的外国设计并且吸引外国人来建设现代铁路、港口工程和城市基础设施。繁荣程度上升到了一个新的水平。

无论如何看待民众主义，没人能够忽略阿根廷在工业化期间所取得的突出成就。制造业的发展先于政府的帮助。在20世纪30年代到整个50年代，工业生产持续发展，对国内生产总值的贡献不断增加，超过了其他所有经济部门。去庇隆化和肮脏战争引起的动荡的确抑制了经济取得更大成就，但是政治家和军方要共同承担失败的责任，因为他们无论在执行民众主义政策还是新自由主义政策上，始终表现为不能有效执行。工业家和工人一起（尽管是不稳定的联盟）不顾政治引发的债务和通货膨胀，建立起一个现代消费社会的基础。

在过去，普通阿根廷公民一次又一次地设法渡过了别人制造的国家危机。为了把国家的物质财富带向一个出乎意料的水平，他们用幽默应对所有的困难，并重新积聚力量；做到所有这些时，他们都背负着一个破坏性的过去所带来的社会歧视和政治豁免权的重负。他们是怎么做到这一点的？也许这才是真正的"阿根廷之谜"。

附录1 阿根廷概况

正式名称:

阿根廷共和国

政府:

根据 1853 年宪法,阿根廷为联邦共和国,国家权力分为 3 支,其中总统(行政权)占主导地位。总统任期 4 年,可以连选连任 1 届。立法机关由参议院和众议院(chamber of Deputies)组成,众议院有 257 席,参议院有 72 席。众议员任期 4 年,每两年众议院就一半席位进行选举。每个省区有 3 个参议员席位,参议员任期 6 年。参议院三分之一席位每两年选举一次。传统上,司法是国家权力中最弱的一支。联邦法官由国家法官委员会(Council of Magistrates)任命。参议院以三分之二投票赞成通过最高法院所有被任命的法官。

阿根廷两个主要政党为正义党(庇隆派),是过去 60 年选举中主要的赢得选举的政党。老激进党(官方名称为激进公民联盟)自 20 世纪 20 年代以来一直容易陷入派系斗争。总统费尔南多·德拉鲁阿(Fernando de la Rúa)是激进党,在 1999 年的总统选举中获胜,得到了一个名为工作、正义和教育联盟(Alianza por el Trabajo, la justicia Y la Educación)的政治联盟的支持。

行政区划

区划：阿根廷共和国有 23 个省和一个自治联邦区。

首都：布宜诺斯艾利斯，从 1880 年起变成一个联邦区，自 1776 年　　280
殖民总督区建立以来一直作为阿根廷的首都。

地理

面积：占地面积 170 万平方英里(273.7 万平方公里)。阿根廷有
亚热带和温带森林，内陆沙漠、积雪覆盖的安第斯山系、肥沃的草原以
及南极荒原。阿根廷的面积大约为美国大陆面积的三分之一。假如将
这个南半球国家放在北半球，那么它在南极的顶端将会位于加拿大的
哈得孙湾内，半干旱的查科地区相当于墨西哥北部，首都布宜诺斯艾利
斯会和田纳西州的孟菲斯(Memphis)在同一纬度。

边界：阿根廷东临大西洋，南接南极洲，西与智利交界，西北部与
玻利维亚为邻、北部是巴拉圭，东北部与巴西和乌拉圭接壤。

地形：安第斯山脉沿阿根廷与智利整个 3 195 英里(5 150 公里)的
边界线形成了一个高耸的山脊。一系列山麓丘陵在最西部的各省蔓
延，在科尔多瓦省达到最高点。南部各省共同形成了巴塔哥尼亚地区，
其间点缀着几个河谷，河水从安第斯发源向东直接流入南大西洋。

广阔的潘帕斯地区，主要由相对平坦的平原构成，主导了科尔多瓦、
圣菲、布宜诺斯艾利斯和巴塔哥尼亚北部之间的风景。潘帕斯东部雨量
充沛，而西部则干旱一些。潘帕斯是南美洲南部的粮仓。人们把这个地
区称作大查科，与玻利维亚和巴拉圭接壤，是半干旱地区，人口稀少。

由巴拉那河、巴拉圭河、贝尔梅霍河(Bermejo)和乌拉圭河组成的
大河谷维系着整个阿根廷东北部省的航运。几个世纪以来，这些河流
一直是主要的经由拉普拉塔河口到巴拉圭和巴西西南部的大西洋贸易
航线。

土地使用
　　　　　　　　　　　　　　　　　　　　　　　　　　281
可耕地：9%

长期作物：1％

长期牧场：49％

森林和林地：19％

其他：22％

最高海拔：阿空加瓜山(Cerro Aconcagua) 高于海平面 22 835 英尺(6 960 米)

人口统计数据

人口：根据建立在 1991 年人口统计基础上的 2000 年官方数据估计为 3 700 万,使阿根廷在西半球人口大国中位列第六。只有美国、巴西、加拿大、墨西哥和哥伦比亚的人口多于阿根廷。

人口最多的城市：由联邦区和周围郊区组成的大布宜诺斯艾利斯人口为 1 730 万。阿根廷 46％以上的人口居住在这个大都会区。

语言：几乎所有的阿根廷人都讲西班牙语。只有在与巴拉圭接壤的边境地区幸存瓜拉尼语,靠近玻利维亚边境有艾马拉语以及巴塔哥尼亚地区残留的土著部族讲马普切语。阿根廷的一些移民社区仍然用德语、英语、意大利语或法语教育他们的年轻人。

宗教

罗尼天主教	92％
犹太教	2％
新教	2％
其他	4％

282

经济

国内生产总值：2000 年阿根廷国民生产总值约为 2 850 亿美元。其经济规模位居拉丁美洲第三,次于巴西和墨西哥。

经济部门：金融、保险、地产	21.2％
商业	15.8％

制造业	16%
农、林、渔业	5.3%
采矿业	1.8%
建筑业	5%
电力与水	2.6%
其他	32.3%

最重要的外汇收入来源

谷物、植物油和动物饲料

石油出口

机器与运输设备

动物脂肪和肉类

化工

附录2 大 事 记

前哥伦布时期和早期殖民地时期

公元前 5 万年	亚洲猎人穿过白令海峡。
公元前 12000 年	游牧部落来到阿根廷。
公元前 200 年	瓜拉尼人开始从巴西迁往巴拉圭。
1492 年	克里斯多弗·哥伦布到达加勒比群岛;大约 90 万美洲土著人居住在阿根廷。
1493 年	托帕·印加将阿根廷西北部的迪亚吉塔人合并到印加帝国;平原上的土著部族仍然保持独立。
1516 年	胡安·迪亚斯·德·索利斯在拉普拉塔河口探险。
1520 年	费迪南德·麦哲伦在首次环球航行中穿越现在以他名字命名的海峡。
1528 年	塞瓦斯蒂安·卡沃特在巴拉那河探险并被查鲁阿战士杀死。
1532 年	弗朗西斯科·皮萨罗征服秘鲁。
1535 年	佩德罗·德·门多萨发现布宜诺斯艾利斯。
1537 年	门多萨探险队成员在位于今天巴拉圭的亚松森建立定居点。

1541 年	由于土著人的敌对,布宜诺斯艾利斯被丢弃。
1545 年	瓜拉尼人反对西班牙人的起义被镇压。
1553 年	圣地亚哥·德埃斯特罗建立。
1560 年	波多西(今天的玻利维亚)开始大量生产白银;非法白银贸易在阿根廷开始。
1562 年	西班牙人定居门多萨,建立了圣胡安。
1565 年	图库曼建立。
1573 年	西班牙人赶走科梅钦贡人,建立科尔多瓦,从巴拉圭过来的西班牙人建立了圣菲。
1580 年	从巴拉圭过来的讲西班牙语的梅斯蒂索人重建布宜诺斯艾利斯。
1583 年	萨尔塔和胡胡伊建立。
1588 年	科连特斯城建立,第一批奴隶进口到达布宜诺斯艾利斯。
1591 年	拉里奥哈建立。
1596 年	圣路易斯城建立。
1599 年	智利的阿劳坎人(马普切人)起义。
1604 年	耶稣会到达巴拉圭。
1609 年	耶稣会在科尔多瓦建立了一所学院和牧场。
1620 年	开始出口巴拉圭的马黛茶叶。
1622 年	科尔多瓦建立海关,遏制走私。
1624 年	哈布斯堡国王谴责拉普拉塔地区的腐败和走私。
1626 年	耶稣会沿乌拉圭河建立教区。
1629 年	巴西猎奴者袭击耶稣会教区。
1641 年	耶稣会教区武装起来的瓜拉尼人打败巴西人的奴役征服。
1657 年	佩德罗·博奥克斯(Pedro Bohórquez)在图库曼领导卡尔查基人(Calchaqui)起义。

284

1674 年	保利斯塔人(Paulista)奴役政府摧毁了位于巴拉圭的里卡镇(Villa Rica);4 607 人住在布宜诺斯艾利斯。
1680 年	葡萄牙人在乌拉圭建立科洛尼亚·德·萨克拉门托港。
1681 年	卡塔马卡城建立。
1702 年	法国公司获得进口奴隶的垄断权。
1704 年	从巴拉圭来的西班牙－瓜拉尼人部队从葡萄牙人手中夺取了科洛尼亚。
1713 年	第一个波旁君主成为西班牙国王;英国公司获得向西班牙美洲输入奴隶的垄断权。
1714 年	科洛尼亚归还给葡萄牙人;30 个耶稣会教区有 12 万居民。
1721 年	爆发巴拉圭居民起义,亚松森省长被处决;蒙得维的亚(今天的乌拉圭)建立。
1735 年	巴拉圭居民起义被镇压。
1740 年	阿劳坎(马普切)首领在潘帕斯领导了土著人起义。
1750 年	《马德里条约》签订;科洛尼亚归还西班牙;西班牙耶稣会把 7 个教区迁出巴西;大约 13 万人住在耶稣会教区。
1751 年	阿维波战士掠夺圣菲,葡萄牙人拒绝离开科洛尼亚。
1753 年	潘帕斯教区爆发土著人起义。
1754 年	瓜拉尼教区 3 年起义开始。
1762 年	西班牙人军队夺回科洛尼亚。
1764 年	根据《巴黎和约》西班牙把科洛尼亚还给葡萄牙。
1767 年	耶稣会被驱逐出西班牙美洲殖民地。

285

总督区时期与独立时期

1776 年	拉普拉塔总督区建立;科尔多瓦是该地区人口最多的城市,有 4 万居民。
1777 年	西班牙合法地重新占领科洛尼亚。
1778 年	殖民地和西班牙 13 个港口间的"自由贸易"得到允许。
1780—1783 年	图帕克·阿马鲁(Tupac Amaru)起义在安第斯地区激烈进行。
1786 年	总督区税收监督制度化。
1787 年	菲律宾公司(The Filipinas Company)获得向布宜诺斯艾利斯输入奴隶的垄断权;大规模奴隶市场建造起来。
1791 年	奴隶进口建立起自由贸易。
1797 年	东岸省建立了软弱的农村警察部队;西班牙税收代理人在整个总督区收取了 580 万比索的税款;英国人封锁西班牙贸易。
1806 年	2 733 名奴隶被合法进口;英国人第一次入侵蒙得维的亚和布宜诺斯艾利斯。
1807 年	英国人第二次入侵;圣地亚哥·利尼尔斯被提名为总督;克里奥尔民兵驱逐英国人而西班牙商人却和敌人做生意;拿破仑侵入伊比利亚半岛。
1809 年	利尼尔斯的总督之职被西班牙当局替换。
1810 年	"开放市镇议会"在布宜诺斯艾利斯建立克里奥尔政府;奴隶贸易被取缔。
1811 年	巴拉圭人击退来自布宜诺斯艾利斯的入侵,推翻西班牙省长,宣布独立;第一次入侵玻利维亚。
1813 年	《出生自由法》通过,奴隶制逐渐终止;第二次

286

入侵玻利维亚。

1815 年　　　　　　何塞·赫瓦西奥·阿蒂加斯成为内陆各省的
　　　　　　　　　　"保护者";港口军队第三次入侵玻利维亚。

1816 年　　　　　　代表们在图库曼宣布独立并建立拉普拉塔联
　　　　　　　　　　合省;何塞·圣马丁击败了来自秘鲁的保皇
　　　　　　　　　　派(royalist)的进攻。

1817 年　　　　　　圣马丁解放智利。

考迪罗时期

1820 年　　　　　　布宜诺斯艾利斯政府被推翻;考迪罗们统治
　　　　　　　　　　各省。

1821 年　　　　　　布宜诺斯艾利斯大学成立。

1822 年　　　　　　圣马丁把对秘鲁人行动的指挥权交给西蒙·
　　　　　　　　　　玻利瓦尔。

1824 年　　　　　　圣马丁从布宜诺斯艾利斯动身流亡巴黎;从
　　　　　　　　　　英国的巴林银行获得 100 万英镑贷款。

1825 年　　　　　　与巴西帝国爆发战争。

1826 年　　　　　　联合省拖欠巴林银行贷款。

1828 年　　　　　　与巴西之间的战争结束;乌拉圭独立;港口军
　　　　　　　　　　队哗变;布宜诺斯艾利斯省省长曼努埃尔·
　　　　　　　　　　多雷哥被暗杀。

1829 年　　　　　　胡安·曼努埃尔·德·罗萨斯成为布宜诺斯艾
　　　　　　　　　　利斯省省长。

1832 年　　　　　　英国作家查尔斯·达尔文来潘帕斯旅行。

1835 年　　　　　　罗萨斯第二次被任命为布宜诺斯艾利斯省省
　　　　　　　　　　长,有独裁权。

1838 年　　　　　　法国封锁布宜诺斯艾利斯港。

1845 年　　　　　　大不列颠开始了对阿根廷为期 3 年的封锁。

1852 年　　　　　　罗萨斯被胡斯托·何塞·德·乌尔基萨推翻

统治。

1853 年	宪法建立阿根廷共和国;奴隶被解放,组成国家军队。
1859 年	帕翁战役失败后乌尔基萨辞职。
1862 年	巴托洛梅·米特雷总统鼓励建造铁路。
1865 年	反对巴拉圭的 5 年战争开始。
1872 年	何塞·埃尔南德斯所作的《马丁·菲耶罗》出版。
1876 年	土著战争部队最后一次袭击。
1879 年	胡里奥·A.罗加将军领导的"征服荒野"运动标志着土著人抵抗的结束;潘帕斯南部和巴塔哥尼亚地区开始开放殖民。

287

自由主义时期

1880 年	罗加成为总统,布宜诺斯艾利斯城被联邦化。
1890 年	八○代反对派暴动;拉普拉塔大学成立。
1891 年	阿根廷国家银行成立。
1893 年	金融危机爆发;农民暴动;米格尔·胡亚雷斯·塞尔曼总统辞职。
1895 年	逝去的科雷亚纪念碑建成。
1902 年	工人在布宜诺斯艾利斯发动第一次总罢工;驱逐外国出生的麻烦制造者的法律通过。
1905 年	激进党暴动。
1909 年	港口警察总长被无政府主义者暗杀。
1910 年	种植小麦面积达 1 550 万英亩(630 万公顷)。
1912 年	农场佃农在恩特雷里奥斯罢工;改革选举法。
1914 年	铁轨铺设达到 21 400 英里(34 500 公里);阿根廷 30%的居民为外国移民;布宜诺斯艾利斯有 150 万居民。

1916 年	伊波利托·伊里戈延当选总统；保守党将权力和平交给激进党。
1917 年	工人罢工达到高潮；歌手卡洛斯·加德尔和何塞·拉扎诺复兴"克里奥尔"（criollo）音乐；贝尔纳多·奥赛获得诺贝尔医学奖。
1918 年	大学爆发罢课；学生入学率提高；圣菲和图库曼建立大学。
1919 年	在"悲惨之周"右翼杀死数百名布宜诺斯艾利斯犹太社区居民。
1922 年	军队在巴塔哥尼亚镇压工人罢工；国有石油公司 YPF 成立；铁路工人工会成立；马塞洛·T. 德阿尔韦亚尔成为总统。
1928 年	伊波利托·伊里戈延第二次当选总统。
1929 年	YPF 建立石油产品统一价格体系。

288

民众主义时期

1930 年	价格下跌；在 20 世纪第一次军事政变中何塞·乌里武鲁将军推翻伊里戈延政府。
1932 年	在某些选举舞弊后阿古斯丁·胡斯托①将军当选总统；激进党被阻止参加选举。
1934 年	《罗加－郎西曼条约》保留了阿根廷出口商品的英国市场。
1936 年	布宜诺斯艾利斯居民达到 240 万人；探戈大师加德尔去世；卡洛斯·萨阿韦德拉·拉马斯赢得了诺贝尔奖。
1938 年	在保守派罗伯托·M. 奥尔蒂斯的总统选举中舞弊普遍存在。

---

① 原文中"Augustín"有误，应为"Agustin"。——译者注

1941 年	在军方控制下,多家军工厂成立,制造战争供给品。
1943 年	民族主义军官领导军事政变;胡安·多明戈·庇隆接管劳工部。
1945 年	大规模示威谴责庇隆的亲劳工政策;10 月 17 日工人示威游行要求释放庇隆。
1946 年	庇隆当选总统。
1947 年	妇女获得选举权;1 600 万阿根廷人中 470 万人居住在布宜诺斯艾利斯。
1948 年	庇隆出资购买英国公司,使铁路国有化。
1950 年	工会会员达到 200 万;蓝领工人收入占国民收入的 50%。
1952 年	庇隆再次当选;埃薇塔·庇隆去世;旱灾和经济衰退产生 80%的通货膨胀;工人反对紧缩计划。
1953 年	维多利亚·奥坎波被捕并被监禁 26 天。
1954 年	天主教行动领导反对庇隆的行动;政教关系恶化。
1955 年	军队在解放革命中获取政权;庇隆在以后 18 年里过起流放生活。
1956 年	佩德罗·E.阿兰德鲁将军和军政府开始去庇隆化;在以后 17 年中埃薇塔·庇隆的尸体失踪;工人反抗;埃内斯托·切·格瓦拉与菲德尔·卡斯特罗在墨西哥会面。
1958 年	庇隆派被阻止参加选举;阿图罗·弗朗迪西当选总统。
1960 年	S. I. A. M.首次生产全部使用阿根廷发动机的汽车。
1961 年	格瓦拉秘密访问布宜诺斯艾利斯。

1962 年	军方撤掉了弗朗迪西的总统职位。
1963 年	阿图罗·伊利亚当选总统,庇隆派再次被排除在选举之外。
1966 年	军人政变用胡安·卡洛斯·翁加尼亚将军替代伊利亚担任总统;在长铅笔之夜,警察占据大学校园。
1967 年	格瓦拉在玻利维亚被捕并处决。
1969 年	工人和学生举行科尔多瓦市民罢工;蒙托内罗斯游击队绑架并处决阿兰布鲁。
1970 年	路易斯·费德里科·勒卢瓦尔赢得诺贝尔化学奖。
1972 年	美国投资达到 18 亿美元;23 个外国汽车公司在阿根廷进行生产。
1973 年	庇隆派赢得总统选举;游击队员被从监狱释放;尽管庇隆支持者不同派系之间发生暴力冲突,庇隆回到总统岗位。
1974 年	庇隆去世,他的妻子伊莎贝尔接替总统职务;蒙托内罗斯向政府宣战;阿根廷反共联盟(AAA)开始反恐怖主义活动;埃薇塔遗骸返回阿根廷。
1976 年	通货膨胀率达到 600%;军人政变推翻伊莎贝尔·庇隆总统;巴多达逮捕队开始消灭左派"嫌疑犯"。
1977 年	五月广场母亲组织开始了反对军人恐怖的第一次抗议活动。
1978 年	阿根廷主办世界杯足球赛;东道主队赢得冠军。
1979 年	工人组织总罢工反对军政府。
1982 年	军政府占领马尔维纳斯群岛;英国远征军击

败阿根廷;诺贝尔奖获得者阿道夫·佩雷斯·埃斯基维尔领导了一场声势浩大的反军方示威。

新自由主义时期

| 1983 年 | 通货膨胀率上升至 343%;外债达 450 亿美元;激进党的劳尔·阿方辛赢得了总统选举。 |

1983 年　通货膨胀率上升至 343%;外债达 450 亿美元;激进党的劳尔·阿方辛赢得了总统选举。

1984 年　《永不再》出版;对军官侵犯人权的起诉工作开始;塞萨尔·米尔斯坦赢得诺贝尔医学奖。

1986 年　《奥斯特拉尔计划》将通货膨胀率降到 80%。

1987 年　涂面人突击队第一次哗变。

1989 年　左翼游击队袭击一个陆军基地;通货膨胀率上涨到 3 000%;IMF 骚乱爆发;正义党卡洛斯·萨乌尔·梅内姆赢得选举;罗萨斯遗骸被送返;私有化开始。

1990 年　在美国总统乔治· H. W. 布什访问之前,最后一次涂面人哗变爆发;《兑换计划》将比索与美元挂钩。

1991 年　阿根廷与 3 个邻国组成南美洲共同市场(Mercosur);关于高层腐败的新闻报道出现。

1994 年　汽车爆炸炸毁了布宜诺斯艾利斯的犹太社区中心,86 人死亡。

1995 年　通货膨胀率下降至 3%;梅内姆再次当选总统。

1997 年　官方失业率达到 17%;4 万失业工人加入抗议游行。

1999 年　经济开始衰退;激进党取得选举胜利,费尔南多·德鲁阿当选总统。

2001 年　经济衰退走完了第 3 个年头;外债达到 1 320 亿美元;第二次 IMF 骚乱爆发;德鲁

	阿辞职;在两周内先后换过 3 个临时总统后,正义党的爱德华多·杜阿尔德成为临时总统。
2002 年	比索与美元的挂钩断裂,贬值 40%。
2003 年	在赢得一场卡洛斯·梅内姆退出的决胜选举后,内斯托尔·基什内尔成为总统;40 名前军官因在 1976—1983 年军政府时期犯下反人类罪而被拘留;允许前军官免受起诉的法律被国会推翻,世界银行还款谈判;改善与国际货币基金组织的关系。

附录 3 参 考 书 目

Alberdi, Juan Bautista. *The Life and Industrial Labors of William Wheelwright in South America. Translated from the Spanish.* Boston: A. Williams, 1877.

Anderson, Jon Lee. *Che Guevara: A Revolutionary Life.* New York: Grove Press, 1997.

Anderson, Martin. *Dossier Secreto: Argentina's Desaparecidos and the Myth of the "Dirty War."* Boulder, Colo.: Westview Press, 1993.

Andrien, Kenneth J., and Lyman L. Johnson. *The Political Economy of Spanish America in the Age of Revolution, 1750 – 1850.* Albuquerque: University of New Mexico Press, 1994.

Angelis, Pedro de, ed. *Colección de obras y documentos relativos a la historia antigua y moderna de las provincias del Río de la Plata.* 3 vols. 1835. Reprint, Buenos Aires: Editorial Plus Ultra, 1969.

Anna, Timothy E. *The Fall of the Royal Government in Peru.* Lincoln: University of Nebraska Press, 1979.

Baily, Samuel L., and Franco Ramella, eds. *One Family, Two Worlds: An Italian Family's Correspondence across the Atlantic,*

1901 - 1922. Trans. John Lenaghan. New Brunswick, N. J. : Rutgers University Press, 1988.

Beaumont, J. A. B. *Travels in Buenos Ayres, and the Adjacent Provinces of the Río de la Plata*. London: J. Ridgeway, 1828.

Bethell, Leslie, ed. *The Cambridge History of Latin America*. Vol. 1, *Colonial Latin America*. Cambridge, England: Cambridge University Press, 1984.

——. *The Independence of Latin America*. Cambridge, England: Cambridge University Press, 1987.

Boczek, Barbara Aniela. "Early, Self-Proclaimed Nationalists in Argentina, 1928 - 1932: Historical Ties and Contemporary Nemeses. " M. A. report, University of Texas at Austin, 1991.

Bourvard, Marguerite Guzmán. *Revolutionizing Motherhood: The Mothers of the Plaza de Mayo*. Wilmington, Del. : Scholarly Resources, 1994.

Brand, Charles. *Journal of a Voyage to Peru*. London: H. Colburn, 1828.

Brennan, James P. *The Labor Wars* in *Córdoba, 1955 - 1976: Ideology, Work, and Labor Politics in an Argentine Industrial City*. Cambridge, Mass. : Harvard University Press, 1994.

Brown, Jonathan C. "British Petroleum Pioneers in Mexico and South America. " No. 89 - 17, Texas Papers on Latin America. Institute of Latin American Studies, University of Texas at Austin.

——. "What Historians Reveal About Labor and Free Trade in Latin America. " *Work and Occupations* 24, no. 3 (August 1997): 381 - 398.

——. "Juan Bautista Alberdi y la doctrina del capitalismo liberal en Argentina. " *Revista Ciclos* 3, no. 4 (1993): 69 - 74.

——. *A Socioeconomic History of Argentina, 1776 – 1860.* Cambridge, England: Cambridge University Press, 1979.

——, ed. *Workers' Control in Latin America, 1930 –1979.* Chapel Hill: University of North Carolina Press, 1997.

Campbell, J. *An Account of the Spanish Settlements in America.* Edinburgh, Scotland: A. Donaldson & J. Reid, 1762.

Canabrava, Alice Piffer. *O comércio portugues no Rio da Prata, 1580 –1640.* São Paulo: Universidad de São Paulo, 1944.

Carbonell de Masy, Rafael. *Estrategias de desarrollo rural en los pueblos guaranies (1609 –1767).* Barcelona: Antoni Bosch, 1992.

Carlos II. "Resumen de las consultas en que su majestad resolvió fundar y extinguir la Audiencia de Buenos Aires ... [c. 1672]". Document number 318, Manuel E. Gondra Manuscript Collection. University of Texas Library, Austin.

Censo industrial y comercio. Boletín no. 17. Buenos Aires: Oficina Meterológica Argentina, 1913.

Chiaramonte, José Carlos. *Nacionalismo y liberalismo económico en Argentina, 1860 –1880.* Buenos Aires: Solar/Hachette, 1971.

Christian, Shirley. "Bluntly Put, It's Graft: U. S. Envoy Speaks Out." *New York Times*, January 16, 1991, 10.

——. "Tango with Peronist? Who's Afraid?" *New York Times*, July 4, 1989, 4.

Cochran, Thomas C. , and Ruben E. Reina. *Capitalism in Argentine Culture: A Study of Torcuato Di Tella and S. I. A. M.* Philadelphia: University of Pennsylvania Press, 1962.

Cohen, Roger. "Argentina Sees Other Face of Globalization." *New York Times*, February 6, 1998, A1, A7.

Collier, Simon. *Ideas and Politics of Chilean Independence, 1808 – 1833.* Cambridge, England: Cambridge University Press, 1969.

——. *The Life and Times of Carlos Gardel*. Pittsburgh, Pa.：University of Pittsburgh Press, 1986.

Comandrán Ruiz, Jorge. *Evolución demográfica argentina durante el período hispánico* (1535 – 1810). Buenos Aires：Editorial Universitaria de Buenos Aires, 1969.

Comisión Directiva del Censo. *Segundo censo de la República Argentina*, 1895. 3 vols. Buenos Aires：Taller de la Penitenciaría Nacional, 1898.

Comisión Nacional de Censos. *Tercer censo nacional*, *1914*. 10 vols. Buenos Aires：L. J. Rossi, 1916 – 1919.

Concolorcorvo (Alonso Carrió de la Bandera). *El Lazarillo*：*A Guide for Inexperienced Travelers Between Buenos Aires and Lima*, *1773*. Trans. Walter D. Kline. Bloomington：Indiana University Press, 1965.

Coni, Emilio. *Historia de las vaquerías del Río de la Plata* (1555 – 1750). Madrid：Tipografía de Archivos, 1930.

Cook, Noble David. *Born to Die: Disease and New World Conquest* (1492 – 1650). Cambridge, England：Cambridge University Press, 1998.

Cook, Noble David, and W. George Lovell, eds. *"Secret Judgments of God"*: *Old World Disease in Colonial Spanish America*. Norman：University of Oklahoma Press, 1992.

Cooney, Jerry W. *Economía y sociedad en la intendencia del Paraguay*. Asunción：Centro Paraguayo de Estudios Sociológicos, 1990.

Cox, Lisa Diane. "Repression and Rank-and-File Pressure during the Argentine Process of National Reorganization, 1976 – 1983." M. A. thesis, University of Texas at Austin, 1995.

Crites, Byron. "Native Railroad Workers and Foreign Businesses in

Argentina: 1916 – 1930. " M. A. report, University of Texas at Austin, 2001.

Crump, W. B. *The Leeds Woollen Industry*, *1720 – 1820*. Leeds, England: The Thoresby Society, 1931.

Cushner, Nicholas P. *Jesuit Ranches and the Agrarian Development of Colonial Argentina*, *1650 – 1767*. Albany: State University of New York Press, 1983.

Darwin, Charles. *The Voyage of the* Beagle. New York: Bantam, 1858.

Denevan, William D. , ed. *The Native Population of the Americas in 1492*, 2d ed. Madison: University of Wisconsin Press, 1992.

Díaz Alejandro, Carlos F. *Essays on the Economic History of the Argentine Republic*. New Haven, Conn. : Yale University Press, 1970.

Di Tella, Guido, and Carlos Rodríguez Braun. *Argentina, 1946 – 1983: The Economic Ministers Speak*. New York: St. Martin's Press, 1990.

——. *Argentina under Perón*, *1973 – 1976*. London: Macmillan, 1981.

Di Tella, Guido, and Rudiger Dornbusch, eds. *The Political Economy of Argentina*, *1946 – 83*. Basingstoke, England: Macmillan, 1989.

Di Tella, Guido, and D. C. M. Platt, eds. *The Political Economy of Argentina*, *1880 – 1946*. Basingstoke, England: Macmillan, 1986.

Di Tella, Torcuato S. *Historia argentina desde los orígenes hasta nuestros días*. 2 vols. Buenos Aires: Editorial Troquel, 1995.

——. *Historia social de la Argentina contemporánea*. Buenos Aires: Troquel, 1998.

Di Tella, Torcuato S. , Gino Germani, and Jorge Graciarena, eds.

Argentina: *Sociedad de masas*. 3d ed. Buenos Aires: Editorial Universitaria de Buenos Aires, 1966.

Dobritzhoffer, Martin. *An Account of the Abipones, an Equestrial People of Paraguay*. 3 vols. London: J. Murray, 1822.

du Biscay, Acarete. *Account of a Voyage up the River de la Plata and Thence Overland to Peru*. 1698. Reprint, North Haven, Conn. : Institute Publishing, 1968.

Economist Intelligence Unit. *Country Report*: *Argentina*.

Faddis, Matthew James. "Getting Away with Murder: Actions by the Argentine Military to Escape Culpability for Crimes Committed During the Process of National Reorganization. " M. A. report, University of Texas at Austin, 1997.

Falkner, Thomas. *A Description of Patagonia, and the Adjoining Parts of South America*. 1774. Reprint, Chicago: Armann & Armann, 1935.

Feitlowitz, Marguerite. *A Lexicon of Terror*: *Argentina and the Legacies of Torture*. New York: Oxford University Press, 1998.

Fisher, Jo. *Mothers of the Disappeared*. Boston: South End Press, 1989.

Florescano, Enrique, ed. *Haciendas, latifundios y plantaciones en América Latina*. Mexico City: Siglo Ventiuno, 1975.

Fradkin, Raúl O. , ed. *La historia agraria del Río de la Plata colonial*: *Los establecimientos productivos*. Buenos Aires: Centro Editor de América Latina, 1993.

Furlong, Guillermo. *Entre los pampas de Buenos Aires*. Buenos Aires: Talleres Gráficos "San Pablo," 1938.

——. *Misiones y sus pueblos de guaraníes*. Buenos Aires: Imprenta Balmes, 1962.

Gandía, Enrique de. *Francisco de Alfaro y la condición social de los indios*: *Río de la Plata*, *Paraguay*, *Tucumán y Perú*, *siglos XVI y XVII*. Buenos Aires: Librería y Editorial "El Ateneo," 1939.

Ganson, Barbara A. "Better Not Take My Manioc: Guaraní Religion, Society, and Politics in the Jesuit Missions of Paraguay, 1500 – 1800." Ph. D. diss., University of Texas at Austin, 1994.

Garaveglia, Juan Carlos. *Economía, sociedad y regiones*. Buenos Aires: Ediciones de la Flor, 1987.

Garaveglia, Juan Carlos, and Jorge Gelman, eds. *El mundo rural rioplatense a fines de la época colonial*. Buenos Aires: Biblos/ Fundación Simón Rodríguez, 1989.

García, Juan Agustín. *La ciudad indiana*: *Buenos Aires desde 1600 hasta mediados del siglo XVIII*. 1955. Reprint, Buenos Aires: Editorial Universitaria, 1966.

Gelman, Jorge. *Campesinos y estancieros*. Buenos Aires: Editorial Los Libros Riel, 1998.

Goldman, Noemi, and Ricardo D. Salvatore. *Caudillismos rioplatenses*: *Nuevas miradas a un viejo problema*. Buenos Aires: Eudeba, 1998.

Gómez, Jesús Fernando. "Military Rule in Argentina, 1976 – 1983: Suppressing the Peronists." M. A. thesis, University of Texas at Austin, 2001.

Góngora, Mario. *Los grupos de conquistadores en Tierra Firme* (*1509 – 1530*). Santiago: Universidad de Chile, 1962.

González, José Eduardo. *Borges and the Politics of Form*. New York: Garland, 1998.

Graham-Yooll, Andrew. A *State of Fear*: *Memories of Argentina's Nightmare*. London: Eland Books, 1986.

Groot, José Manuel. *Historia eclesiástica y civil de Nueva Granada*. 5 vols. Bogotá: Casa Editorial de M. Rivas, 1889 – 1893.

Guy, Donna J. *Sex and Danger in Buenos Aires*: *Prostitution*, *Family*, *and Nation* in *Argentina*. Lincoln: University of Nebraska Press, 1991.

Halperín Donghi, Tulio. *Reforma y disolución de los imperios ibéricos*. *1750 - 1850*, Madrid: Alianza Editorial, 1985.

———. *Revolución y guerra*: *Formación de una élite dirigente en la Argentina criolla*. Buenos Aires: Siglo Vientiuno, 1972.

Hammond, Gregory Sowles. "The Institution of Eva Perón: Extensions of the State in Argentina." M. A. thesis, University of Texas at Austin, 2000.

Harrison, Margaret H. *Captain of the Andes*: *The Life of Don Jose de San Martin*, *Liberator of Argentina*, *Chile and Peru*. New York: Richard R. Smith, 1943.

Hernández, Isabel. *Los indios de Argentina*. Madrid: Editorial Mapfre, 1992.

Hernández, José. *The Gaucho Martín Fierro*. Trans. C. E. Ward. Albany: State University of New York Press, 1967.

Hibbert, Edward. *Narrative of a Journey from Santiago de Chile to Buenos Ayres*. London: J. Murray, 1824.

Hsiao, Yao-sung Thomas. "Perón, Leaders and Centralization of Labor Unions." M. A. report, University of Texas at Austin, 1992.

James, Daniel. *Resistance and Integration*: *Peronism and the Argentine Working Class*, *1946 - 1976*. Cambridge, England: Cambridge University Press, 1994.

Jara, Alvaro. *Guerra y sociedad en Chile*: *La transformación de la guerra de Arauco y la esclavitud de los indios*. Santiago, Chile: Editorial Universitaria, 1971.

Johnson, Lyman L. , and Enrique Tandeter. *Essays on the Price*

History of Eighteenth Century Latin America. Albuquerque:
University of New Mexico Press, 1990.

Josephy, Alvin M. , Jr. *America in 1492: The World of the Indian
Peoples Before the Arrival of Columbus.* New York: Vintage
Books, 1993.

Kelly, Kevin James. "Juan Manuel de Rosas: Nineteenth Century
Argentine Populist. " Ph. D. diss. , University of Texas at Austin,
1988.

Kinsbruner, Jay. *Independence in Spanish America: Civil Wars,
Revolutions, and Underdevelopment.* Albuquerque: University of
New Mexico Press, 1994.

Kon, Daniel. *Los Chicos de la Guerra: The Boys of War.* London:
New English Library, 1983.

Larden, Walter. *Estancia Life: Agricultural, Economic, and
Cultural Aspects of Argentine Farming.* London: T. Fisher
Unwin, 1911.

Levene, Ricardo. *El genio político de San Martín.* Buenos Aires:
Editorial Guillermo Kraft, 1950.

Levillier, Roberto, ed. *Gobernación del Tucumán: Probanzas de
méritos y servicios de los conquistadores.* 3 vols. Madrid:
Sucesores de Rivadencyra, 1919.

Lewis, Colin M. , and Nissa Torrents, eds. *Argentina in the Crises
Years(1983 -1990): From Alfonsín to Menem.* London: Institute
of Latin American Studies, 1993.

Lewis, Paul. *The Crisis of Argentine Capitalism.* Chapel Hill:
University of North Carolina Press, 1990.

——. *Guerrillas and Generals: The "Dirty War" in Argentina.*
Westport, Conn. : Praeger Publishers, 2002.

Liss, Peggy K. *Atlantic Empires: The Network of Trade and*

Revolution, *1713 - 1826*. Baltimore: Johns Hopkins University Press, 1982.

Luna, Félix *Historia integral de la Argentina*. 10 vols. Buenos Aires: Planeta, 1995.

Lynch, John. *Argentine Dictator*: *Juan Manuel de Rosas*, *1829 -1852*. Oxford, England: Oxford University Press, 1981.

——. *The Spanish American Revolutions*, *1808 -1826*. 2d ed. New York: W. W. Norton, 1987.

MacCann, William. *Two Thousand Miles' Ride Through the Argentine Provinces*. 2 vols. London: Smith, Elder, 1853.

McGann, Thomas F. *Argentina, the United States, and the Inter-American System*. Cambridge, Mass. : Harvard University Press, 1957.

Magnusson, Wayne Peter. " Institutionalizing State-Sponsored Terrorism: A Decade of Violence in Argentine Terrorism, 1970 - 1979. " M. A. thesis, University of Texas at Austin, 1998.

Mansilla, Lucío V. *An Expedition to the Ranquel Indians*. Trans. Mark McCaffrey. Austin: University of Texas Press, 1997.

Martínez Savasola, Carlos. *Los hijos de la tierra* : *Historia de los indígenas argentinos*. Buenos Aires: Emecé Editores, 1998.

Masini, José Luis. *La esclavitud negra en Mendoza*, *época independiente*. Mendoza, Argentina: D'Accurzio, 1965.

Maura, Juan Erancisco. *Women in the Conquest of the Americas*. Trans. John F. Deredita. New York: P. Lang, 1997.

Mayo, Carlos A. *Estancia y sociedad en la pampa*, *1740 - 1820*. Buenos Aires: Editorial Biblos, 1995.

Mayo, Carlos A. , and Amalia Latrubesse. *Terratenientes, soldados y cautivos* : *La frontera* (*1736 -1815*). Mar del Plata, Argentina: Universidad Nacional de Mar del Plata, 1993.

Méndez, Jesús. "Argentine Intellectuals in the Twentieth Century. " Ph. D. diss. , University of Texas at Austin, 1980.

Meyer, Doris. *Victoria Ocampo*: *Against the Wind and the Tide.* Austin: University of Texas Press, 1990.

Mirelman, Victor A. *Jewish Buenos Aires, 1890 - 1930*: *In Search of an Identity.* Detroit: Wayne State University Press, 1990.

Moreno, Mariano. *Representación que el apoderado de los hacendados de las campañas del Río de la Plata dirigió al Exmo. Sr. Virey D. Baltasar Hidalgo de Cisneros.* Bueno Aires: Imprenta Especial, 1874.

Morison, Samuel Eliot. *The European Discovery of America*: *The Southern Voyages, 1492 - 1619.* New York: Oxford University Press, 1974.

Mosconi, Enrique. *La batalla del petróleo*: *YPE y las empresas extran-jeras.* Buenos Aires: Ediciones Problemas Nacionales, 1957.

Moutoukias, Zacarías. *Contrabando y control colonial en el siglo XVII: Buenos Aires, el Atlántico y el espacio peruano.* Buenos Aires: Centro Editor de América Latina, 1988.

Moya, Jose C. *Cousins and Strangers*: *Spanish Immigrants in Buenos Aires, 1850 - 1930.* Berkeley: University of California Press, 1998.

Moyano, María José. *Argentina's Lost Patrol: Armed Struggle, 1969 - 1979.* New Haven, Conn. : Yale University Press, 1995.

Nash, Nathaniel C. "Argentines Escape an Economic Mire: A Success Story, Yes, but No Miracle. " *New York Times*, July 25, 1993, 6.

——. "Justice Proves to Be Sluggish in Argentina's Corruption Cases. " *New York Times*, December 15, 1991, 15.

Nicolau, Juan Carlos. "Comercio exterior por el puerto de Buenos Aires: Movimiento maritimo (1810 – 1855)." MS.

Norden, Deborah L. *Military Rebellion in Argentina: Between Coups and Consolidation*. Lincoln: University of Nebraska Press, 1996.

Papeles Ventura Miguel Marcó del Pont. Benson Latin American Collection. University of Texas Library, Austin.

Parish, Woodbine. *Buenos Ayres and Provinces of the Rio de la Plata: Their Present State, Trade, and Debt*. London: J. Murray, 1852.

Parry, John H. *The Age of Reconnaissance*. New York: Mentor Books, 1974.

Parry, John H. , and Robert G. Keith. *New Iberian World: A Documentary History of the Discovery and Settlement of Latin America to the Early 17th Century*. 5 vols. New York: Times Books, 1984.

Perón, Juan Domingo. *Peron Expounds His Doctrine*. Trans. Argentine Association of English Culture. Buenos Aires: n. p. , 1948.

Pierce, Barbara Eleanor. "The Argentine Military Junta's Ideology in the Dirty War: The Ongoing Battle to Conquer Barbarism. " M. A. thesis, University of Texas at Austin, 1993.

Poenitz, Alfredo Juan Erich. "Conflict for Labor Leadership in Latin America, 1918 – 1955. " M. A. thesis, University of Texas at Austin, 1990.

Potash, Robert A. *The Army and Politics in Argentina*. 3 vols. Stanford, Calif. : Stanford University Press, 1969 – 1996.

Qamber, Rukhsana. "Government Policy towards Public Land: Mexico and Argentina, 1880 – 1910. " Ph. D. diss. , University of

Texas at Austin, 1992.

Ramírez, Gilberto, Jr. "The Reform of the Argentine Army, 1890 –
1904. "Ph. D. diss. , University of Texas at Austin, 1987.

Randall, Laura. *A Comparative Economic History of Latin
America*. Vol. 1, *Argentina*. Ann Arbor, Mich. : University
Microfilms, 1977.

——. *An Economic History of Argentina in the Twentieth Century*.
New York: Columbia University Press, 1978.

Registro estadístico de Buenos Aires, *1854*. Buenos Aires, 1855.

Rochford, David John. " In Search of a Popular Mission: The
Argentine Catholic Church under Juan Perón, 1946 – 1955. " M. A.
report, University of Texas at Austin, 1992.

Rock, David. *Argentina, 1516 – 1987: From Spanish Colonization
to Alfonsín*. Berkeley: University of California Press, 1987.

Ross, Stanley R. , and Thomas F. McGann, eds. *Buenos Aires: 400
Years*. Austin: University of Texas Press, 1982.

Roulet, Florencia. *La resistencia de los Guaraní del Paraguay a la
Conquista Española [1537 – 1556]*. Posadas, Argentina: Editorial
Universitaria Universidad Nacional de Misiones, 1993.

Saguier, Eduardo R. *Mercado inmobiliario y estructura social: El
Río de la Plata en el siglo XVIII*. Buenos Aires: Centro Editor de
América Latina, 1993.

Sala de Tourón, Lucía, Nelson de la Torre, and Julio C. Rodríguez.
Artigas y su revolución agraria, *1811 – 1820*. Mexico City: Siglo
Vientiuno, 1978.

Salvatore, Ricardo D. , and Carlos Aguirre, eds. *The Birth of the
Penitentiary in Latin America: Essays on Criminology, Prison
Reform ,and Social Control*, *1830 – 1940*. Austin: University of
Texas Press, 1996.

Salvatore, Ricardo D. , and Jonathan C. Brown. "The Old Problem of Gauchos and Rural Society." *Hispanic American Historical Review* 69, no. 4 (1989): 733 - 745.

Salvatore, Ricardo Donato. "Class Struggle and International Trade: Río de la Plata's Commerce and the Atlantic Proletariat, 1790 - 1850. "Ph. D. Diss. , University of Texas at Austin, 1987.

Sarmiento, Domingo F. *Life in the Argentine Republic in the Days of the Tyrants, or Civilization and Barbarism.* New York: Hafner Press, 1974.

Sarobe, José M. *Memorias sobre la revolución del 6 de septiembre de 1930.* Buenos Aires: Ediciones Gure, 1957.

Schmidl, Ulrich. *The Conquest of the River Plate (1535 - 1555).* London: Hakluyt Society, 1891.

Scobie, James R. *Argentina: A City and a Nation.* 2d ed. New York: Oxford University Press, 1971.

——. *Revolution on the Pampas: A Social History of Argentine Wheat, 1860 - 1910.* Austin: University of Texas Press, 1964.

Sempat Assadourian, Carlos. *El sistema de la economía colonial: El mercado interior. Regiones y espacio económico.* Mexico City: Editorial Nueva Imagen, 1983.

——. *El tráfico de esclavos en Córdoba, 1588 - 1610.* Córdoba, Argentina: Universidad Nacional de Córdoba, 1965.

Sempat Assadourian, Carlos, Guillermo Beato, and José Carlos Chiaramonte. *Argentina: De la conquista a la independencia.* Buenos Aires: Paidós, 1972.

Service, Elman R. *Spanish-Guaraní Relations in Early Colonial Paraguay.* Ann Arbor: University of Michigan Press, 1954.

Simpson, John, and Jana Bennett. *The Disappeared and the Mothers of the Plaza: The Story of the 11, 000 Argentinians Who*

Vanished. New York: St. Martin's Press, 1985.

Smith, Peter H. *Politics and Beef in Argentina: Patterns of Conflict and Change.* New York: Columbia University Press, 1969.

Socolow, Susan Migden. *The Merchants of Buenos Aires, 1778 - 1810: Family and Commerce.* Cambridge, England: Cambridge University Press, 1978.

Solberg, Carl. "Entrepreneurship in Public Enterprise: General Enrique Mosconi and the Argentine Petroleum Industry," *Business History Review* 56, no. 3 (1982): 389.

——. *Immigration and Nationalism: Argentina and Chile, 1890 - 1914.* Austin: University of Texas Press, 1970.

——. *Oil and Nationalism in Argentina.* Stanford, Calif. : Stanford University Press, 1979.

Spears, Andrea Lynn. "Labor's Response to Centralization and Rationalization: The Argentine Railway Strikes, 1950 - 1951." M. A. thesis, University of Texas at Austin, 1990.

Steward, Julian H. , ed. *Handbook of South American Indians.* 7 vols. 1946. Reprint, 8 vols. New York: Cooper Square Publishers, 1963.

Street, John. *Artigas and the Emancipation of Uruguay.* Cambridge, England: Cambridge University Press, 1959.

Studer, Elena F. S. de. *La trata de negros en el Río de la Plata durante el siglo XVIII.* Buenos Aires: Universidad de Buenos Aires, 1958.

Supplee, Joan Ellen. "Provincial Elites and the Economic Transformation of Mendoza, Argentina, 1880 - 1914." Ph. D. diss. , University of Texas at Austin, 1988.

Szuchman, Mark D. , and Jonathan C. Brown, eds. *Revolution and*

Restoration: *The Rearrangement of Power in Argentina*, *1776 - 1860*. Lincoln: University of Nebraska Press, 1994.

"A Talk with Carlos Menem: 'Subsidies No Longer Exist.'" *Business Week* (October 2, 1989): 46.

TePaske, John Jay, and Herbert S. Klein. *The Royal Treasuries of the Spanish Empire in America*. Vol. 3, *Chile and the Rio de la Plata*. Durham, N. C. : Duke University Press, 1982.

Timerman, Jacobo. *Prisoner Without a Name*, *Cell Without a Number*. New York: Alfred A. Knopf, 1981.

Tjarks, Germán O. E. , and Alicia Vidaurreta. *El comercio inglés y el contrabando: Nuevos aspectos en el estudio de la politica económica en el Río de la Plata*, *1807 - 1810*. Buenos Aires: Self-published, 1962.

Tornquist, Ernesto. *The Economic Development of the Argentine Republic in the Last Fifty Years*. Buenos Aires: Tornquist y Cía, 1919.

Verbitsky, Horacio. "Argentina Retreats from Democracy." *New York Times*, October 3, 1992, 21.

———. *Medio siglo de proclamas militares*. Buenos Aires: Editora 12, 1987.

Videl, E. E. *Picturesque Illustrations of Buenos Aires and Montevideo*. London: R. Ackerman, 1820.

Villalobos R. , Sergio. *Comercio y contrabando en el Río de la Plata y Chile*, *1700 - 1811*. Buenos Aires: Editorial Universitaria de Buenos Aires, 1965.

———, ed. *El comercio y la crisis colonial: Un mito de la independencia*. Santiago: Universidad de Chile, 1968.

Walker, John, ed. *The South American Sketches of R. B. Cunningham*. Norman: University of Oklahoma Press, 1978.

Walter, Richard J. *Politics and Urban Growth in Buenos Aires*, *1910 -1942*. Cambridge, England: Cambridge University Press, 1993.

Wirth, John D. , ed. *Latin American Oil Companies and the Politics of Energy*. Lincoln: University of Nebraska Press, 1985.

Wright, Winthrop R. *British-Owned Railways in Argentina*: *Their Effect on Economic Nationalism*, *1854 - 1948*. Austin: University of Texas Press, 1974.

附录 4　建议阅读书目

The following lists the best up-to-date books and sources in English on Argentine history and contemporary affairs. It is neither exhaustive nor definitive, yet these books will assist specialists and nonspecialists alike in learning more about this fascinating country.

现代报刊

Buenos Aires Herald (newspaper). Available online: http://www. bueno-sairesherald. com

Current History (journal). Philadelphia: Current History, Inc. Available in libraries

Country Report: *Argentina*. London: The *Economist* Intelligence Unit. (journal). Available in libraries

综合概要

Ferns, H. S. *Argentina*. New York: Praeger Publishers, 1969.

Lewis, Daniel K. *The History of Argentina*. Westport, Conn. : Greenwood Press, 2001.

McGann, Thomas F. *Argentina: The Divided Land.*

Princeton, N. J. : Van Nostrand, 1966.

Randall, Laura. *A Comparative Economic History of Latin America*. Vol. 1, *Argentina*. Ann Arbor, Mich. : University Microfilms, 1977.

Rock, David. *Argentina, 1516 - 1987 : From Spanish Colonization to Alfonsín*. Berkeley: University of California Press, 1987.

Romero, José Luis. *A History of Argentine Political Thought*. Trans. Thomas F. McGann. Stanford, Calif. : Stanford University Press, 1963.

Ross, Stanley R. , and Thomas F. McGann, eds. *Buenos Aires: 400 Years*. Austin: University of Texas Press, 1982.

Scobie, James R. *Argentina: A City and a Nation*. 2d ed. New York: Oxford University Press, 1971.

殖民地时期与革命战争时期(1776 — 1830)

Concolocorvo. *El Lazarillo: A Guide for Inexperienced Travelers between Buenos Aires and Lima , 1773*. Trans. Walter D. Kline. Bloomington: Indiana University Press, 1965.

Cushner, Nicholas P. *Jesuit Ranches and the Agrarian Development of Colonial Argentina , 1650 - 1767*. Albany: State University of New York Press, 1983.

Ganson, Barbara. *The Guaraní under Spanish Rule in the Río de la Plata*. Stanford, Calif. : Stanford University Press, 2002.

Halperín Donghi, Tulio. *Politics, Economics, and Society in Argentina in the Revolutionary Period*. Trans. Richard Southern. Cambridge, England: Cambridge University Press, 1975.

Lynch, John. *Spanish Colonial Administration , 1782 - 1810 : The Intendant System in the Viceroyalty of the Río de la Plata*. 2d ed. Westport, Conn. : Greenwood Press, 1969.

Morner, Magnus. *The Political and Economic Activities of the Jesuits in the La Plata Region*, *Hapsburg Era*. Trans. Albert Read. Stockholm: Institute of Ibero-American Studies, 1953.

Palmer, Colin. *Human Cargoes: The British Slave Trade to Spanish America*, *1700 – 1739*. Campaign-Urbana: University of Illinois Press, 1981.

Service, Elman R. *Spanish-Guaraní Relations in Early Colonial Paraguay*. Ann Arbor: University of Michigan Press, 1954.

Socolow, Susan Migden. *The Bureaucrats of Buenos Aires*, *1790 – 1810: Amor al real servicio*. Durham, N. C. : Duke University Press, 1987.

——. *The Merchants of Buenos Aires*, *1778 – 1810: Family and Commerce*. Cambridge, England: Cambridge University Press, 1978.

Steward, Julian H. , ed. *Handbook of South American Indians*. 8 Vols. New-York: Cooper Square Publishers, 1963.

White, Richard Alan. *Paraguay's Autonomous Revolution*, *1810 – 1840*. Albuquerque: University of New Mexico Press, 1978.

考迪罗时代(1820 — 1880)

Adelman, Jeremy. *Republic of Capital: Buenos Aires and the Legal Transformation of the Atlantic World*. Stanford, Calif. : Stanford University Press, 1999.

Amaral, Samuel. *The Rise of Capitalism on the Pampas*. Cambridge, England: Cambridge University Press, 1999.

Andrews, George Reid. *The Afro-Argentines of Buenos Aires*, *1800 – 1900*. Madison: University of Wisconsin Press, 1980.

Brown, Jonathan C. *A Socioeconomic History of Argentina*, *1776 – 1860*. Cambridge, England: Cambridge University

Press, 1979.

Burgin, Miron P. *The Economic Aspects of Argentine Federalism*, *1820 - 1852*. Cambridge, Mass. : Harvard University Press, 1946.

Bushnell, David. *Reform and Reaction in the Platine Provinces*, *1810 - 1852*. Gainesville: University of Florida Press, 1983.

De la Fuente, Ariel. *Children of Facundo: Caudillo and Gaucho Insurgency During the Argentine State-Formation Process* (*La Rioja*, *1853 - 1870*). Durham, N. C. : Duke University Press, 2000.

Ferns, H. S. *Britain and Argentina in the Nineteenth Century*. Oxford, England: Clarendon Press, 1960.

Kroeber, Clifton B. *Growth of the Shipping Industry in the Río de la Plata Region*, *1794 - 1860*. Madison: University of Wisconsin Press, 1957.

Lynch, John. *Argentine Dictator: Juan Manuel de Rosas*, *1829 - 1852*. Oxford, England: Oxford University Press, 1981.

Martínez Estrada, Ezequiel. *X-Ray of the Pampa*. Trans. Alain Swietlicki. Austin: University of Texas Press, 1971.

Reber, Vera Blinn. *British Mercantile Houses in Buenos Aires*, *1810 - 1880*. Cambridge, Mass. : Harvard University Press, 1979.

Sabato, Hilda. *Agrarian Capitalism and the World Market: Buenos Aires in the Pastoral Age*, *1840 - 1890*. Albuquerque: University of New Mexico Press, 1992.

——. *The Many and the Few: Political Participation in Republican Buenos Aires*. Stanford, Calif. : Stanford University Press, 2001.

Sarmiento, Domingo F. *Life in the Argentine Republic in the Days of Tyrants*, *or Civilization and Barbarism*. New York:

Hafner Press, 1974.

Shumway, Nicolas. *The Invention of Argentina*. Berkeley: University of California Press, 1991.

Slatta, Richard W. *Gauchos and the Vanishing Frontier*. Lincoln: University of Nebraska Press, 1982.

Szuchman, Mark D. *Order, Family, and Community in Buenos Aires, 1810 – 1860*. Stanford, Calif. : Stanford University Press, 1988.

Szuchman, Mark D. , and Jonathan C. Brown, eds. *Revolution and Restoration: The Rearrangement of Power in Argentina, 1776 – 1860*. Lincoln: University of Nebraska Press, 1994.

Whigham, Thomas. *The Politics of River Trade: Tradition and Development in the Upper Plata, 1780 – 1870*. Albuquerque: University of New Mexico Press, 1991.

Williams, John Hoyt. *The Rise and Fall of the Paraguayan Republic, 1800 – 1870*. Austin: University of Texas Press, 1979.

自由主义时代(1880 – 1930)

Adelman, Jeremy, ed. *Essays in Argentine Labour History, 1870 – 1930*. Houndsmills, England: Macmillan, 1992.

Agullo, Juan Carlos. *Eclipse of an Aristocracy: An Investigation of the Ruling Elites of Córdoba*. Trans. Betty Crouse. Tuscaloosa: University of Alabama Press, 1976.

Alonso, Paula. *Between Revolution and the Ballot Box: The Origins of the Argentine Radical Party*. Cambridge, England: Cambridge University Press, 2000.

Baily Samuel L. *Immigrants in the Lands of Promise: Italians in Buenos Aires and New York City, 1870 – 1914*. Ithaca, N. Y. : Cornell University Press, 1999.

Brennan, James P. , and Ofelia Pianetto, eds. *Region and*

Nation: Politics, Economics, and Society in Twentieth Century Argentina. New York: St. Martin's Press, 2000.

Cochran, Thomas C., and Ruben E. Reina. *Capitalism in Argentine Culture: A Study of Torcuato Di Tella and S. I. A. M.* Philadelphia: University of Pennsylvania Press, 1962.

Collier, Simon. *The Life and Times of Carlos Gardel.* Pittsburgh, Pa. : University of Pittsburgh Press, 1986.

Crawley, Eduardo. *A House Divided: Argentina, 1880 -1980.* London: C. Hurst, 1984.

Díaz Alejandro, Carlos F. *Essays on the Economic History of the Argentine Republic.* New Haven, Conn. : Yale University Press, 1970.

Di Tella, Guido, and D. C. M. Platt, eds. *The Political Economy of Argentina, 1880 -1946.* Basingstoke, England: Macmillan, 1986.

Gallo, Ezequiel. *Farmers in Revolt: The Revolutions of 1893 in the Province of Santa Fe, Argentina.* London: Athlone Press, 1976.

Guy, Donna J. *Sex and Danger in Buenos Aires: Prostitution, Family, and Nation in Argentina.* Lincoln: University of Nebraska Press, 1991.

Hora, Roy. *The Landowners of the Argentine Pampas: A Social and Political History, 1860 - 1945.* Oxford, England: Clarendon Press, 2001.

Lewis, Colin M. *British Railways in Argentina, 1857 -1914: A Case Study of Foreign Investment.* London: Athlone Press, 1983.

McGann, Thomas F. *Argentina, the United States, and the Inter-American System.* Cambridge, Mass. : Harvard University Press, 1957.

McGee Deutsch, Sandra. *Counterrevolution in Argentina: The*

Argentine Patriotic League. Lincoln: University of Nebraska Press, 1986.

Moya, Jose C. *Cousins and Strangers: Spanish Immigrants in Buenos Aires*, *1850 –1930*. Berkeley: University of California Press, 1998.

Munck, Ronaldo, Ricardo Falcón, and Bernardo Galitelli. *Argentina from Anarchism to Peronismo: Workers*, *Unions*, *and Politics*, *1855 –1985*. London: Zed, 1987.

Plotkin, Mariano Ben. *Freud on the Pampas: The Emergence and Development of a Psychoanalytic Culture in Argentina*. Stanford, Calif. : Stanford University Press, 2001.

Randall, Laura. *An Economic History of Argentina in the Twentieth Century*. New York: Columbia University Press, 1978.

Richmond, Douglas. *Carlos Pelligrini and the Crisis of the Argentine Elites*, *1880 –1916*. Westport, Conn. : Greenwood, 1989.

Rock, David. *Politics in Argentina*, *1890 –1930: The Rise and Fall of Radicalism*. Cambridge, England: Cambridge University Press, 1974.

Scobie, James R. *Buenos Aires: Plaza to Suburb*, *1870 –1910*. London: Oxford University Press, 1974.

——. *Revolution on the Pampas: A Social History of Argentine Wheat*, *1860 –1910*. Austin: University of Texas Press, 1964.

——. *Secondary Cities of Argentina: The Social History of Corrientes*, *Salta*, *and Mendoza*. Stanford, Calif. : Stanford University Press, 1993.

Smith, Peter H. *Argentina and the Failure of Democracy: Conflict among Political Elites*. Madison: University of Wisconsin Press, 1974.

——. *Politics and Beef in Argentina: Patterns of Conflict and*

Change. New York: Columbia University Press, 1969.

Solberg, Carl. *Immigration and Nationalism in Argentina and Chile, 1890 - 1914.* Austin: University of Texas Press, 1970.

——. *Oil and Nationalism in Argentina.* Stanford, Calif. : Stanford University Press, 1979.

Szuchman, Mark D. *Mobility and Integration in Urban Argentina :Córdoba in the Liberal Era.* Austin: University of Texas Press, 1980.

Walter, Richard J. *Politics and Urban Growth in Buenos Aires, 1910 - 1942.* Cambridge, England: Cambridge University Press, 1993.

——. *The Province of Buenos Aires and Argentine Politics, 1912 - 1943.* Cambridge, England: Cambridge University Press, 1985.

——. *The Socialist Party of Argentina, 1890 - 1930.* Austin: University of Texas Press, 1977.

——. *Student Politics in Argentina: The University Reform and Its Effects, 1918 - 1964.* New York: Basic Books, 1968.

Wright, Winthrop. *British-Owned Railways in Argentina.* Austin: University of Texas Press, 1974.

民众主义时代(1930 — 1983)

Aizcorbe, Roberto. *Argentina, the Peronist Myth: An Essay on the Cultural Decay of Argentina after the Second World War.* Hicksville, N. Y. : Exposition Press, 1975.

Alexander, Robert J. *Juan Domingo Perón: A History.* Boulder, Colo. : Westview Press, 1979.

——. *The Perón Era.* New York: Columbia University Press, 1965.

Anderson, Jon Lee. *Che Guevara: A Revolutionary Life.* New York: Grove Press, 1997.

Baily, Samuel L. *Labor, Nationalism and Politics in Argentina*. New Brunswick, N. J. : Rutgers University Press, 1967.

Barnes, John. *Evita, First Lady: A Biography of Eva Perón*. New York: Grove Press, 1978.

Brennan, James P. , ed. *Peronism and Argentina*. Wilmington, Del. : Scholarly Resources, 1998.

Brown, Jonathan C. , ed. *Workers' Control in Latin America, 1930 - 1979*. Chapel Hill: University of North Carolina Press, 1995.

Crassweller, Robert D. *Perón and the Enigmas of Argentina*. New York: W. W. Norton, 1987.

Di Tella, Guido, and Rudiger Dornbusch, eds. *The Political Economy of Argentina, 1946 - 83*. Oxford, England: Macmillan, 1989.

Dujovne Ortiz, Alicia. *Eva Perón: A Biography*. Trans. Shawn Fields. New York: St. Martin's Press, 1996.

Falcoff, Mark, and Ronald H. Dolkart. *Prologue to Perón: Argentina in Depression and War*. Berkeley: University of California Press, 1975.

Francis, Michael J. *The Limits of Hegemony: U. S. Relations with Argentina and Chile* During *World War II*. Notre Dame, Ind. : University of Notre Dame Press, 1977.

Fraser, Nicholas, and Marysa Navarro. *Evita: The Real Life of Eva Perón*. New York: W. W. Norton, 1996.

Germani, Gino. *Authoritarianism, Fascism, and National Populism*. New Brunswick, N. J. : Transaction Books, 1978.

Hodges, Donald C. *Argentina, 1943 - 1976: The National Revolution and Resistance*. Albuquerque: University of New Mexico Press, 1976.

Horowitz, Joel. *Argentine Unions, the State and the Rise of Peronism, 1930 - 1945*. Berkeley, Calif. : Institute of International

Studies, 1990.

Kirkpatrick, Jeane J. *Leader and Vanguard in Mass Society: A Study of Peronist Argentina*. Cambridge, Mass. : M. I. T. Press, 1971.

Lewis, Paul. *The Crisis of Argentine Capitalism*. Chapel Hill: University of North Carolina Press, 1990.

Meyer, Doris. *Victoria Ocampo: Against the Wind and the Tide*. Austin: University of Texas Press, 1990.

Navarro, Marysa. *Evita*. Buenos Aires: Ediciones Corregidor, 1981.

Page, Joseph A. *Perón: A Biography*. New York: Random House, 1983.

Paz, Alberto Conil, and Gustavo Ferrari. *Argentina's Foreign Policy, 1930 - 1962*. Notre Dame, Ind. : University of Notre Dame Press, 1960.

Peralta-Ramos, Mónica. *Political Economy of Argentina: Power and Class since 1930*. Boulder, Colo. : Westview Press, 1992.

Perón, Eva Duarte de. *Evita. Eva Duarte Peron Tells Her Own Story*. London: Proteus, 1978.

Perón, Juan Domingo. *Peron Expounds His Doctrine*. Trans. Argentine Association of English Culture. Buenos Aires: n. p. , 1948.

Rock, David. *Authoritarian Argentina: The Nationalist Movement, Its History and Its Impact*. Berkeley: University of California Press, 1993.

Rock, David, ed. *Argentina in the Twentieth Century*. Pittsburgh, Pa. : Pittsburgh University Press, 1975.

Tamarin, David. *The Argentine Labor Movement, 1930 - 1945*: *A Study in the Origins of Peronism*. Albuquerque: University of New Mexico Press, 1987.

Taylor, Carl C. *Rural Life in Argentina*. Baton Rouge: State University of Louisiana Press, 1948.

Taylor, J. M. *Eva Perón: The Myths of a Woman*. Chicago: University of Chicago Press, 1979.

Wynia, Gary W. *Argentina in the Post-War Era: Politics and Economic Policymaking in a Divided Society*. Albuquerque: University of New Mexico Press, 1978.

军人政府时期(1955 — 1983)

Anderson, Martin E. *Dossier Secreto: Argentina's Desaparecidos and the Myth of the "Dirty War."* Boulder, Colo.: Westview Press, 1993.

Bourvard, Marguerite Guzmán. *Revolutionizing Motherhood: The Mothers of the Plaza de Mayo*. Wilmington, Del.: Scholarly Resources, 1994.

Brennan, James P. *The Labor Wars in Córdoba, 1955 – 1976: Ideology, Work, and Labor Politics in an Argentine Industrial City*. Cambridge, Mass.: Harvard University Press, 1994.

Brysk, Alison. *The Politics of Human Rights in Argentina: Protest, Change, and Democratization*. Stanford, Calif.: Stanford University Press, 1994.

Burdick, Michael A. *For God and Fatherland: Religion and Politics in Argentina*. Albany: State University of New York Press. 1995.

Ciria, Alberto. *Parties and Power in Modern Argentina*. Trans. Carlos A. Astiz and Mary F. McCarthy. Albany: State University of New York Press, 1974.

Dabat, Alejandro, and Luis Lorezano. *Argentina: The Malvinas and the End of Military Rule*. Trans. Ralph Johnstone.

London: Verso Editions, 1984.

Di Tella, Guido. *Argentina under Perón*, *1973 – 1976*. London: Macmillan, 1981.

Di Tella, Torcuato. *Latin American Politics: A Theoretical Approach*. Rev. ed. Austin: University of Texas Press, 2001.

Feitlowitz, Marguerite. *A Lexicon of Terror: Argentina and the Legacies of Torture*. New York: Oxford University Press, 1998.

Fillol, Tomás Roberto. *Social Factors in Economic Development: The Argentine Case*. Cambridge, Mass. : MIT Press, 1961.

Fisher, Jo. *Mothers of the Disappeared*. Boston: South End Press, 1989.

Freedman, Lawrence, and Virginia Gamboa – Stonehouse. *Signals of War: The Falklands Conflict of 1982*. Princeton, N. J. : Princeton University Press, 1991.

Gillespie, Richard. *Soldiers of Perón: Argentina's Montoneros*. New York: Oxford University Press, 1982.

Goldwert, Marvin. *Democracy*, *Militarism*, *and Nationalism in Argentina*, *1930 – 1966*. Austin: University of Texas Press, 1969.

González, José Eduardo. *Borges and the Politics of Form*. New York: Garland Publishers, 1998.

Graham-Yooll, Andrew. *A State of Fear: Memories of Argentina's Nightmare*. New York: Hippocrene, 1986.

Hodges, Donald C. *Argentina's " Dirty War."* Austin: University of Texas Press, 1991.

Imaz, José Luis de. *Los que mandan: Those Who Rule*. Albany: State University of New York Press, 1970.

James, Daniel. *Resistance and Integration: Peronism and the Argentine Working Class*, *1946 – 1976*. Cambridge, England: Cambridge University Press, 1994.

Kennedy, John J. *Catholicism, Nationalism and Democracy in Argentina*. Notre Dame, Ind. : University of Notre Dame Press, 1958.

Kon, Daniel. *Los chicos de la guerra: The Boys of War*. London: New English Library, 1983.

Lewis, Paul. *Guerrillas and Generals: The "Dirty War" in Argentina*. Westport, Conn. : Praeger Publishers, 2002.

O'Donnell, Guillermo. *Bureaucratic Authoritarianism: Argentina, 1966 - 1973, in Comparative Perspective*. Berkeley: University of California Press 1988.

Mallon, Richard D. , and Juan Sourrouille. *Economic Policy Making in a Conflict Society, the Argentine Case*. Cambridge, Mass. : Harvard University Press, 1975.

Mendez, Juan E. *Truth and Partial Justice in Argentina: An Americas Watch Report*. New York: Americas Watch Committee, 1987.

Moyano, María José *Argentina's Lost Patrol: Armed Struggle, 1969 -1979*. New Haven, Conn. : Yale University Press, 1995.

Naipaul, V. S. *The Return of Eva Perón*. London: André Deutsch, 1980.

Pion-Berlin, David. *The Ideology of State Terror: Economic Doctrine and Political Repression in Argentina and Peru*. Boulder, Colo. : Lynne Rienner Publishers, 1989.

Potash, Robert A. *The Army and Politics in Argentina*. 3 vols. Stanford, Calif. : Stanford University Press, 1969 - 1996.

Reina, Rubén E. *Paraná; Social Boundaries in an Argentine City*. Austin: University of Texas Press, 1973.

Simpson, John, and Jana Bennett. *The Disappeared and the Mothers of the Plaza : The Story of the 11 , 000 Argentinians Who Vanished*. New York: St. Martin's Press, 1985.

Smith, William. *Authoritarianism and the Crisis of the Argentine Political Economy*. Stanford, Calif.: Stanford University Press, 1991.

Sobel, Lester A., ed. *Argentina and Peron, 1970 - 1975*. New York: Facts On File, 1975.

Snow, Peter. *Political Forces in Argentina*. Boston: Allyn & Bacon, 1971.

Timerman, Jacobo. *Prisoner Without a Name, Cell Without a Number*. New York: Alfred A. Knopf, 1981.

Tulchin, Joseph S. *Argentina and the United States: A Conflicted Relationship*. Boston: Twayne, 1990.

Verbitsky, Horacio. *The Flight: Confessions of an Argentine Dirty Warrior*. Trans. Esther Allen. New York: New Press, 1996.

Whiteford, Scott. *Workers from the North: Plantations, Bolivian Labor, and the City in Northwest Argentina*. Austin: University of Texas Press, 1981.

新自由主义时代（1983 — ）

Collier, Simon. *Le Grand Tango: The Life and Music of Astor Piazzolla*. Oxford, England: Oxford University Press, 2000.

Corradi, Juan. *The Fitful Republic: Economy, Society, and Politics in Argentina*. Boulder, Colo.: Westview Press, 1985.

Lewis, Colin M., and Nissa Torrents, eds. *Argentina in the Crises Years (1983 - 1990): From Alfonsín to Menem*. London: Institute of Latin American Studies, 1993.

McGuire, James. *Peronism without Perón: Unions, Parties, and Democracy in Argentina* (Stanford, Calif.: Stanford University Press, 1997.

Norden, Deborah L. *Military Rebellion in Argentina: Between*

Coups and Consolidation. Lincoln: University of Nebraska Press, 1996.

Nunca Más: A Report by Argentina's National Commission on Disappeared People. Boston: Faber & Faber, 1986.

Peralta-Ramos, Mónica, and Carlos H. Waisman, eds. *From Military Rule to Liberal Democracy in Argentina*. Boulder, Colo. : Westview Press, 1987.

Ruggiero, Kristin Hoffman. *And Here the World Ends: The Life of an Argentine Village*. Stanford, Calif. : Stanford University Press, 1988.

Tulchin, Joseph S. , and Allison M. Garland, eds. *Argentina: The Challenges of Modernization*. Wilmington, Del. : Scholarly Resources, 1998.

Turner, Frederick J. , and Enrique Miguens, eds. *Juan Perón and the Reshaping of Argentina*. Pittsburgh, Pa. : University of Pittsburgh Press, 1983.

Waisman, Carlos. *Reversal of Development in Argentina: Postwar Counterrevolutionary Policies and Their Structural Consequences*. Princeton, N. J. : Princeton University Press, 1987.

Wynia, Gary W. *Argentina: Illusions and Realities*. New York: Holmes & Meier, 1986.

索　引

（索引条目后数字为原书页码，即本书边码，页码后的字母 f 表示插图，t 代表图表）